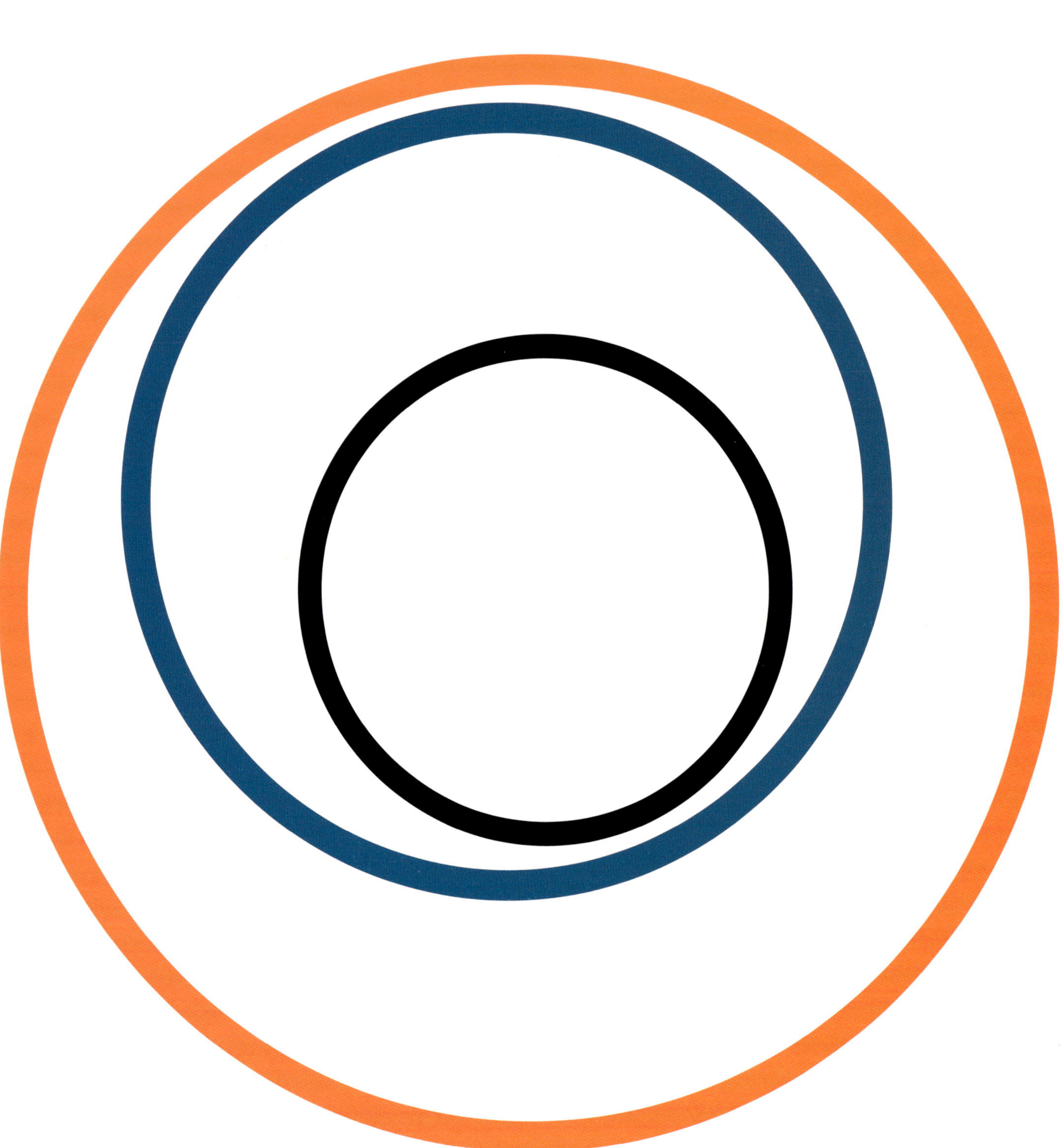

I Say to the Earth: *I Flow*
To the Water: *I Am*

Digo a la Tierra: *fluyo*
Al agua: *soy*

Chus Martínez

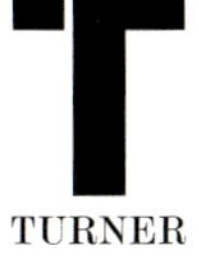

TURNER

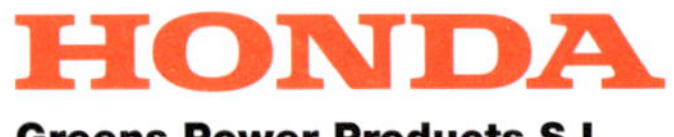

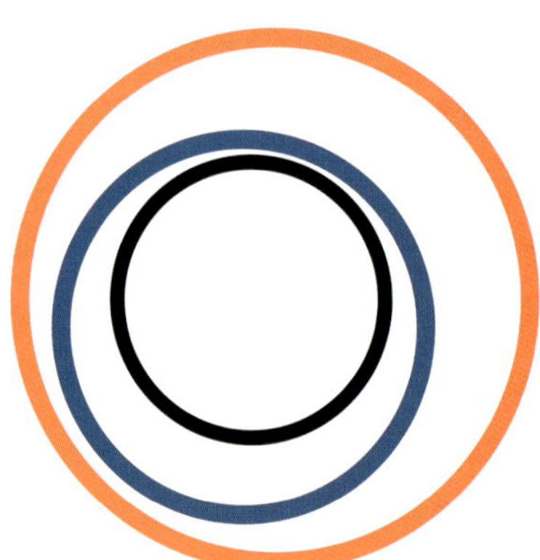

Greens Power Products S.L.

Catalogue / Catálogo

Edition in charge of / Edición a cargo de
Chus Martínez
Texts / Textos
Chus Martínez
Marcel Pascual
Design / Diseño
Andrés Mengs
Translations / Traducciones
George Hutton (into English / al inglés)
Alberto Sesmero (into Spanish / al español)
Copyediting / Edición y corrección
Turner (Paula Pérez-Roda)
Production / Producción
Turner (María José Fresneda)

Acknowledgements / Agradecimientos

To the driving force and soul of the project,
Pilar Forcada, and to Sònia Manzano, for
always being by our side

A la impulsora y alma del proyecto,
Pilar Forcada, y a Sònia Manzano, por estar
siempre a nuestro lado

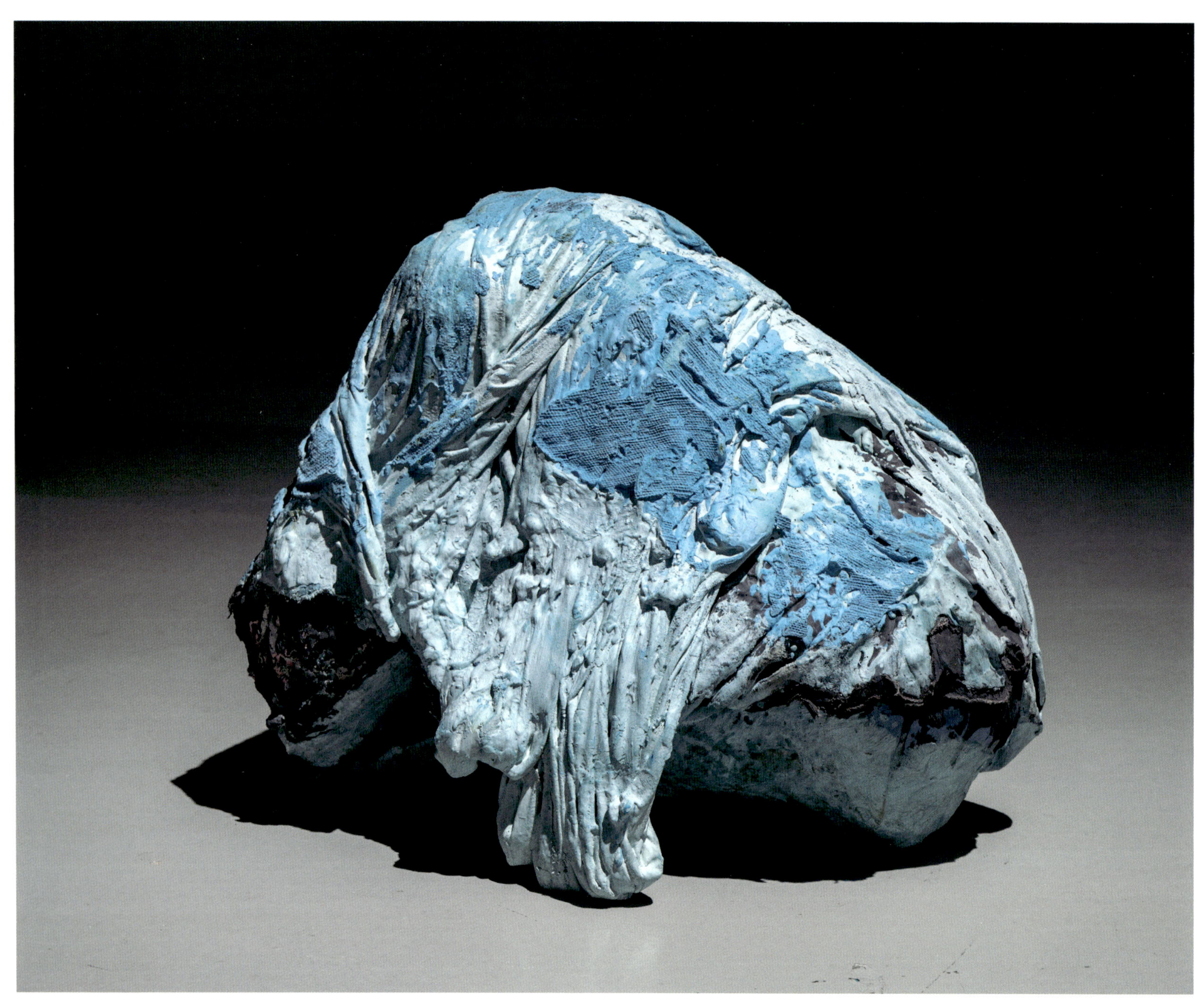

Chus Martínez

Foreword

The gesture of bringing artists together is as simple as it
is grand. At the very core of democracy lies the dialogic
impulse, a logic based on getting to know one another and
the myriad possibilities and relationships that can emerge.
The book you are holding is an introduction to a family of
friends from France, and another from Spain. Elena Aitzkoa,
Benoît Piéron, Nora Aurrekoetxea, Elsa Brès, Lucía Bayón,
Marie-Luce Nadal, Pablo Capitán del Río, Salomé Chatriot,
Aleix Plademunt, Yoan Sorin. Why do we call them a "family",
when they might not even know each other? Well, the dream
of Pilar Forcada — the founder of Art Situacions — was to
create an encounter, and, by doing so, produce a deep,
loving bond among all the artists taking part in this project,
in this book.

Elena Aitzkoa
Promontorio monte-mar, 2021

Chus Martínez

Presentación

Reunir artistas es un gesto tan simple como importante. En el centro mismo de la democracia reside el impulso dialógico, una lógica que se fundamenta en el conocimiento mutuo de unos y otros, y en la miríada de posibilidades y relaciones que pueden surgir de ello. El libro que tienes entre las manos es una introducción a una familia de amigos de Francia y otra de España. Elena Aitzkoa, Benoît Piéron, Nora Aurrekoetxea, Elsa Brès, Lucía Bayón, Marie-Luce Nadal, Pablo Capitán del Río, Salomé Chatriot, Aleix Plademunt, Yoan Sorin. ¿Y por qué los llamamos "familia" si puede que ni se conozcan entre sí? Pues bien, el sueño de Pilar Forcada –fundadora de ART Situacions– era promover un encuentro y, al hacerlo, establecer un lazo profundo y afectuoso entre los artistas que forman parte de este proyecto, de este libro.

Nora Aurrekoetxea
Spooning, 2022

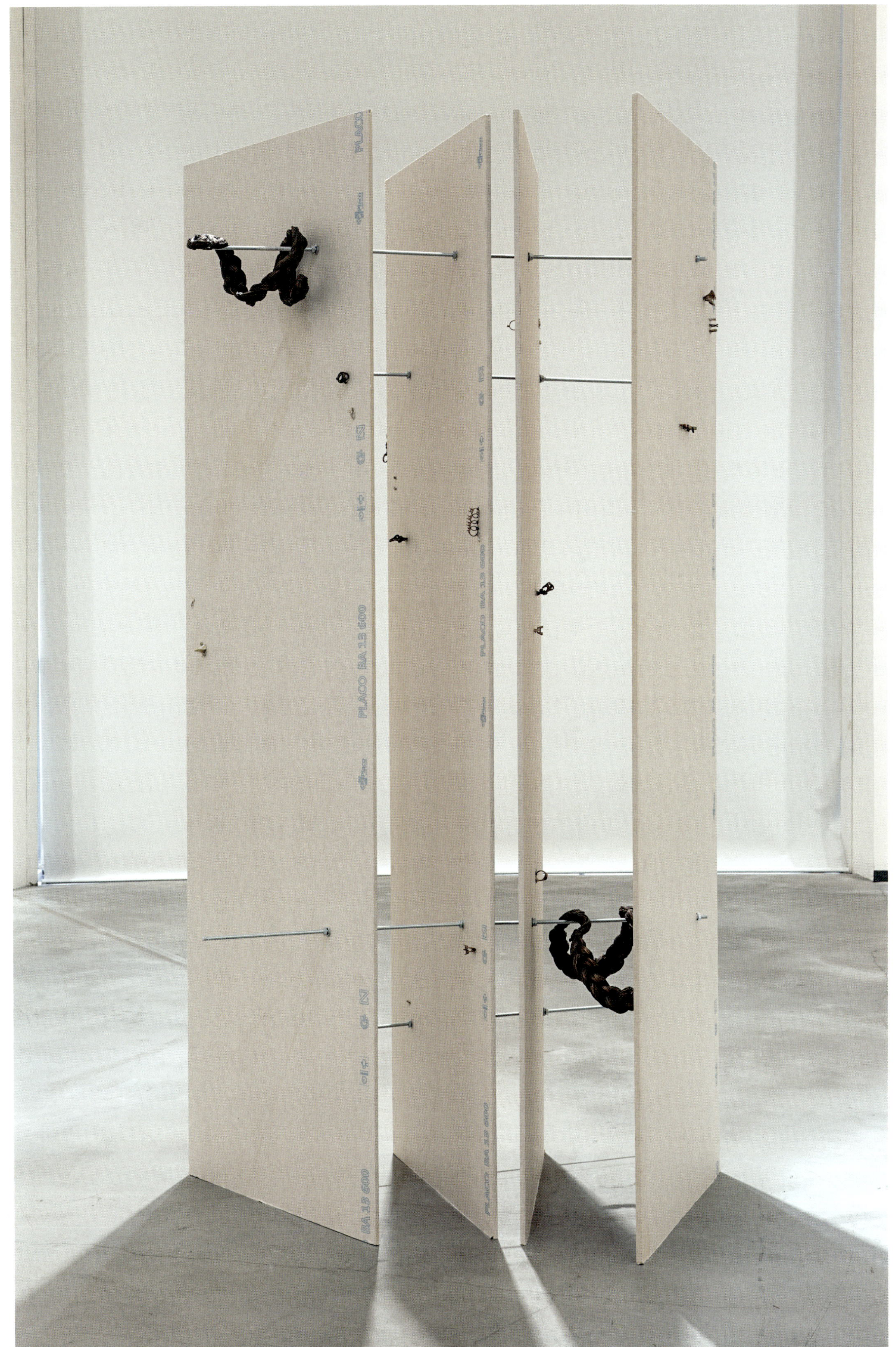

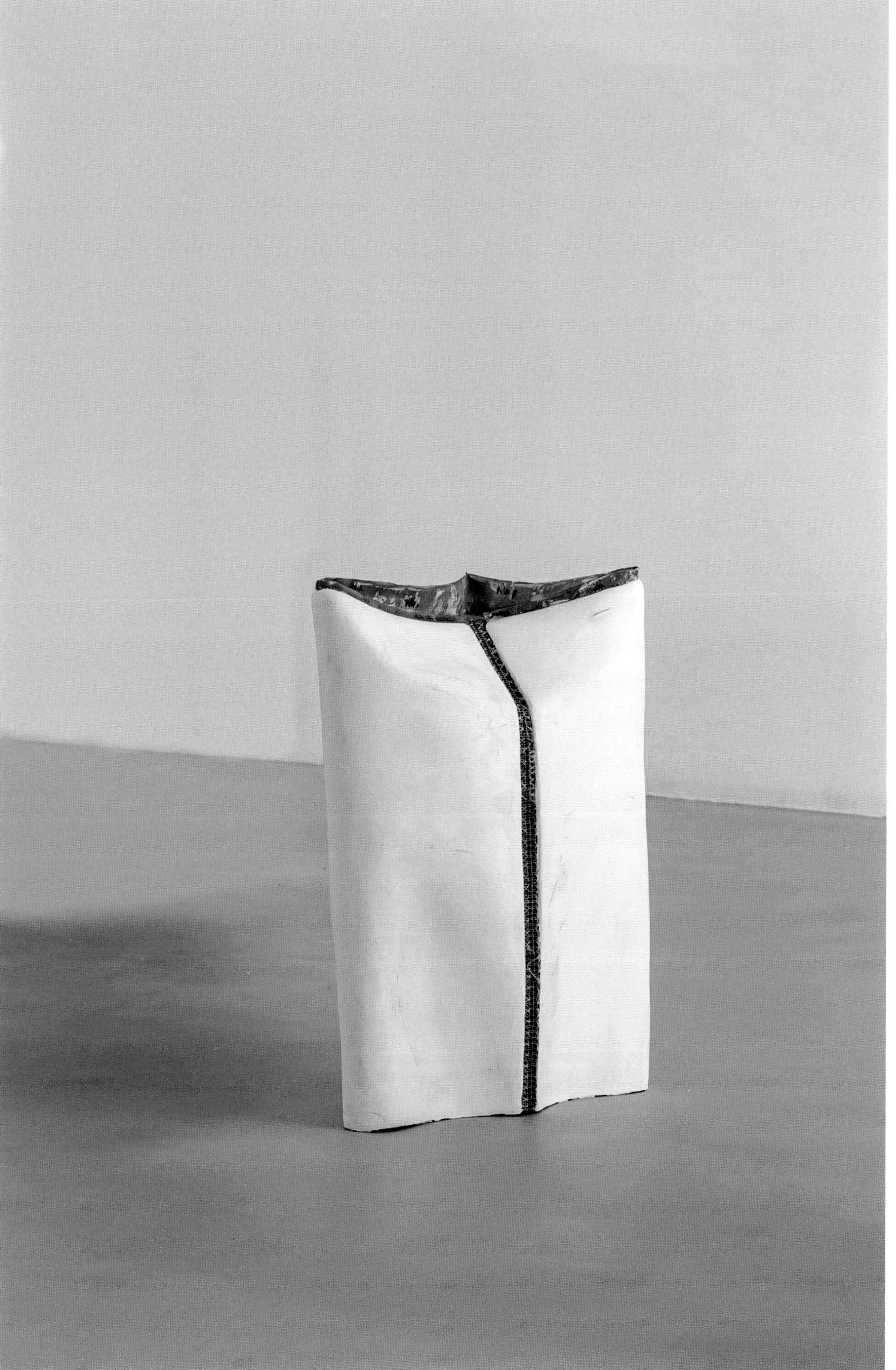

The notion of family encompasses many things: it can include disagreements and differences, and the term can also refer to a connection beyond the mere matter of shared blood: a family can be any grouping with common values and traits that link its members somehow. In the cultural field, possibilities emerge from continuous and constant relations. Getting to know the work of an artist is fascinating for the audience, but of vital importance for a fellow artist. Pilar Forcada, who does not come from the arts, understood the importance of taking genuine interest in the work of one's peers. She also understood the power of generosity: something gets set in motion when one admires another, when one discovers shared interests and passions, when one opens up. This can come from affection, from engaging with other ways of doing and being, in the arts, that are not necessarily like our own.

Therefore, this book is a coming-together, and it aspires to create strong future relationships. Relationships between the readers and the artists, and among the artists themselves. Is this feasible? We believe so. Books are great for capturing certain moments, and the current moment is undoubtedly important. The featured artists are an eclectic group, both formally and materially, and they all seek to address the need for delicacy and care, and a new love for life. A love

Lucía Bayón
Armar, 2022

La noción de familia abarca muchas cosas: puede incluir desacuerdos y diferencias, y el término también puede referirse a una conexión que trasciende la simple sangre compartida. Una familia puede ser cualquier agrupación con valores y rasgos en común que de algún modo vinculen a sus miembros. En el ámbito cultural, a partir de las relaciones continuas y constantes surgen posibilidades. Entrar en contacto con el trabajo de un artista puede resultar fascinante para el público, pero para otros artistas es de una importancia vital. Pilar Forcada, que no provenía del mundo artístico, comprendió el alcance de mostrar un verdadero interés por el trabajo de los propios compañeros. También entendió el poder de la generosidad: algo se pone en funcionamiento cuando se admira a otro, cuando se descubren intereses y pasiones compartidos, cuando uno se abre a los demás. Todo ello puede nacer del afecto, de la interacción con otros modos de proceder y de ser, en las artes, que no tienen por qué ser como los nuestros.

Este libro es por lo tanto una reunión que aspira a fundar relaciones futuras robustas. Relaciones entre los lectores y los artistas, y también entre estos últimos. ¿Es esto posible? Así lo consideramos. Los libros son ideales para captar ciertos momentos y el actual es, sin duda, importante. Los artistas reseñados forman un grupo ecléctico, tanto en lo formal como en lo material, que busca abordar la necesidad de ternura y cuidado, así como un nuevo amor por la vida. Un amor este que, en ocasiones, se expresa mediante un lenguaje muy expresivo y que, en otras, se utiliza para

Elsa Brès
Love Canal, 2017

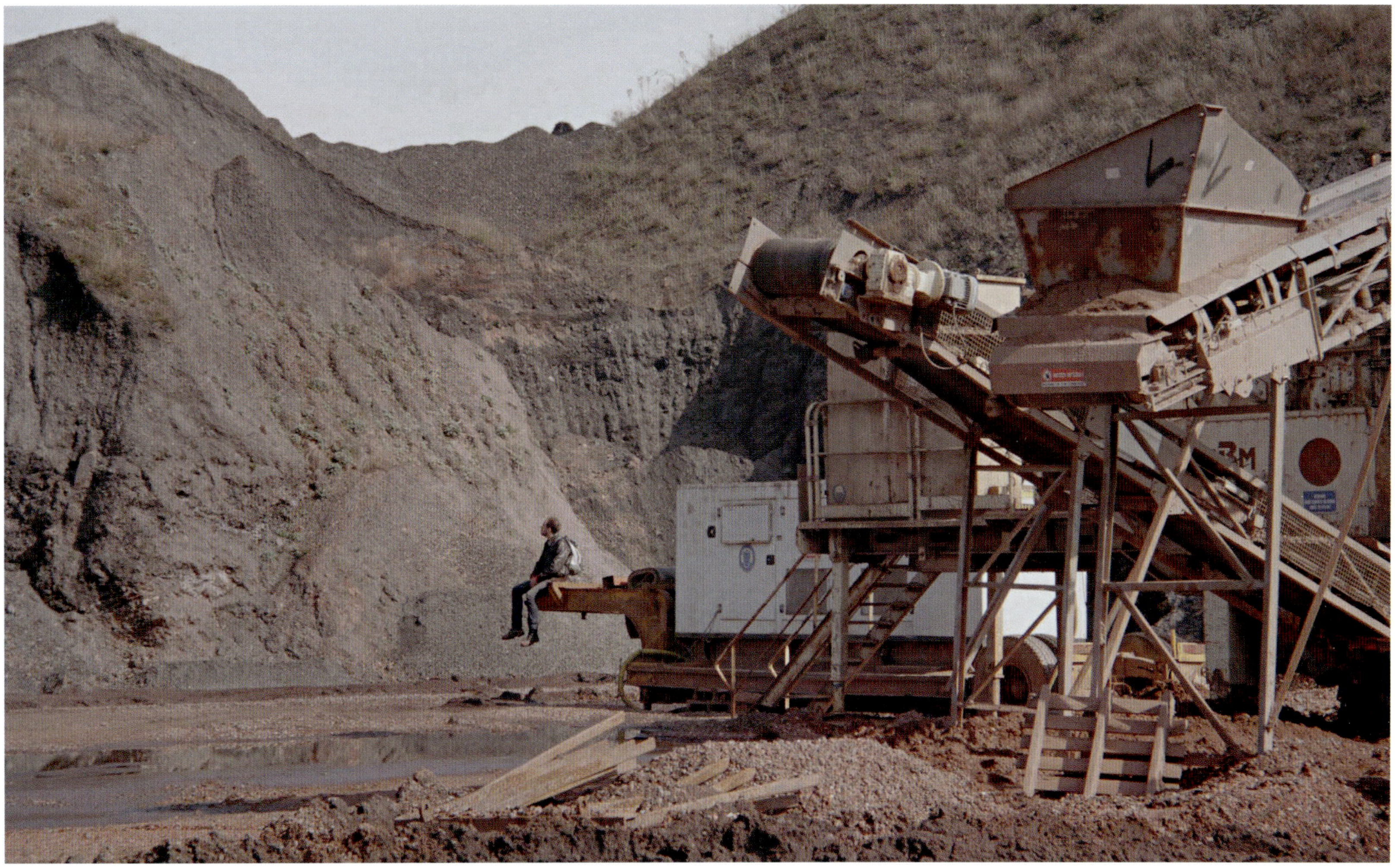

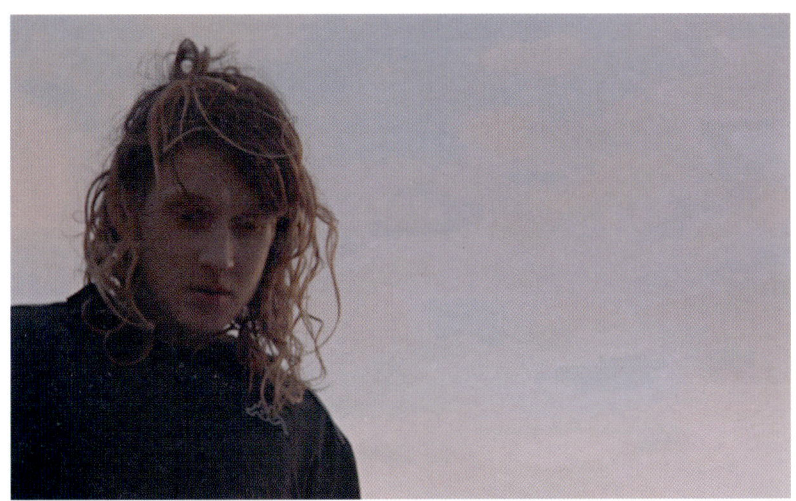

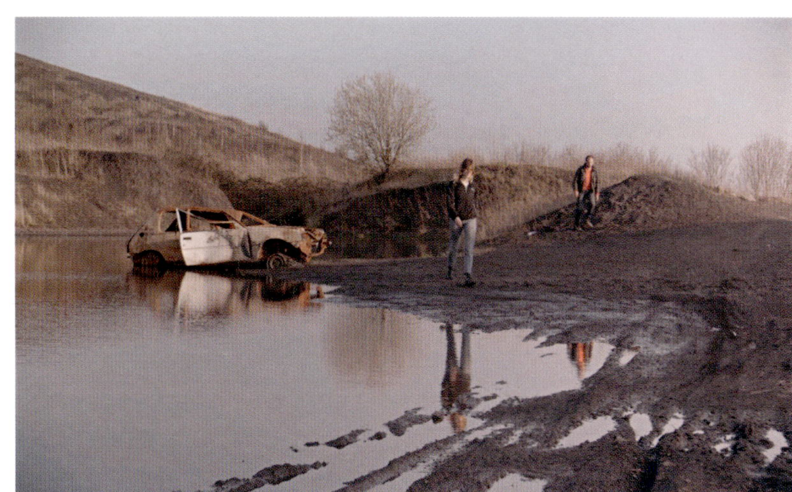

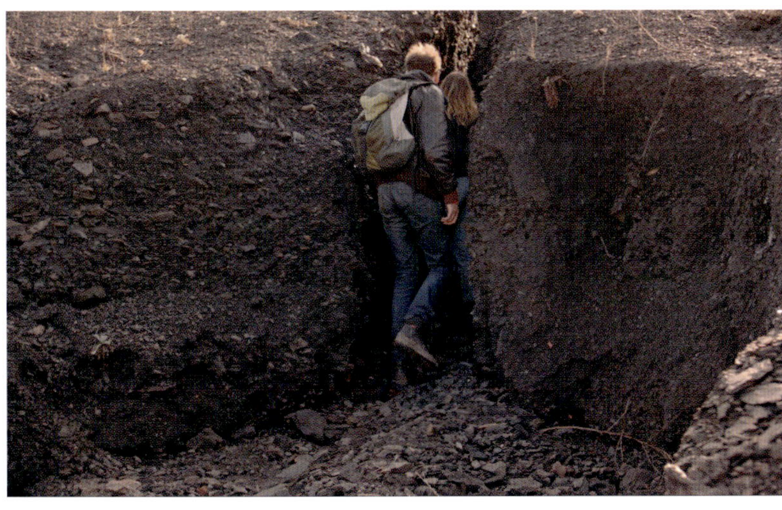

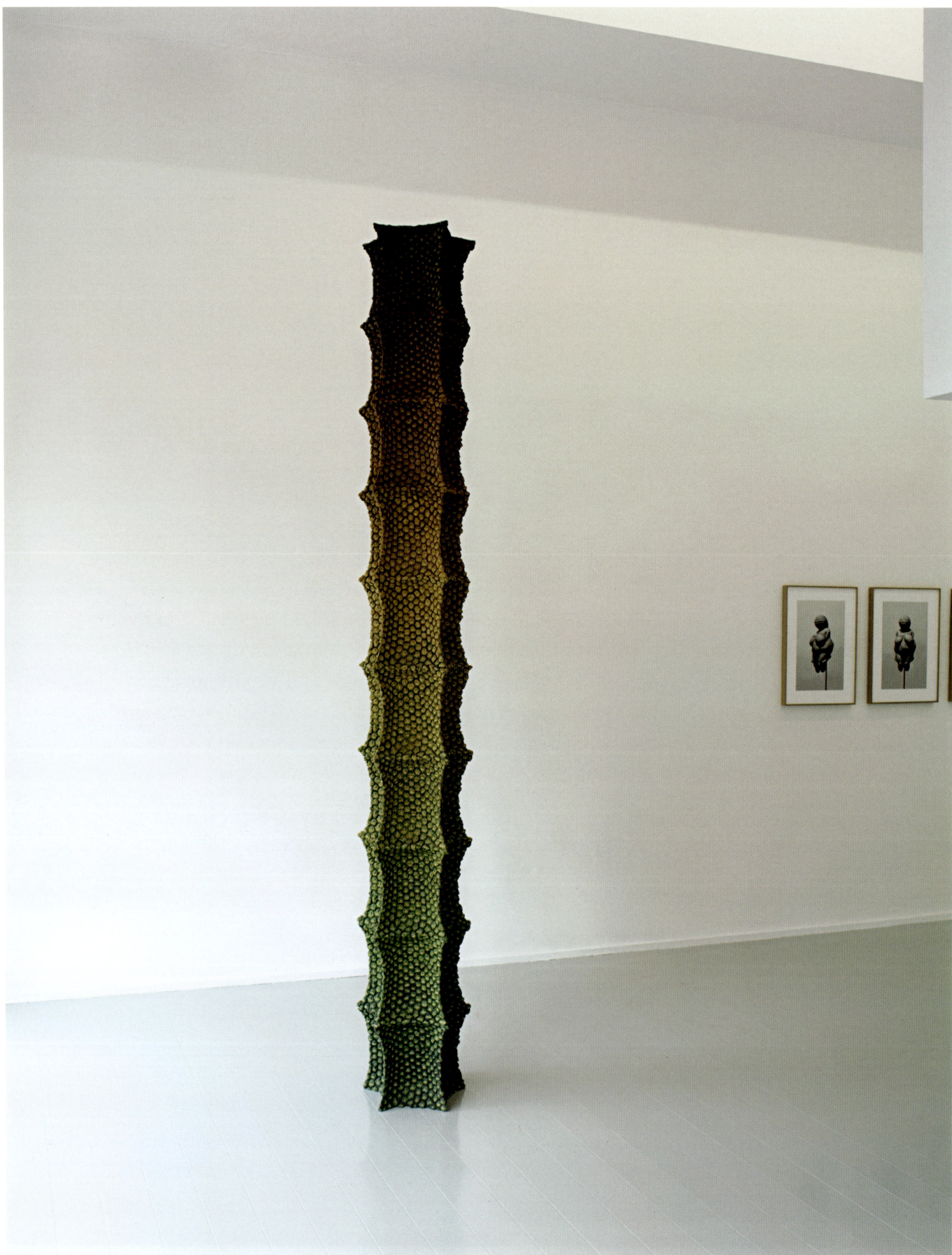

for life that sometimes comes through in a highly expressive language, and which, at other times, is used to make very precise observations about social and natural phenomena. The urge to resolve and unravel all possible binaries is also present in them, and — far from producing a more minimal language, more silent, conceptual and visual — it is resolved in the form of materials and colours that reveal their own plastic matter, as well as an interdependence on artificial intelligence. And there is another salient trait: a defiant softness. A softness that manifests itself as a new expression, therefore coming across as bold, self-confident and able to get by in the world.

This book needs to be regarded as just one of the million similar exercises in bringing artists together that Pilar Forcada had in mind. Consider it as a model: later on, you can put its ideas into practice and perform them on an almost weekly basis, just like you might perform other ways of relating to the world, such as meditation or yoga. In doing so, i.e. by pairing works and artists and situations in the arts, you are contributing to the creation of a different system. The ultimate aim is to foster a more open, active and eloquent world, one which is better suited to re-establishing those forces we truly care about: freedom and joy.

Pablo Capitán del Río
El cebo, 2013

hacer observaciones muy precisas sobre los fenómenos sociales y naturales. También está presente en ellos la urgencia por resolver y desenmarañar todos los binarismos posibles, algo que, lejos de generar un lenguaje más minimalista, silencioso, conceptual y visual, se resuelve en forma de materiales y colores que desvelan su propia materia plástica, además de su interdependencia con la inteligencia artificial. Y destaca otro rasgo: una delicadeza desafiante que se convierte en una nueva forma de expresión y que, de este modo, transmite una idea de valentía, confianza y fortaleza frente al mundo.

Este libro debe entenderse como uno de los millones de ejercicios similares de agrupación de artistas que Pilar Forcada tenía en mente. Puedes considerarlo un modelo: después podrás poner en práctica sus ideas y llevarlas a cabo de manera casi semanal, igual que pasa con otras formas de relacionarse con el mundo, como la meditación o el yoga. Al hacerlo (es decir, al emparejar obras, artistas y situaciones de las artes), estarás contribuyendo a la creación de un sistema diferente. El objetivo final es alimentar un mundo más abierto, activo y elocuente, uno más propicio a restablecer las fuerzas que de verdad nos importan: la libertad y la alegría.

Salomé Chatriot
*Morphogenetic Egg
(Transformation)*, 2021

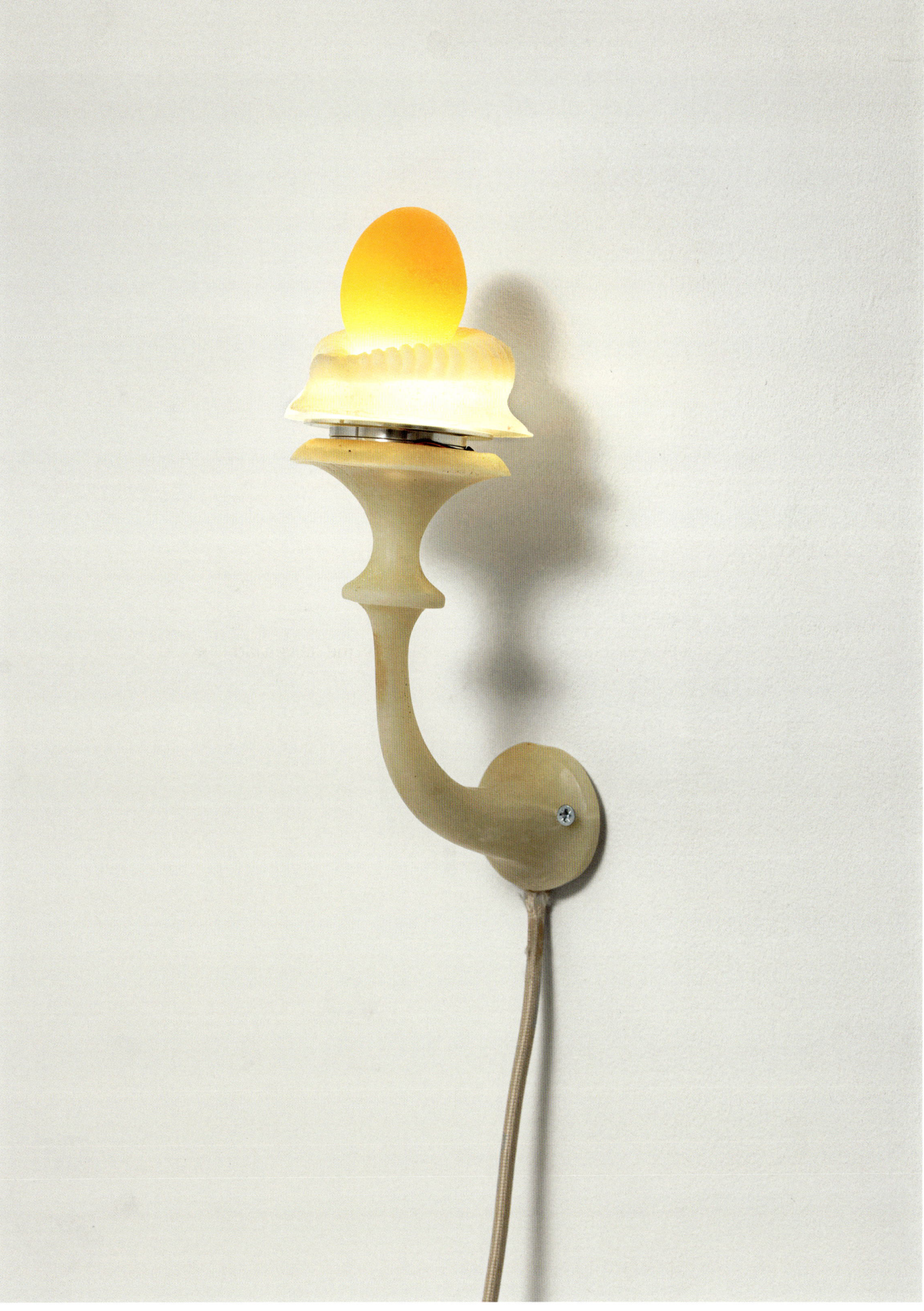

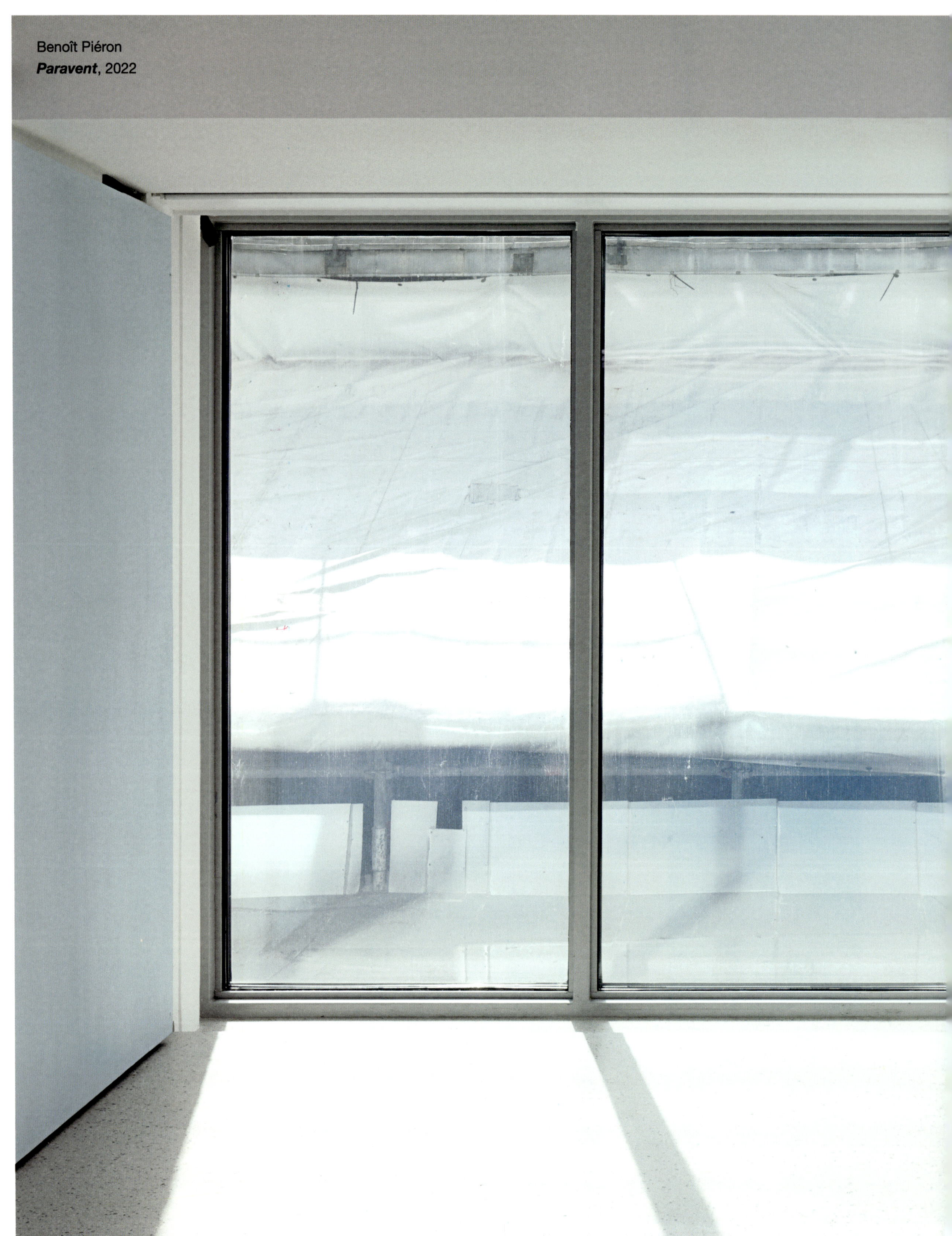

Benoît Piéron
Paravent, 2022

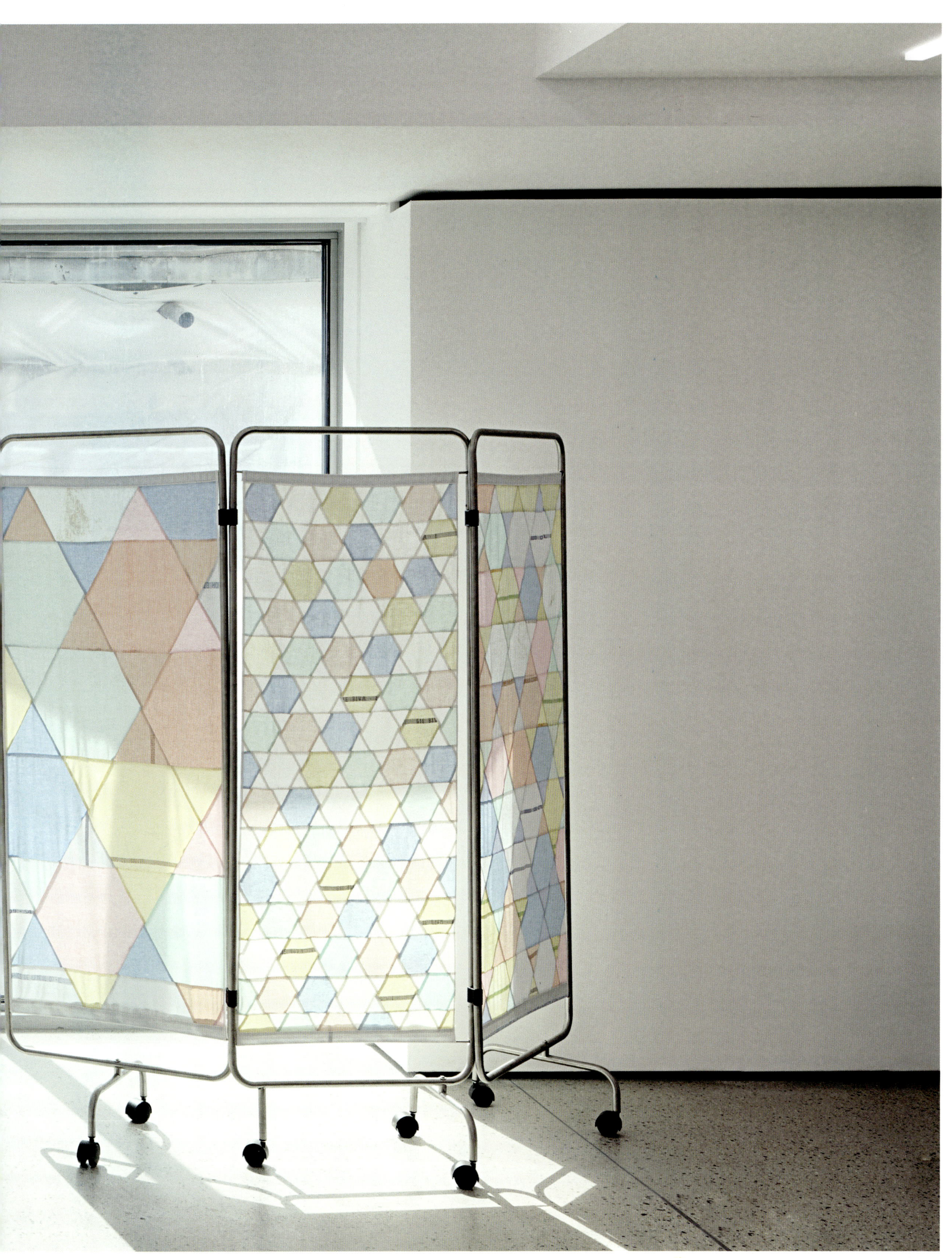

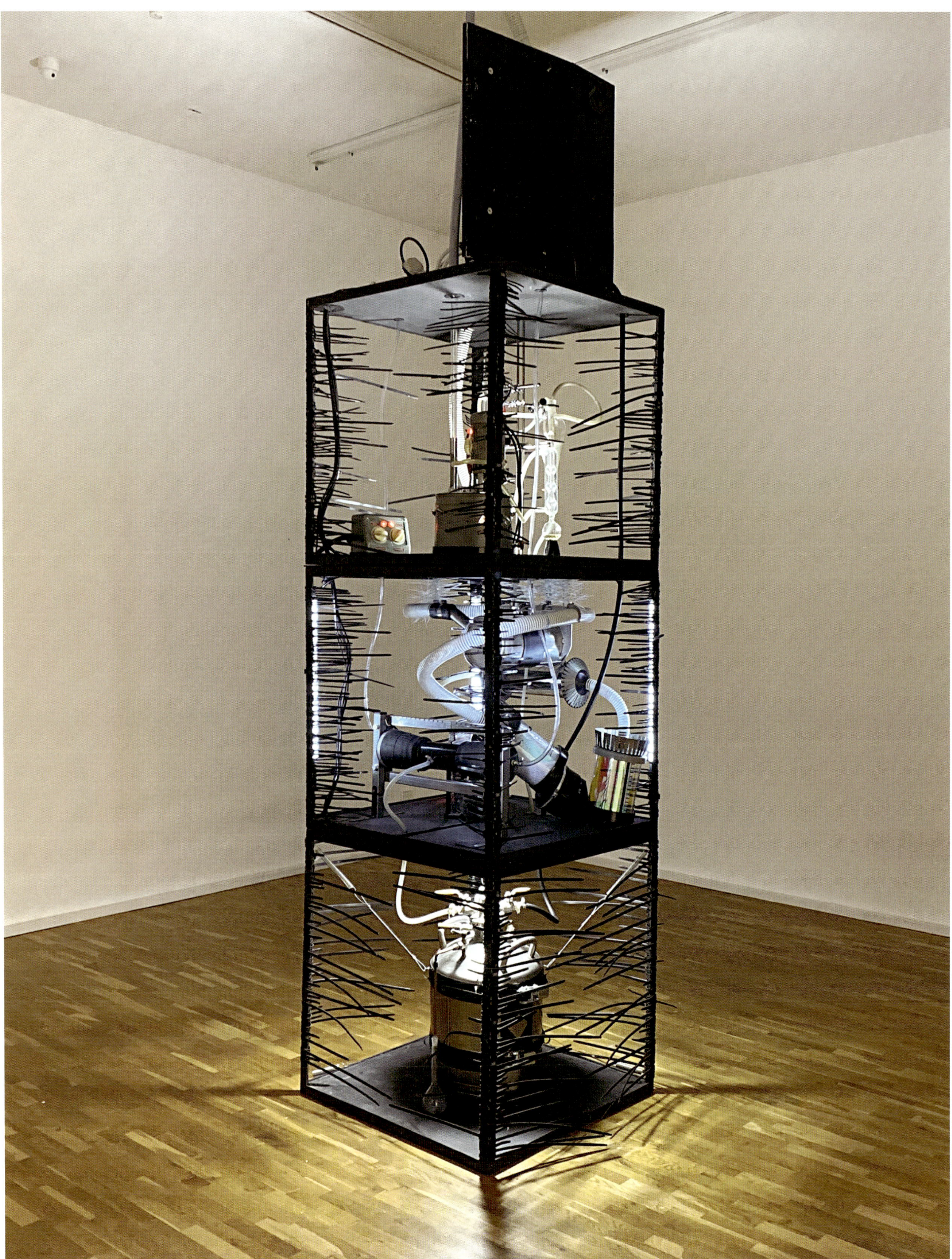

Chus Martínez

I Say to the Earth: *I Flow.*
To the Water: *I Am*

The meanings of some words are difficult to convey in other languages. *Misterio*, in Spanish, is one such word: at first sight, the English and Spanish are so similar that we could reasonably assume that they name the same reality. However, *misterio*, in certain contexts, refers not so much to a mystery or enigma, but more to a conundrum, a tricky problem that we may not be able to solve.

The contemporary art scene is full of *misterios* like this, and I would like to focus on three of them in this text. The first, to be discussed below, is the matter of sameness. Globalisation impelled us to see realities with a focus on the traits that made them similar, and, as a result, commodities and social phenomena gradually became more alike, everywhere: coffee,

Marie-Luce Nadal
Factory of the Vaporous, 2017

Chus Martínez

Digo a la Tierra: *fluyo*.
Al agua: *soy*

El significado de algunas palabras es difícil de traducir entre idiomas. *Misterio*, en español, es una de ellas. A primera vista, el término en inglés ('mistery') y en castellano se parecen tanto que podría asumirse, con razón, que reflejan la misma realidad. En cambio, *misterio*, en ciertos contextos, va más allá del concepto de enigma que traslada la palabra inglesa para referirse también a un problema complejo que quizá no seamos capaces de resolver.

La escena del arte contemporáneo está repleta de misterios como estos y, en este texto, me gustaría centrarme en tres de ellos. El primero, como veremos a continuación, es la cuestión de la similitud. La globalización nos ha hecho percibir las realidades según aquellos rasgos que las hacen parecidas y, como resultado, las mercancías y los fenómenos sociales se han vuelto cada vez más iguales en todas partes: el café, la ropa, las tendencias, el estrés, además

Aleix Plademunt
Old Tijkko, 2022

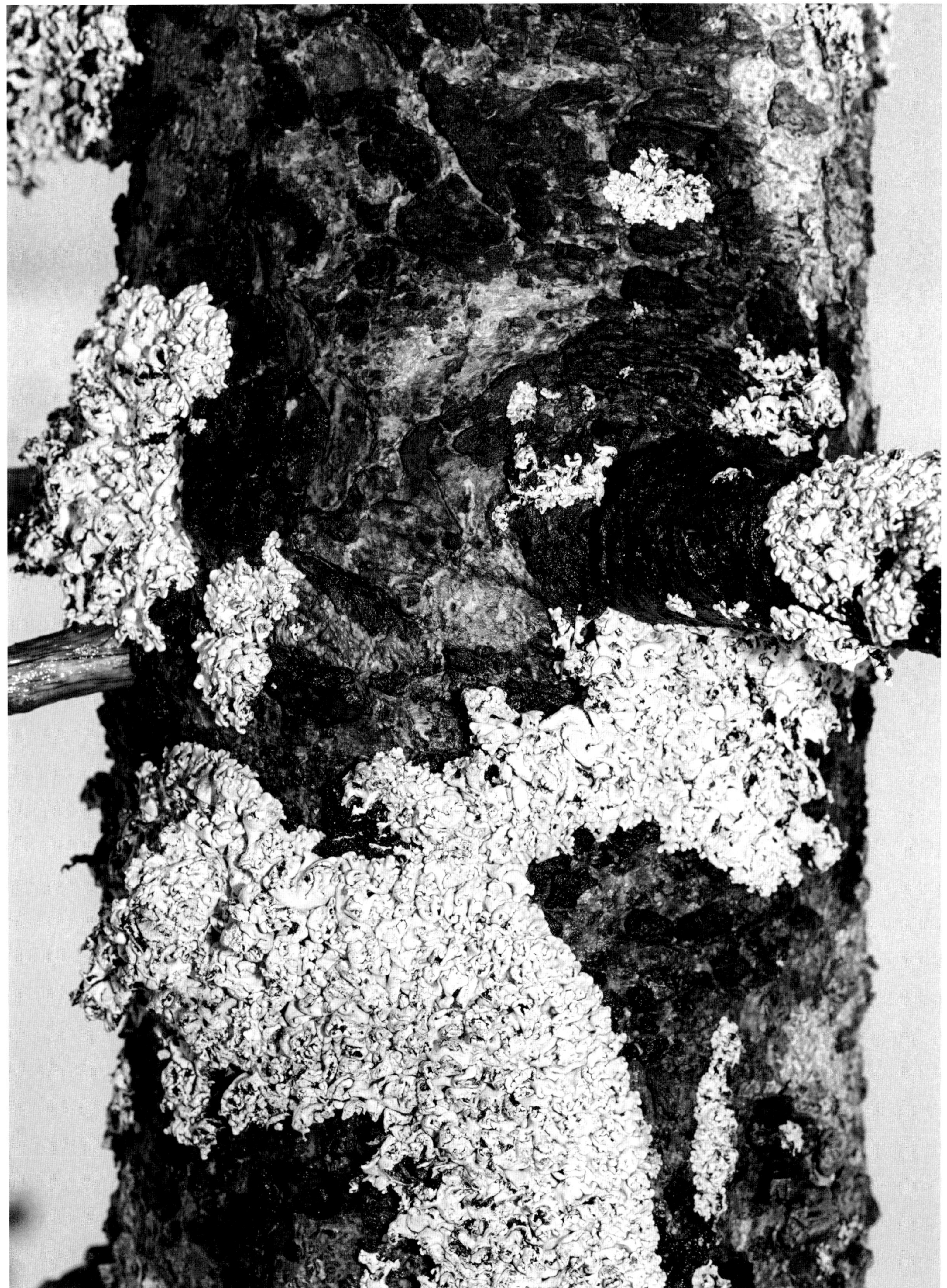

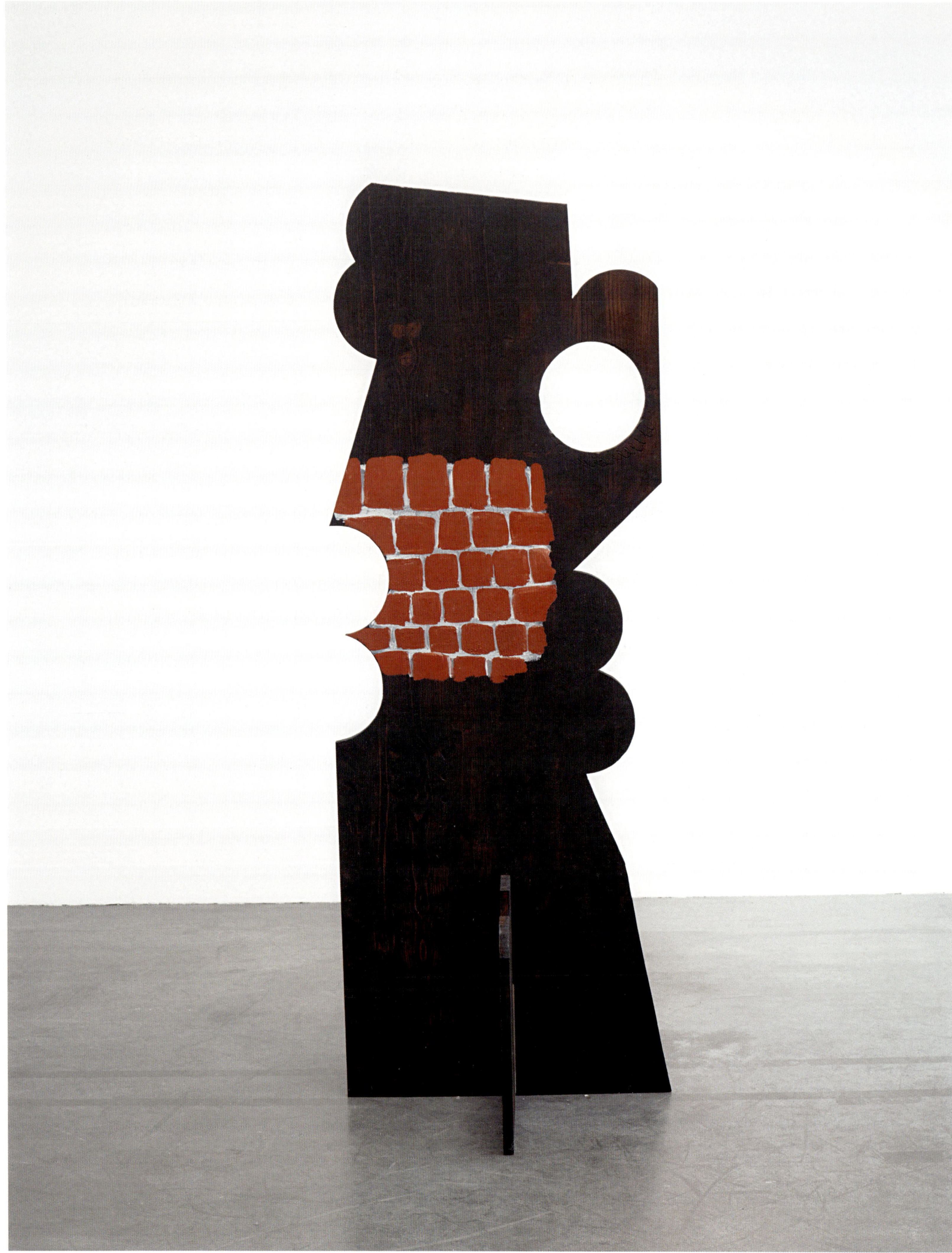

clothes, trends, stress, as well as art and cultural practices. Not to mention the institutions themselves, which were forced to corporatize and adopt a similar, streamlined look, like franchises of a chain. Starbucks and major museums soon had to cater to a general, global taste.

This leads us to the second *misterio*, i.e. who the rulers are, who's really in charge. Initially, many politicians throughout Europe supported this particular wave of globalisation, as mentioned above, believing it could unlock the potential of the European Union and somehow bridge the gap between the old continent's dreams and its new political organisation. On the surface, at least, it seemed more like the binding-together of permanently interdependent nations that were never really friends, in an attempt to strengthen the loose historical ties between them. In turn, this shared vision had a profound effect on Europe's art and artists, and how they could circulate — but, ultimately, certain contexts (such as Spain) would benefit far less than others.

At the time, though, amid this panorama, the art world was in a buoyant mood, and the press was becoming increasingly interested in museums and the artistic "superstars" who would put on blockbuster exhibitions, feeding into an idea of access that was mostly sponsored by low-cost airlines. So,

Yoan Sorin
WYB (figure 3), 2017

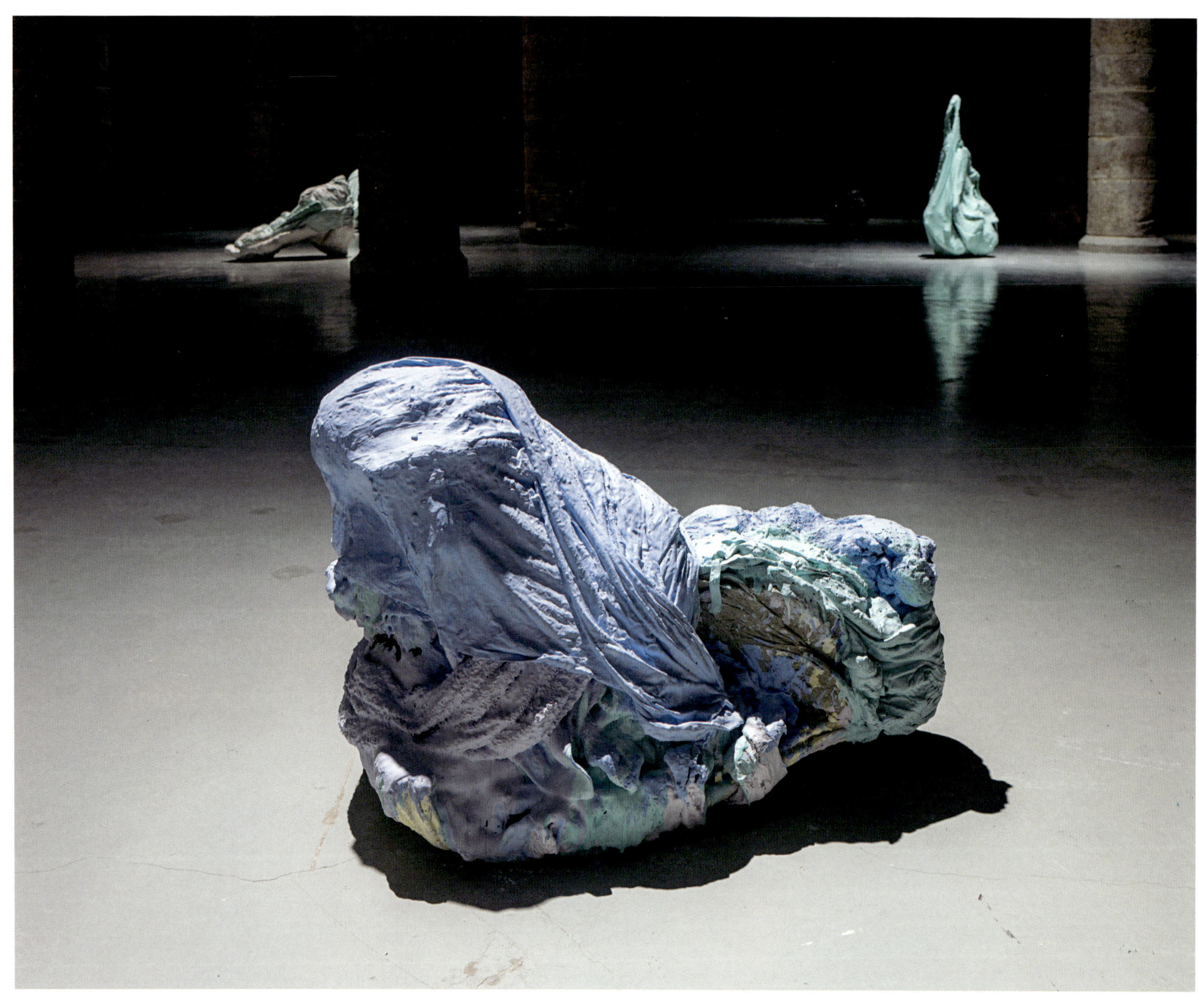

Elena Aitzkoa
Filtración, 2021

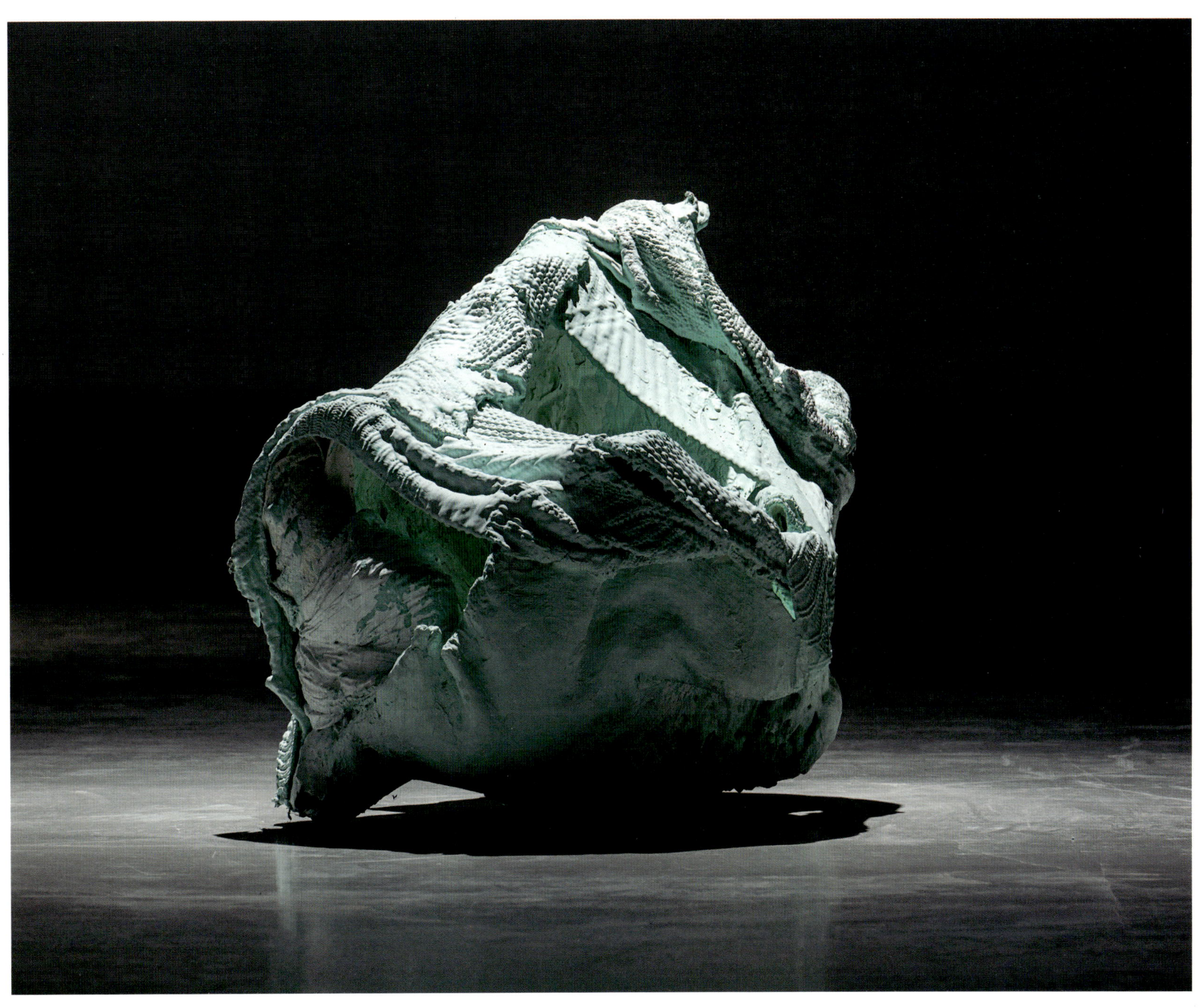

Elena Aitzkoa
Hebra, 2022

del arte y las prácticas culturales, por no mencionar las propias instituciones, que se han visto obligadas a corporativizarse y adoptar un aspecto similar, modernizado, como franquicias de una cadena. Tanto Starbucks como los principales museos tuvieron que satisfacer un gusto general y global en poco tiempo.

Y esto nos lleva al segundo misterio; es decir, quiénes ostentan de verdad el poder, quiénes están a cargo de todo. Al principio, muchos políticos europeos apoyaron esta ola particular de globalización que ya se ha mencionado, con la esperanza de que desatase el potencial de la Unión Europea y de algún modo aunara los sueños del Viejo Continente y su nueva organización política. Sin embargo, al menos desde fuera, parecía más una unión de naciones siempre interdependientes, que nunca fueron amigas, en un intento de fortalecer los débiles lazos históricos que las ataban. En cambio, esta visión compartida tuvo un efecto importante en el arte y los artistas de Europa, así como en la forma de estos de circular –aunque, al final, determinados contextos (como España) se beneficiaron mucho menos que otros–.

No obstante, el mundo del arte estaba por entonces, en ese escenario, en una situación boyante y la prensa mostraba cada vez un mayor interés en los museos y las "superestrellas" artísticas que montaban exposiciones masivas que perpetuaban un ideal de acceso abanderado sobre todo por las aerolíneas de bajo coste. De este modo, el mundo del arte apostaba por el "acceso" y, he aquí, el acceso llegó. Pero habrá quien se pregunte qué sucedía con el alojamiento. Lo cierto es que millones de habitantes de ciudades en toda Europa

Pablo Capitán del Río
***Respete el aburrimiento
de sus hijos***, 2013

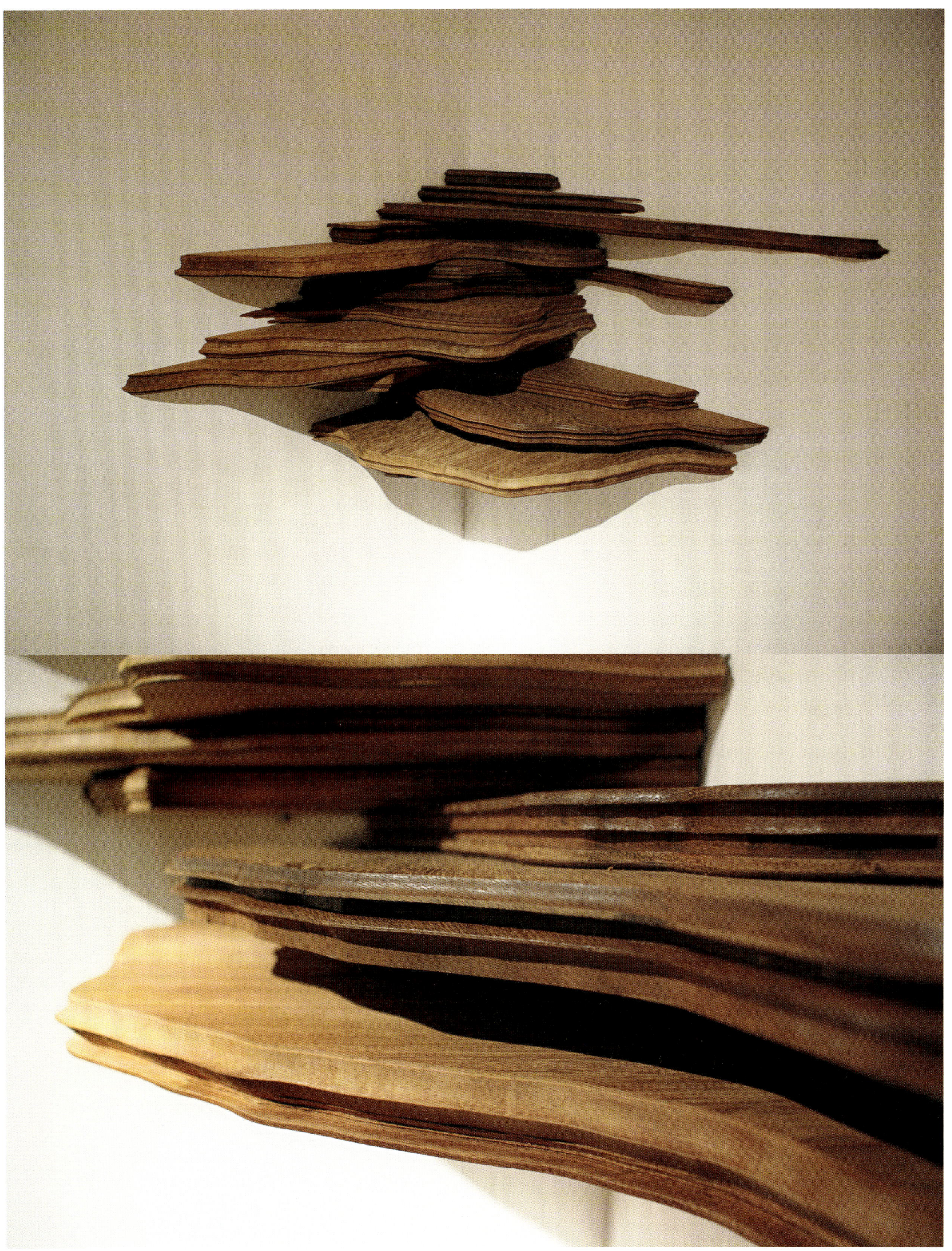

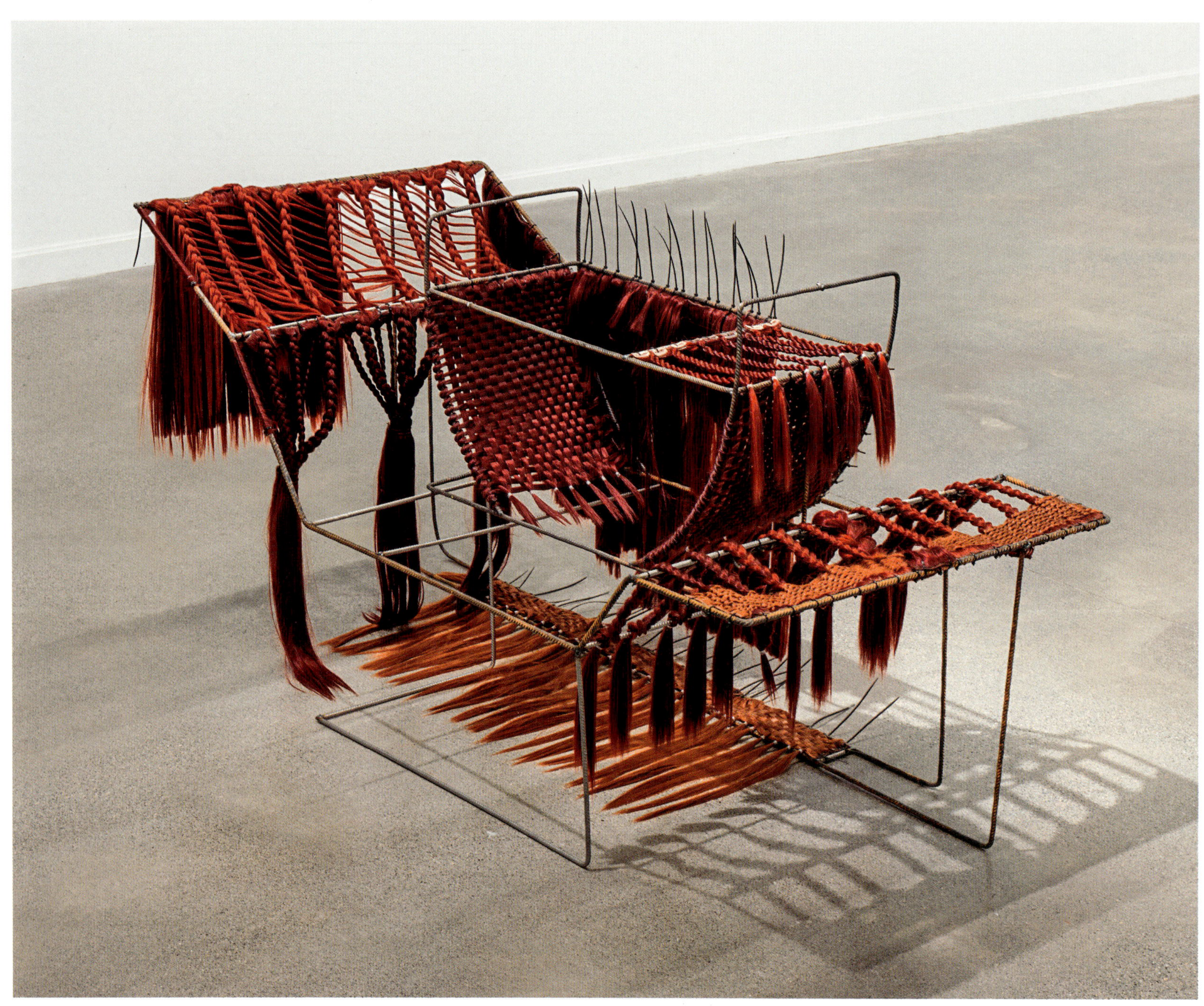

the art world said "access", and — lo and behold — access
it was! But what about hospitality, you say? Well, millions
of city-dwellers, throughout Europe, duly redecorated their
apartments with the same white walls and bright things. They
flung open the doors, *et voilà*: their houses were ready to be
hired out to visitors. Who would have thought that the matter
of accommodation would unite the old continent? And who
could now reasonably claim that the wishes expressed by
art and its institutions were not being listened to? Millions
responded to the call. For example, never before had it
been possible to peek into the private houses of the Catalan
bourgeoisie if you were not part of their inner circle, but now,
just log into an app and you can see not only their spaces, but
also how their prices compare to yours.

Although these developments are often described as
unwelcome, we can't all divorce ourselves from them: they
stemmed from the kind of language and desires that a great
many of us openly expressed at the time, so they cannot
be entirely and solely blamed on the tourist boards and
marketing campaigns of Europe's city centres. The third
misterio to be discussed here, then, is how to react to these
circumstances now, and what kind of solutions we might
come up with.

Nora Aurrekoetxea
Diva, 2022

redecoraron sus apartamentos con las mismas paredes blancas y los mismos objetos brillantes. Abrieron de par en par las puertas, *et voilà*: sus hogares ya estaban listos para alquilarse a visitantes. ¿Quién iba a pensar que la vivienda sería lo que uniría al Viejo Continente? ¿Y quién creería que los anhelos expresados por el arte y sus instituciones no se estaban escuchando? Hubo millones que respondieron a la llamada. Por ejemplo, nunca antes había sido posible fisgonear dentro de las viviendas privadas de la burguesía catalana si no se formaba parte de su círculo más próximo, pero ahora era suficiente registrarse en una aplicación y, no solo verías sus estancias, sino que podrías comparar el precio que pagaban ellos con el que pagabas tú.

Aunque este desarrollo se ha considerado indeseable frecuentemente, tampoco podemos desentendernos de él por completo, porque surgió del lenguaje y los deseos que la gran mayoría de nosotros expresó abiertamente en aquel momento, de modo que no debemos culpar solo a los consorcios turísticos o a las campañas de mercadotecnia de los centros de ciudades europeas. El tercer misterio que abordaremos, por lo tanto, es cómo reaccionar ahora frente a estas circunstancias y a qué soluciones podemos recurrir.

Resulta difícil determinar con exactitud cuándo emergieron estas fuerzas y cuándo empezaron a mutar y cambiar. Con todo, aun a riesgo de mantenernos en plena especulación y de rozar la divagación ficcional, es relevante al menos intentar desentrañar estos misterios, porque puede que el mero hecho de hacerlo provoque debates interesantes y plantee maneras de proceder en el futuro.

Salomé Chatriot
Breathing Patterns
(Basel), 2022

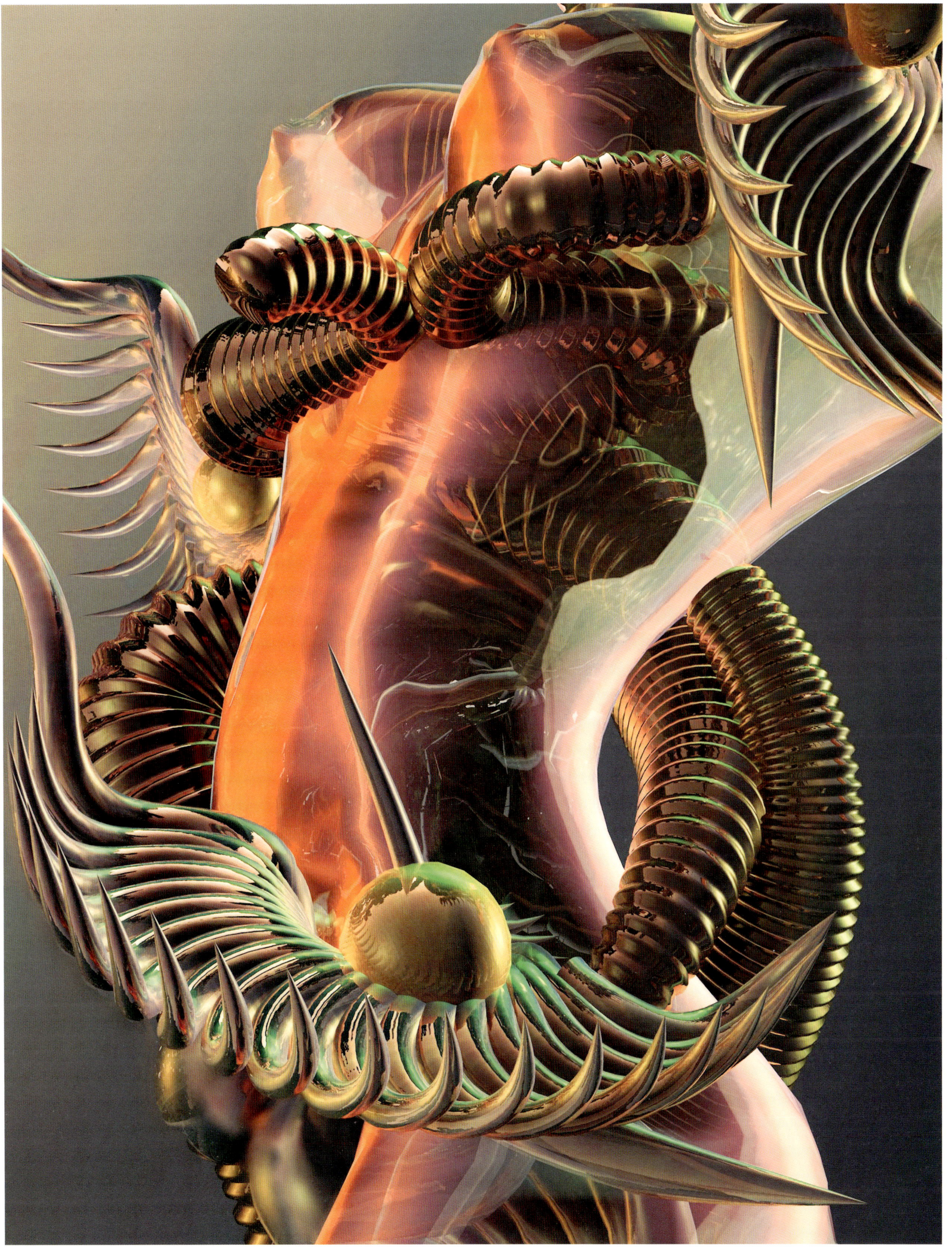

Lucía Bayón
Bolsillo, 2022

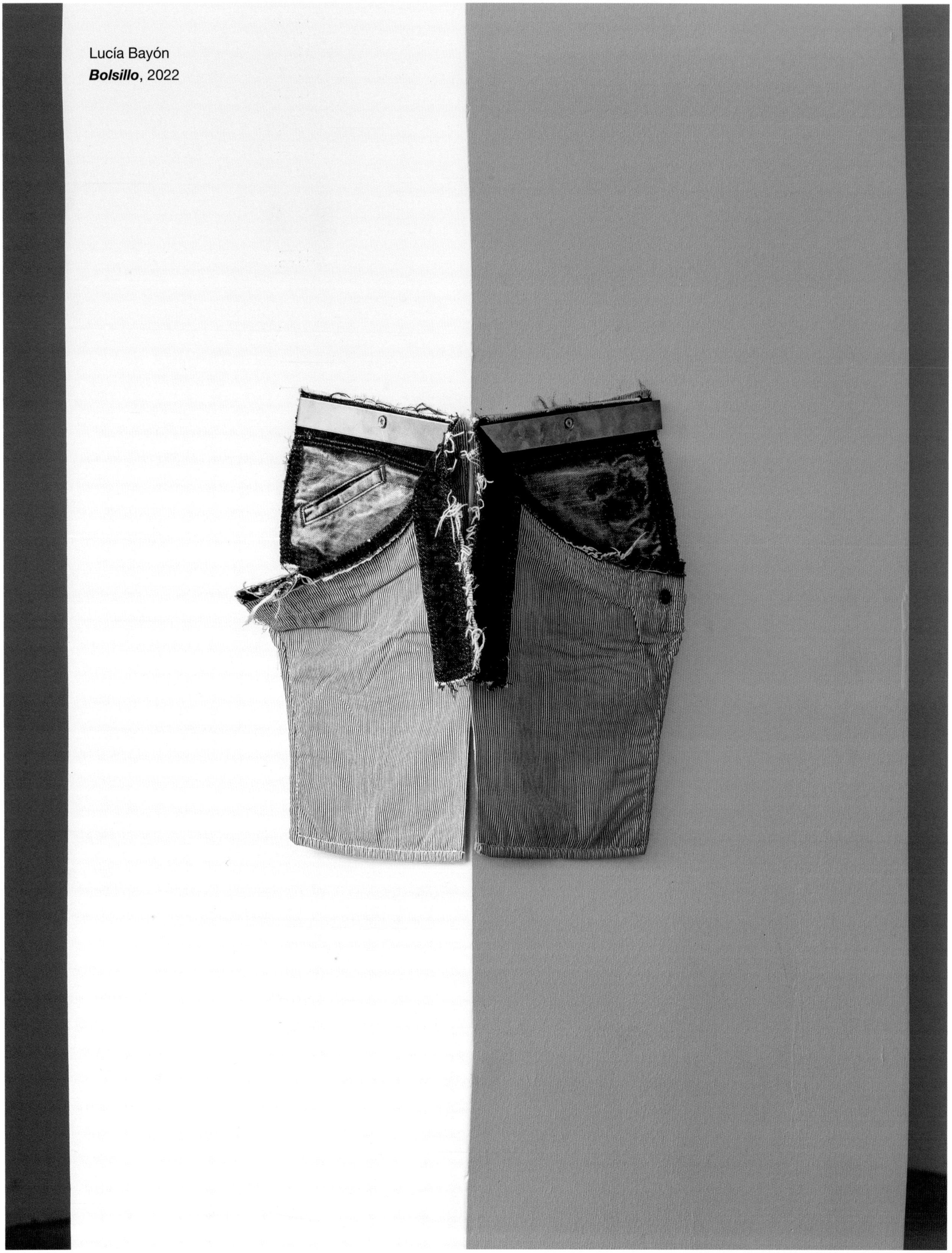

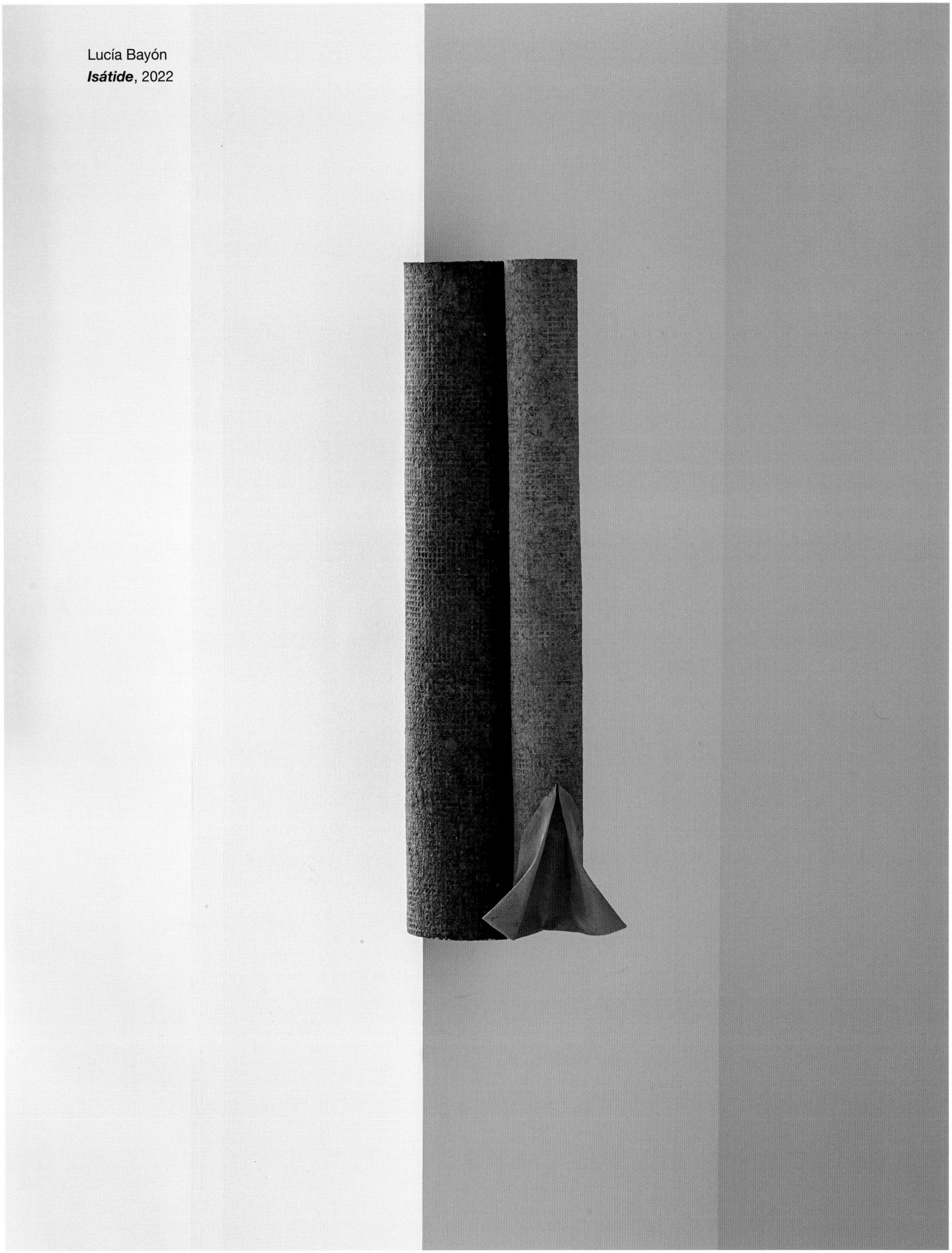

Lucía Bayón
Isátide, 2022

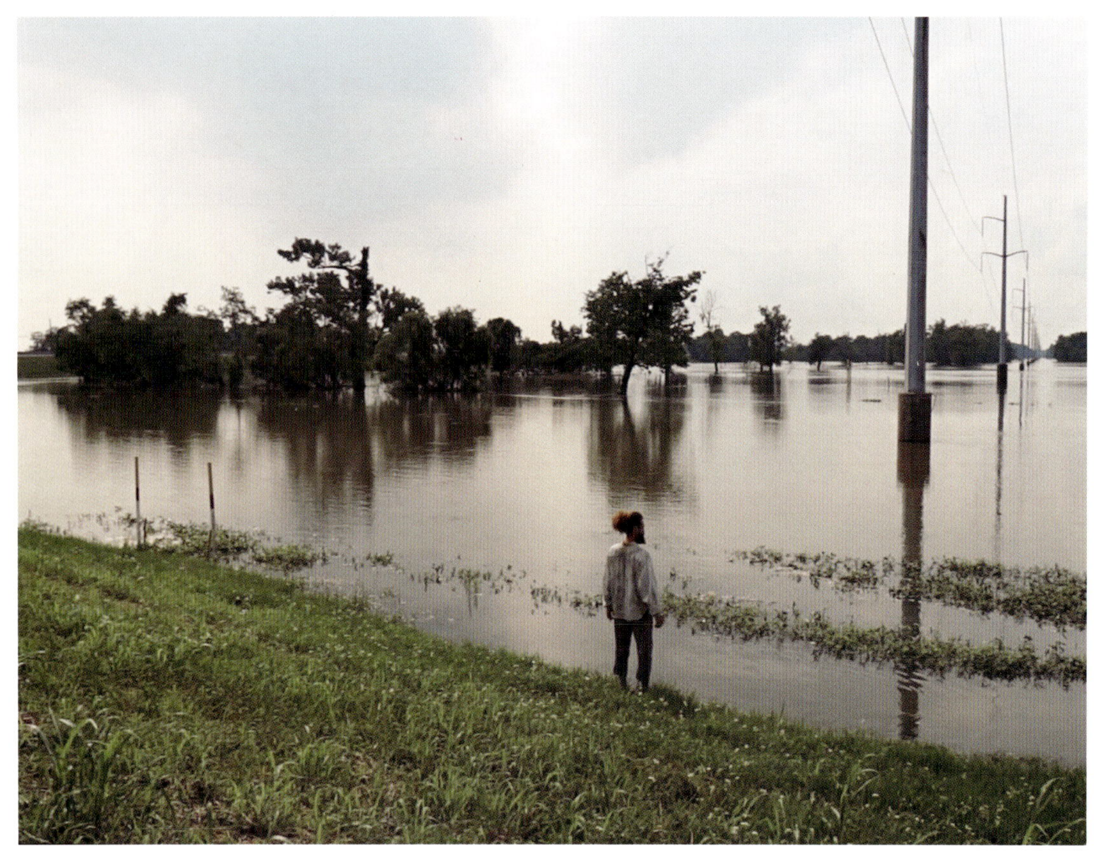

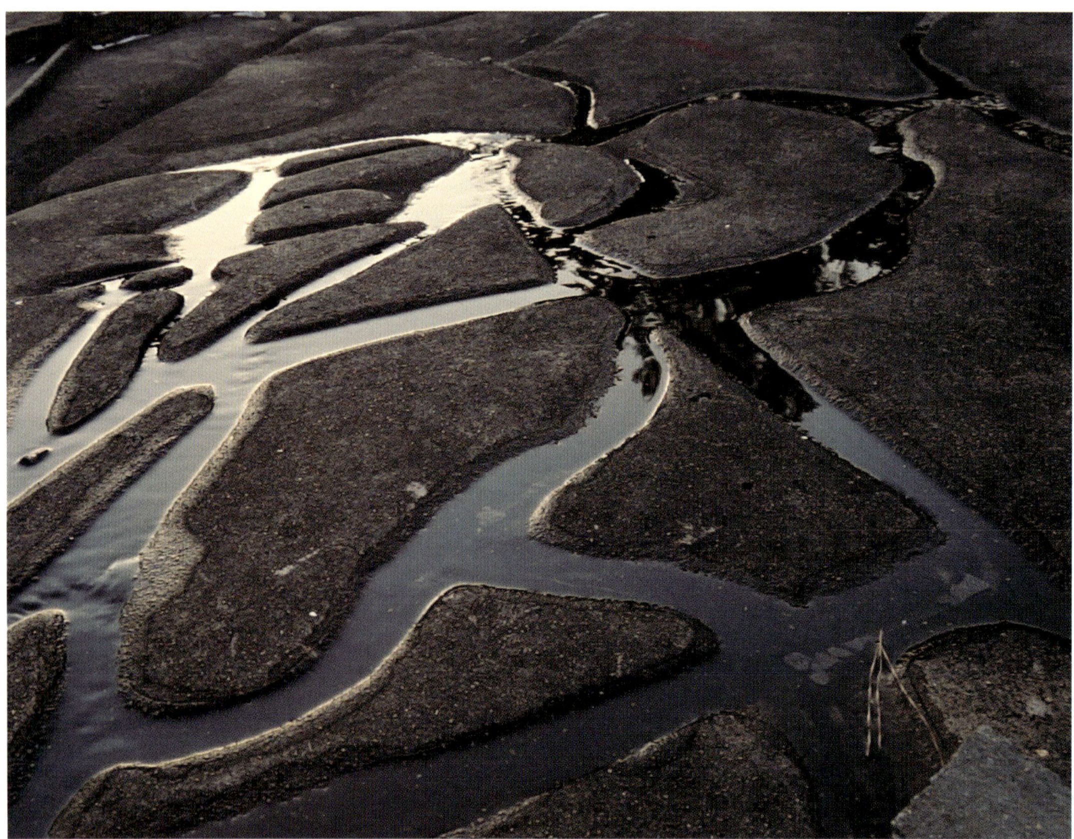

It's difficult to pinpoint when exactly these forces emerged, and when they began to mutate and change. However, at the risk of remaining totally speculative, and perhaps even verging on fictional thinking, it is worth at least attempting to fathom these *misterios*: the exercise alone may root out some interesting arguments, as well as ways of proceeding in the future.

Misterio #1: Sameness

Somewhat predictably, there is no straightforward explanation for this phenomenon. No single event can explain the underlying causes of the widespread sameness that now surrounds us, and yet — at least in the Western world — two particular facts led to a situation whereby processes and practices would necessarily have to be assessed within the larger dynamics of exchangeability and circulation. One of these facts is the fall of the Berlin Wall, and the subsequent reordering of the Western and Eastern world powers. The other is the emergence of an organisational system — the European Union — which would have a huge effect on the notion of likeness, both pragmatically and symbolically. We know this: from industrial standards to toilets to art practices, the West acquired a sense of broadness that would go on to impact educational design, service design and cultural design.

Elsa Brès
Sweat, 2020

Primer misterio: la similitud

Como cabía prever, no existe explicación directa para este fenómeno.
No se pueden aclarar a través de un evento único las causas subyacentes de la semejanza generalizada que nos rodea; pese a todo, al
menos en el mundo occidental, se dieron dos hechos concretos que
nos llevaron a la circunstancia en la que los procesos y las prácticas
habrían de enmarcarse en dinámicas más amplias de intercambia-
bilidad y circulación. Uno de ellos es la caída del muro de Berlín y
la reordenación consecuente de las potencias mundiales occidentales
y orientales. El otro es el surgimiento de un sistema organizativo, la
Unión Europea, que tuvo un gran efecto en la noción de similitud,
tanto en lo pragmático como en lo simbólico. Sabemos a ciencia
cierta que, desde los estándares industriales hasta los retretes o las
prácticas artísticas, Occidente adoptó un sentido de la amplitud que
llegaría a tener efectos en el diseño educativo, de servicios y cultural.

La consecuencia de estos cambios fue la entrada en vigor de numerosas normas y regulaciones nuevas que, al poco tiempo, comenzaron a resultarnos molestas. No solo nos hacían sentir alterados
—ya que percibíamos que estábamos perdiendo ciertas cualidades
vernáculas—, sino que además tuvimos que incorporar cosas nuevas, como nunca antes. Las normas actualizadas, además de la diferencia en el movimiento generado por las fronteras abiertas y una
circulación más simple, nos obligaron a incorporar determinadas
formas, lenguajes y prácticas sin tomar en cuenta las divergencias

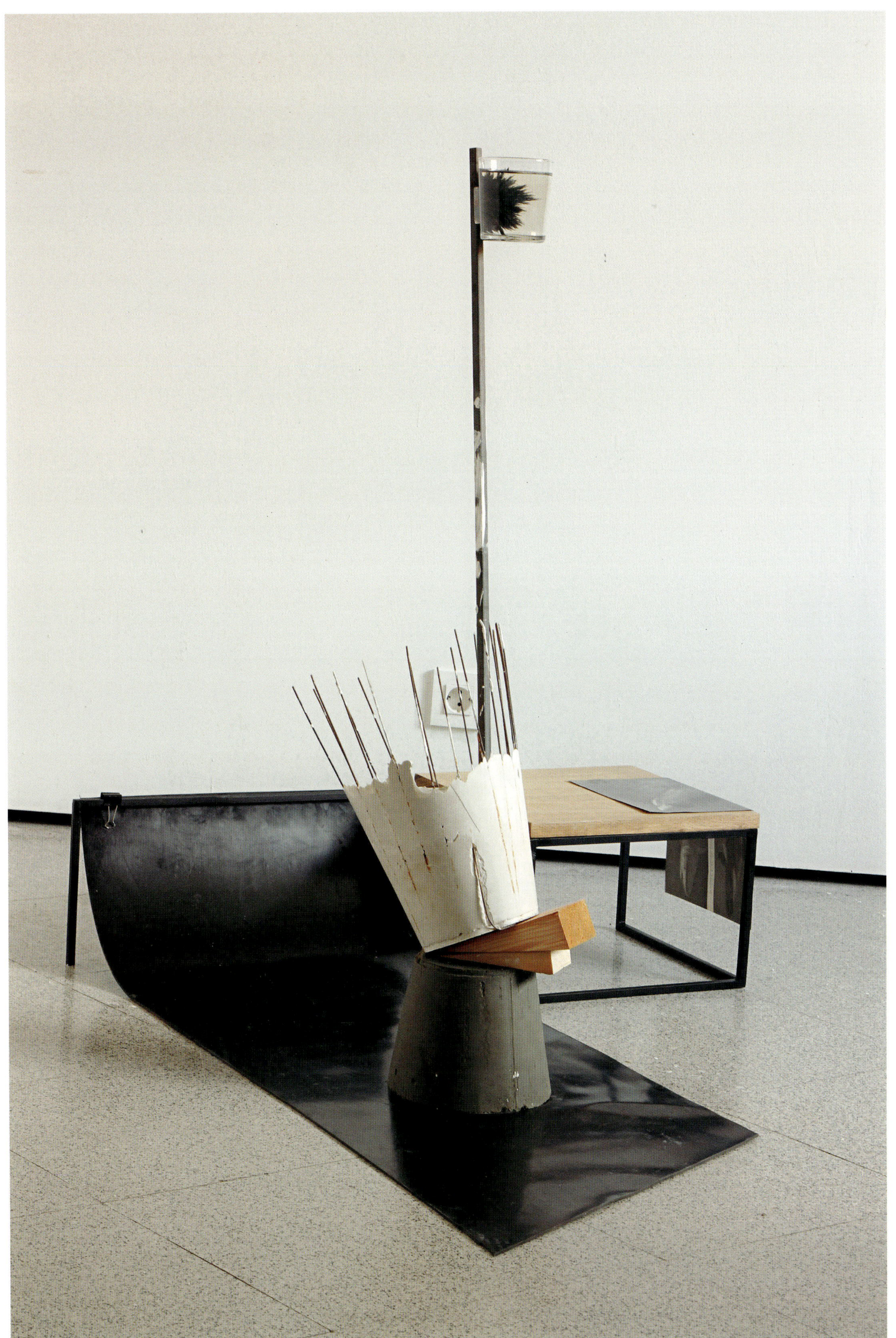

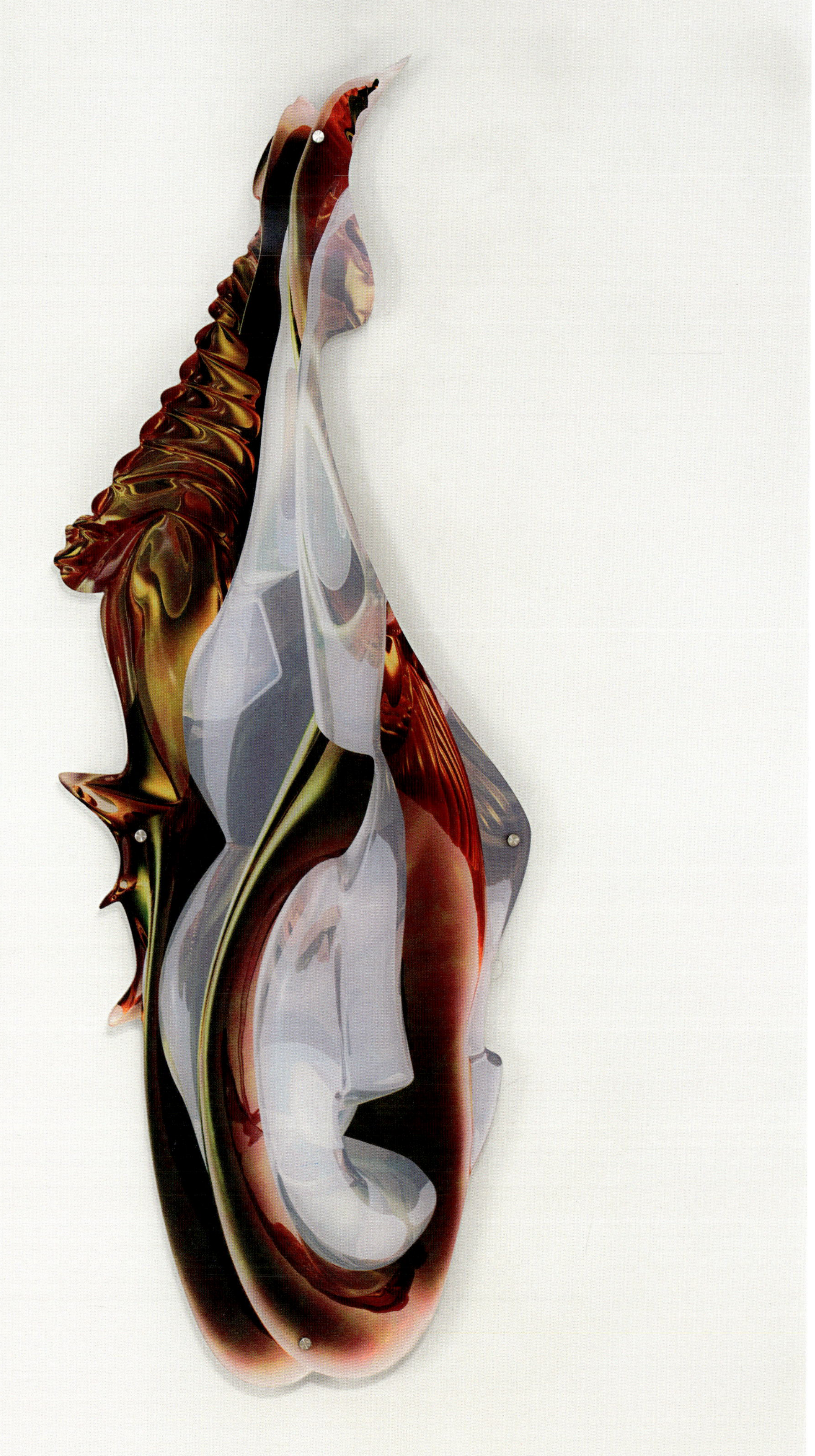

As a result of these changes, countless new rules and regulations came into effect, and, before long, they started to get on our nerves. Not only did we feel agitated — because we felt like we were losing certain vernacular qualities — but we also had to adopt new things, like never before. The updated norms, along with a different flow created by open borders and easier circulation, compelled us take on certain forms, languages and practices without really heeding the differences between their histories, economies and contexts. But this is not a critique. Quite the opposite: never before — since the time of the ancient empires, at least — had so many people believed in such a loose but effective force of togetherness, a force that had a bearing on all forms of cultural production. Despite the fact that now — in our post-pandemic mood — we are keen to advocate the importance of the local and the regional, it's worth remembering the time when the debates in the cultural sphere were all about global-versus-local tensions. Today, we are allowing the return of the local for two very different reasons: firstly, for the sake of more sustainable production chains, and secondly, as a reaction to a rapid re-nationalisation that is challenging those aforementioned ideas of internationalism and openness.

Although I have strongly criticised the way that certain artistic/ cultural scenes and models were indiscriminately absorbed in

Salomé Chatriot
Breastfed with Milk and Gasoline, 2021

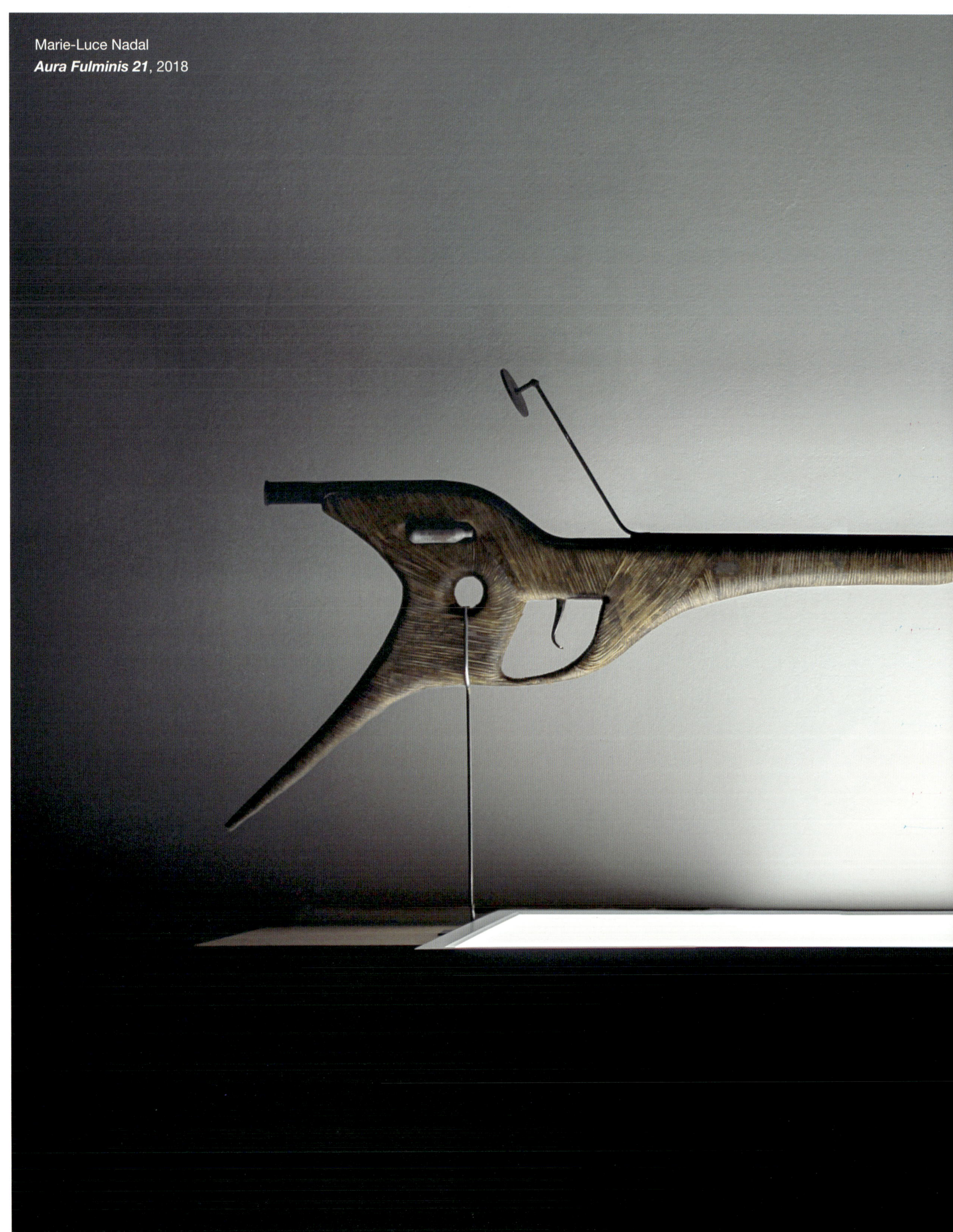

Marie-Luce Nadal
Aura Fulminis 21, 2018

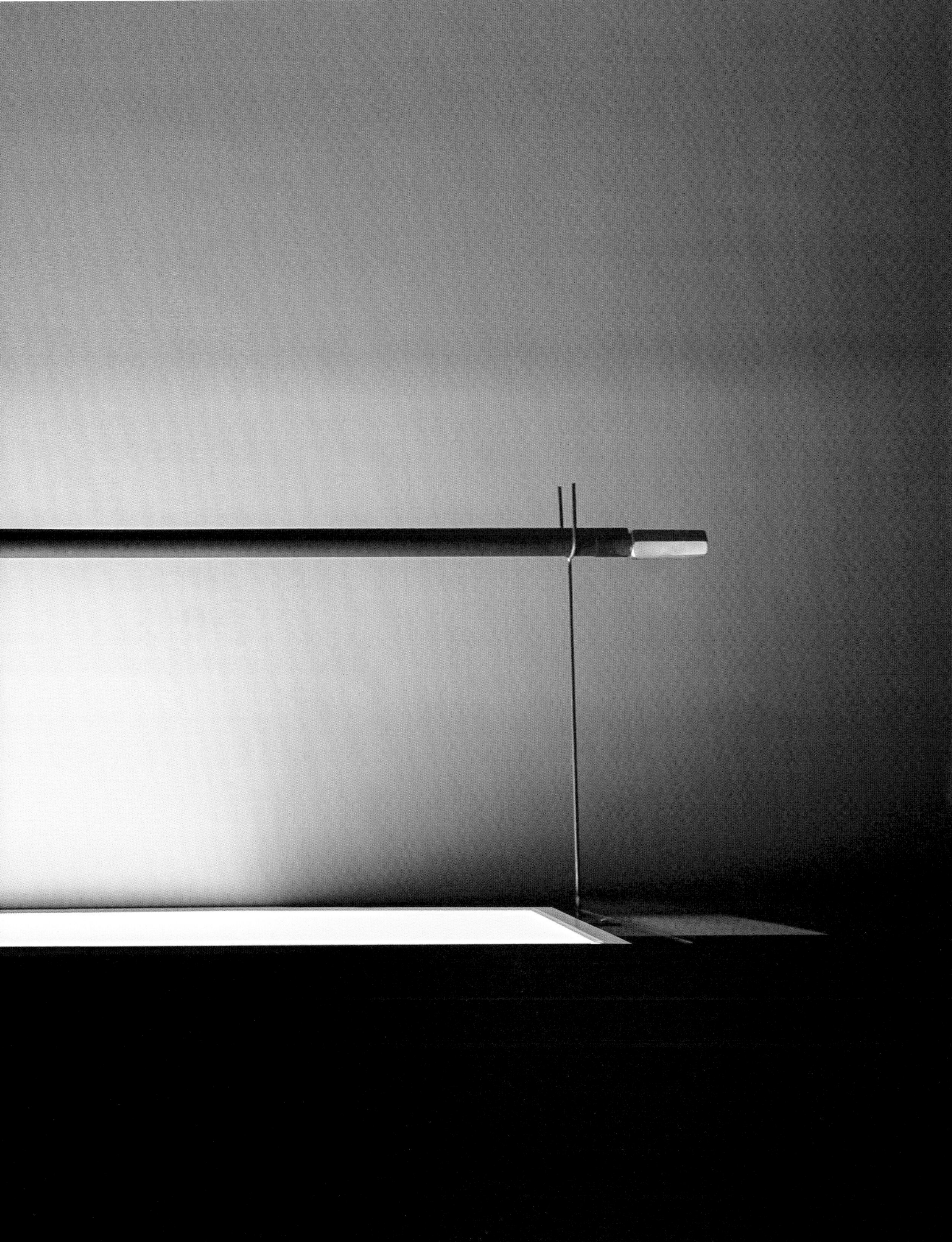

entre sus historias, economías y contextos. Pero esto no es una crítica. Más bien al contrario: nunca antes, por lo menos desde la era de los antiguos imperios, tanta gente había creído en una fuerza de unidad y compañerismo tan holgada al tiempo que efectiva; una fuerza que resultó relevante para todas las formas de producción cultural. A pesar de que ahora, en esta circunstancia pospandémica, seamos dados a defender la importancia de lo local y lo regional, cabe recordar la época en la que los debates del mundo de la cultura versaban siempre sobre las tensiones entre lo global y lo local. Hoy permitimos el retorno de lo local por dos motivos diferentes: primero, en defensa de unas cadenas de producción más sostenibles, y segundo, a modo de reacción ante una rápida renacionalización que desafía las ideas ya expuestas de internacionalismo y apertura.

Aunque he criticado con firmeza la manera en la que ciertas escenas y modelos artísticos/culturales se absorbieron de forma indiscriminada a principios de siglo, porque era lo que había que hacer, también creo que aquello fue un ejercicio colectivo a escala monumental único, que bien merece un estudio y un análisis indulgentes. Este ejercicio puede concebirse como la participación masiva y simultánea en un abanico de prácticas, dirigida por aquellos que se movían con mayor comodidad en las ideas de una cultura y un mercado basados en el bienestar, aunque ejecutada desde numerosos ángulos distintos. Muchas ferias y congresos y conferencias y mesas redondas y talleres y series de ponencias y programas de radio y artículos y textos y opiniones e informes y exhibiciones y

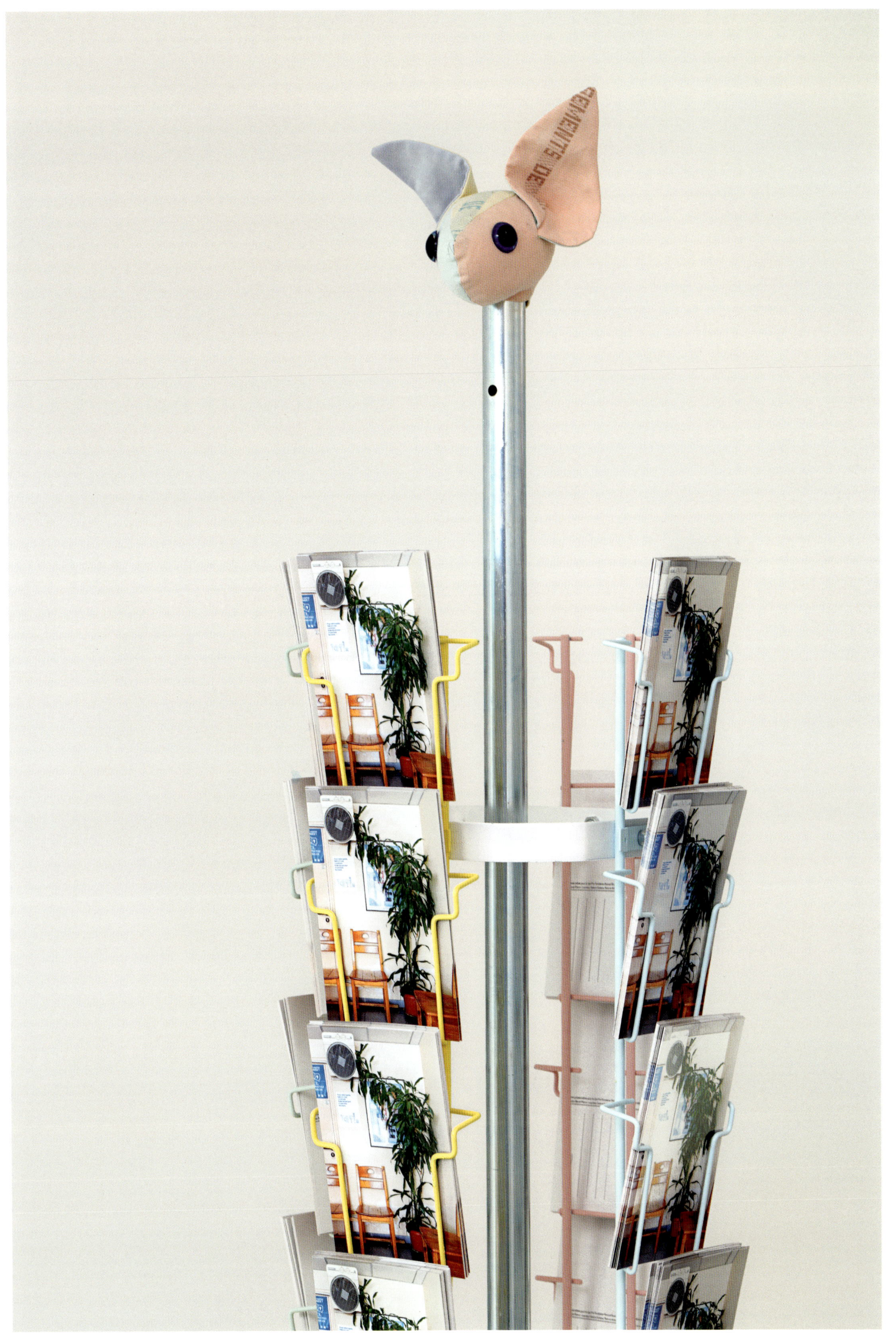

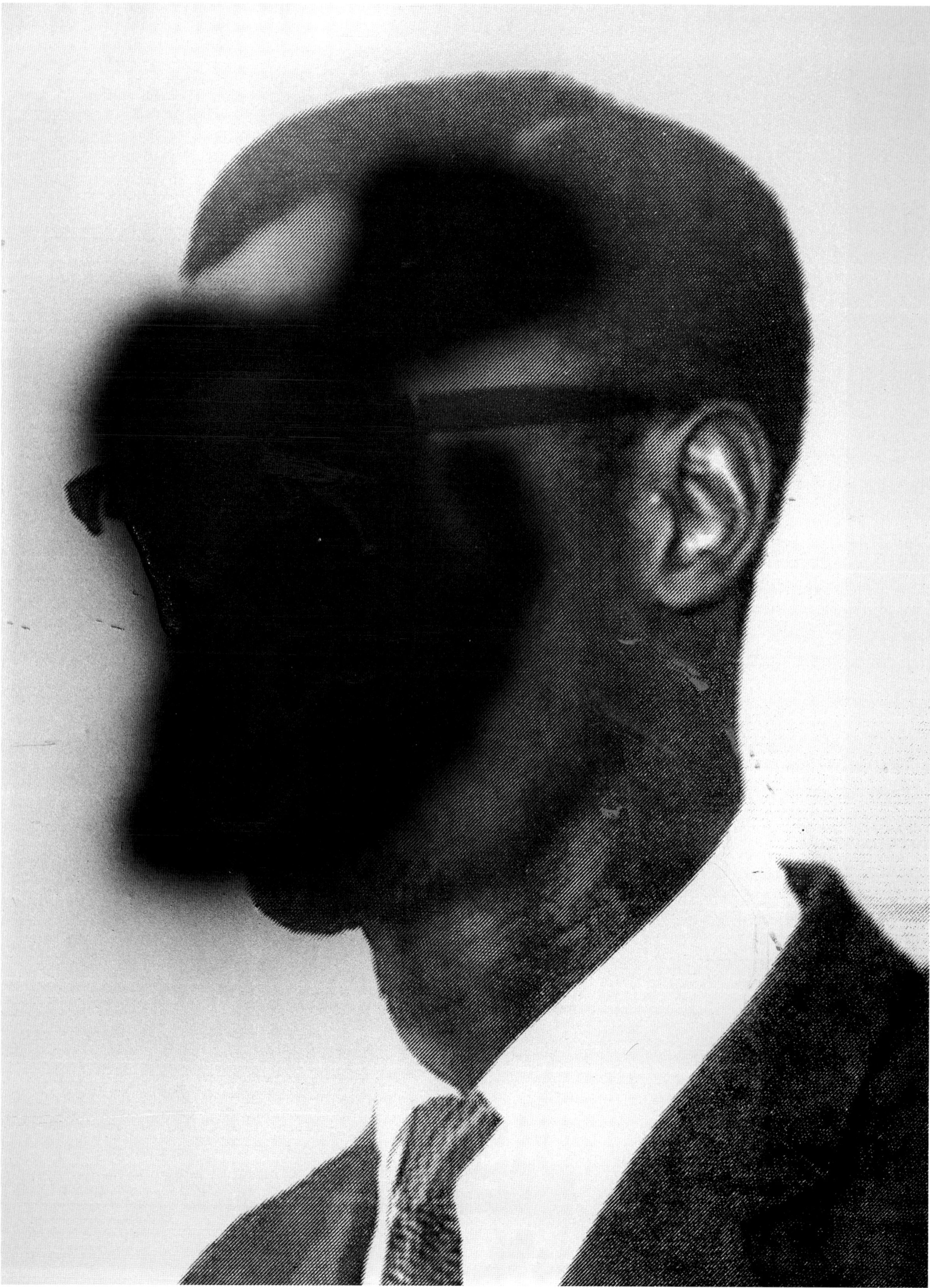

and around the 2000s, because it was "the done thing", I also believe, now, that it was a unique, collective exercise, carried out on a vast scale, that merits study and a sympathetic analysis. We can think of it as the mass, simultaneous participation in a range of practices, conducted by those more familiar with welfare-based ideas of culture and the market, albeit from numerous different angles. A great many fairs and congresses and conferences and round tables and workshops and lecture series and radio shows and articles and texts and opinions and reports and exhibitions and leaflets and books and biennials were all based on this standardising, global-type premise. But the kind of togetherness they were promoting in fact materialised, instead, as enforced sameness. And it wasn't exactly balanced: it was like a yoga class where the wealthier countries, experienced and relaxed, were breathing easily, eyes closed — and completely oblivious to the fact that the newbies in the room were wheezing, desperately trying to keep up, to blend in, to look like they belonged there.

This propensity for sameness was also the reason why, during this period, certain art scenes — such as the Spanish one — were not particularly present in other countries. Likewise in France: an inability to assimilate had a similar exclusionary effect on the emerging scene there, but not on the older, more

Aleix Plademunt
Plaza Patrice Lumumba, Bruselas.
Día 17 de julio del 2019, 2022

folletos y libros y bienales se basaron en esta premisa global orientada a la estandarización. Pero el tipo de unidad que promovían, en realidad, se materializaba como una similitud forzosa. Y no era lo que se dice equilibrado, sino como una clase de yoga en la que los países más ricos, experimentados y relajados respiraban con tranquilidad, con los ojos cerrados y ajenos por completo al hecho de que los nuevos de la sala estaban sofocados, intentaban desesperadamente mantener el ritmo marcado, integrarse, dar la impresión de que aquel era su sitio.

Esta inclinación a la similitud era también el motivo por el que, durante este periodo, determinadas escenas artísticas, como la española, no se encontraban demasiado presentes en otros países. Sucedió del mismo modo en Francia. Su incapacidad para la asimilación surtía un efecto de exclusión entre su escena emergente, pero no en la anterior, que resultaba más reconocible. Pero ¿dónde estaba el problema? Si ser semejante era un obstáculo, ¿por qué tampoco surtía efecto ser distinto? Y, de cualquier modo, ¿quiénes ganaban en términos de visibilidad? Pues, como siempre, ganaban los organizadores de los eventos, esto es, aquellos que elegían los lugares de los encuentros, quienes definían los programas y decidían qué exhibir, qué mirar, de qué hablar y cómo hacerlo. En otras palabras, los que mandaban.

En ese sentido, podemos concluir que muchos contextos del territorio recién definido de Europa no mandaban. En absoluto.

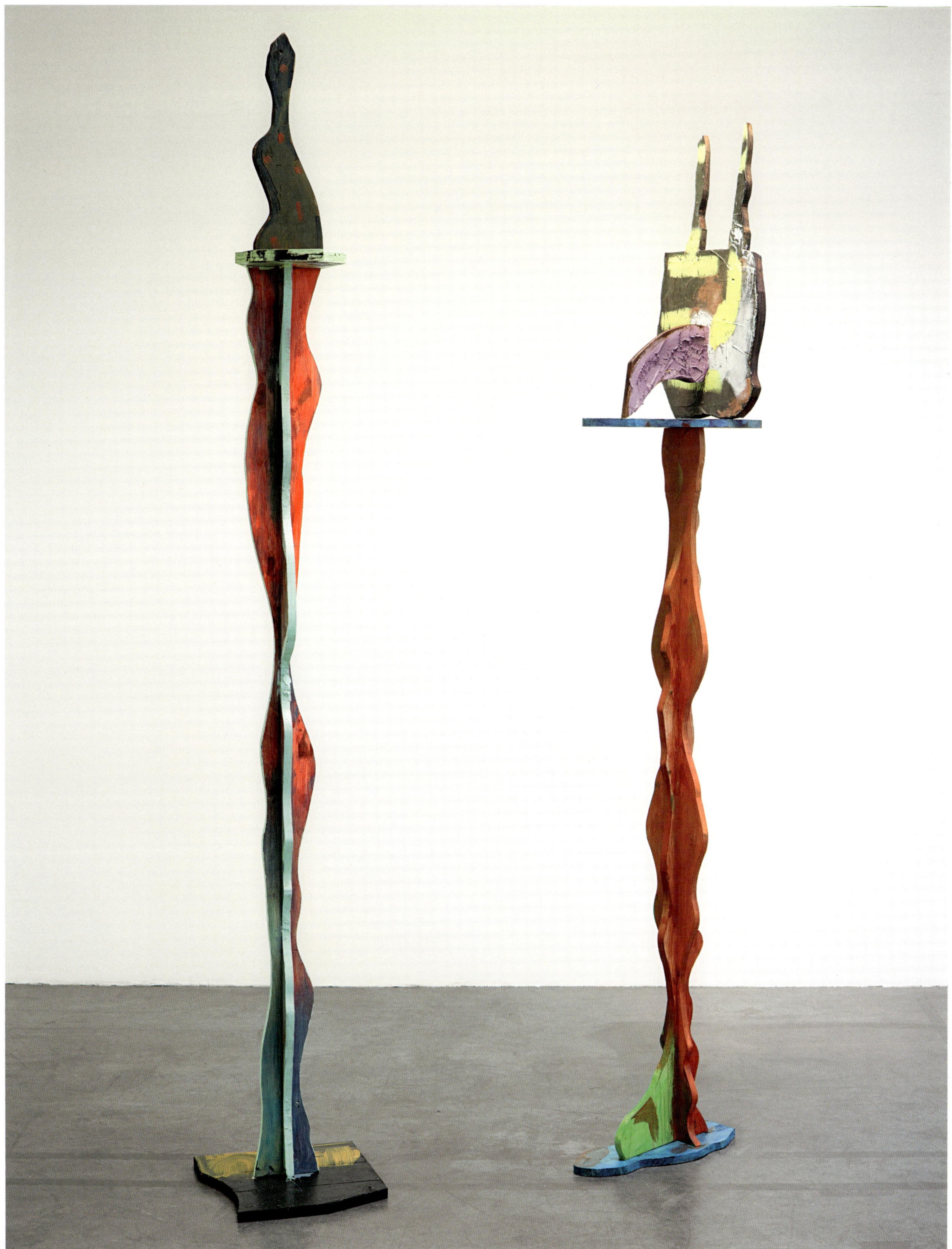

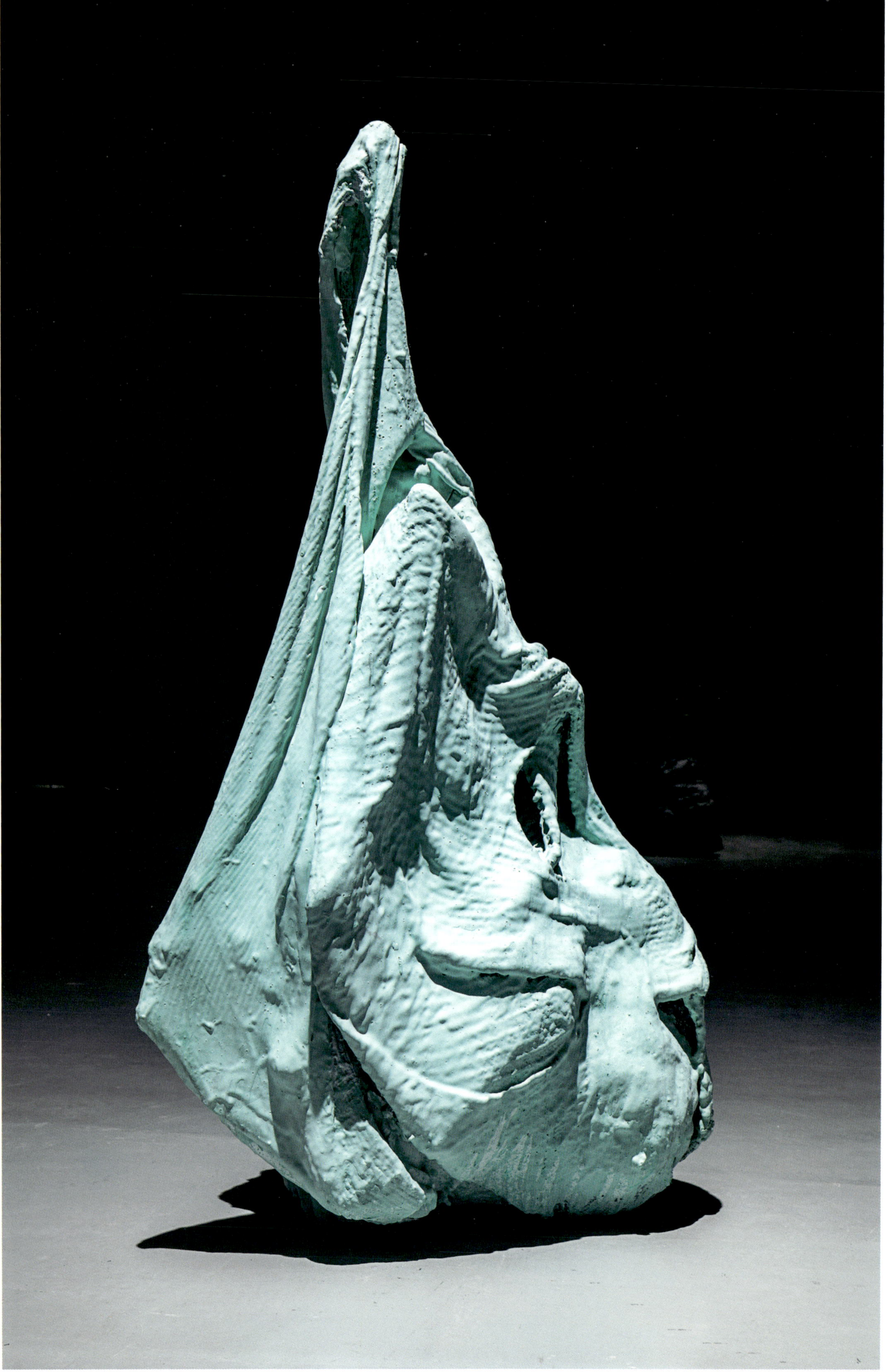

identifiably French one. But why was it such a big deal? If being similar was a problem, why was being different frowned upon too? And, in any case, who were the winners in terms of visibility? Well, as always, the winners were the organisers of the events, i.e. those who decided the premises of the meetings, those who could define the programmes and say what to exhibit, what to look at, what to talk about and how to talk about it. The rulers, in other words.

Put like that, we can conclude that many contexts — inside the newly-defined territory of Europe — were not ruling, at all.

Misterio #2: The Rulers

Who rules? Who's in charge? Who really has influence in the art world?

Eek! That's a tough one. A logical answer would be to say that the rulers are those who have the resources. However, two decades ago, many contexts had resources at their disposal, and yet were not necessarily perceived as rulers. There were many different centres and players, on a range of scales: at the geopolitical level, at the level of the cities, the agencies, the markets, the schools, the institutions, the self-organised collective voices and projects, the publishers, the

Elena Aitzkoa
Pupa, 2022

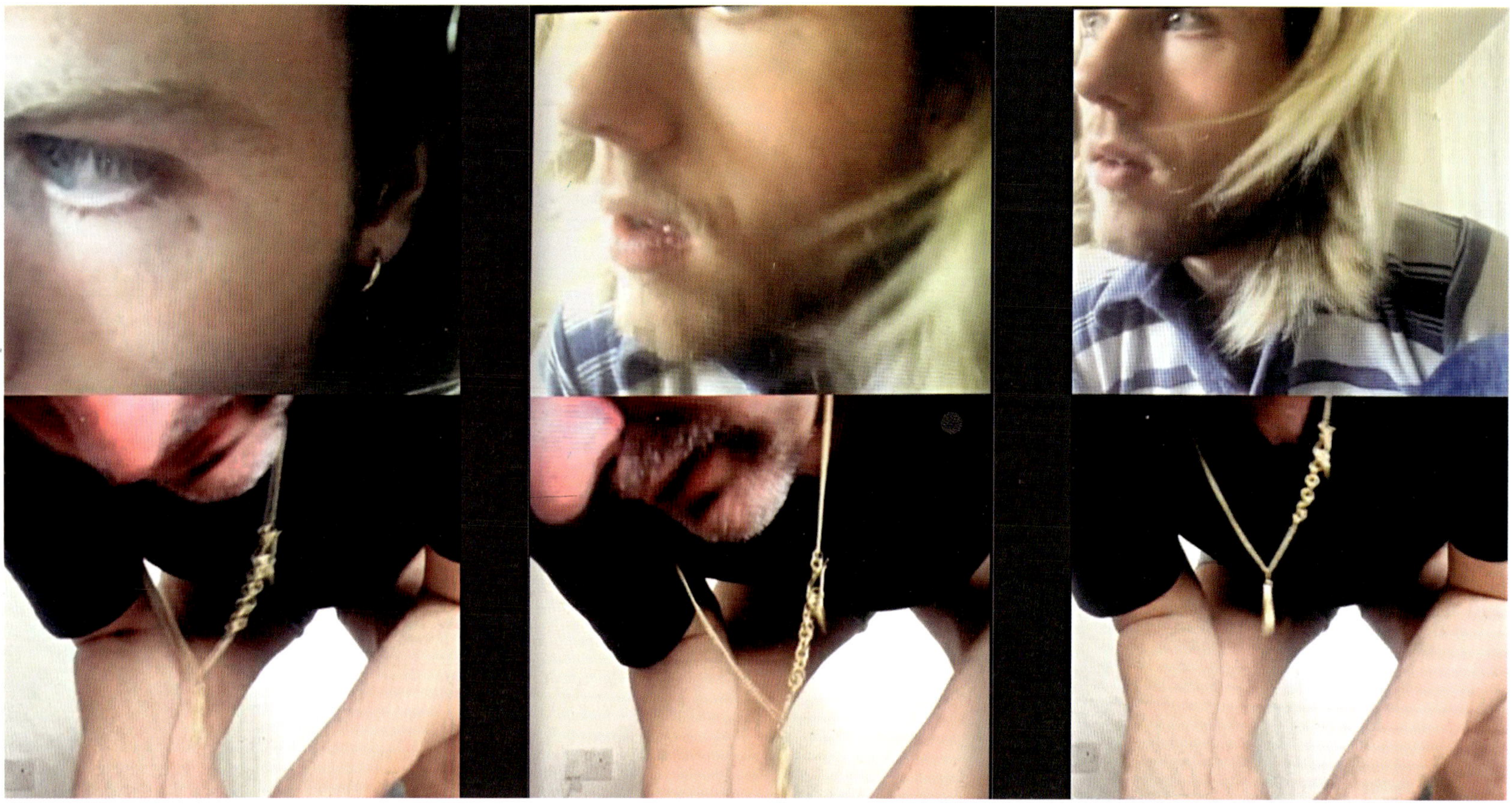

Nora Aurrekoetxea
Nolimetangere, 2021

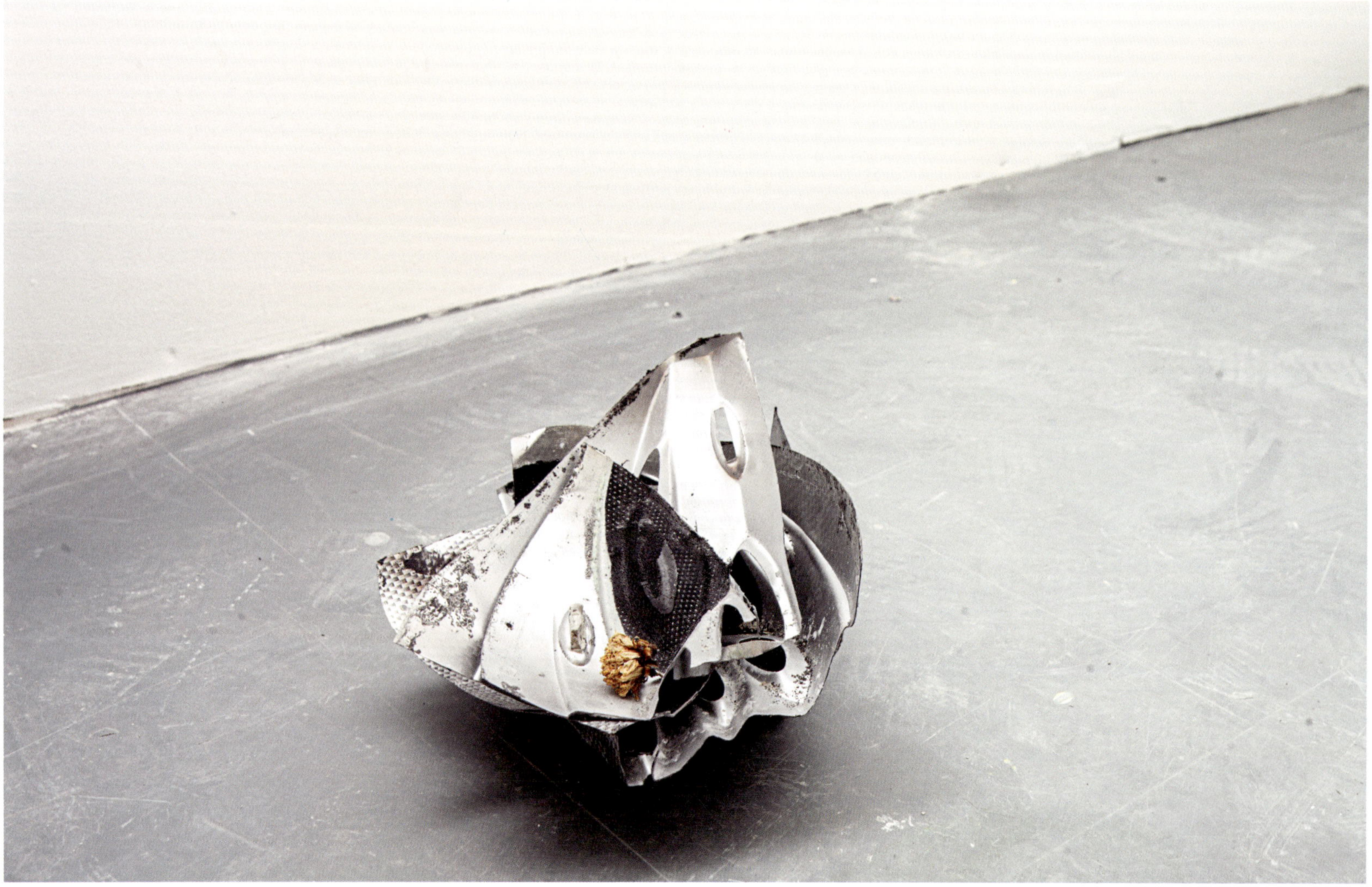

Nora Aurrekoetxea
LEFT, 2020

Nora Aurrekoetxea
Kasko bi II, 2020 >

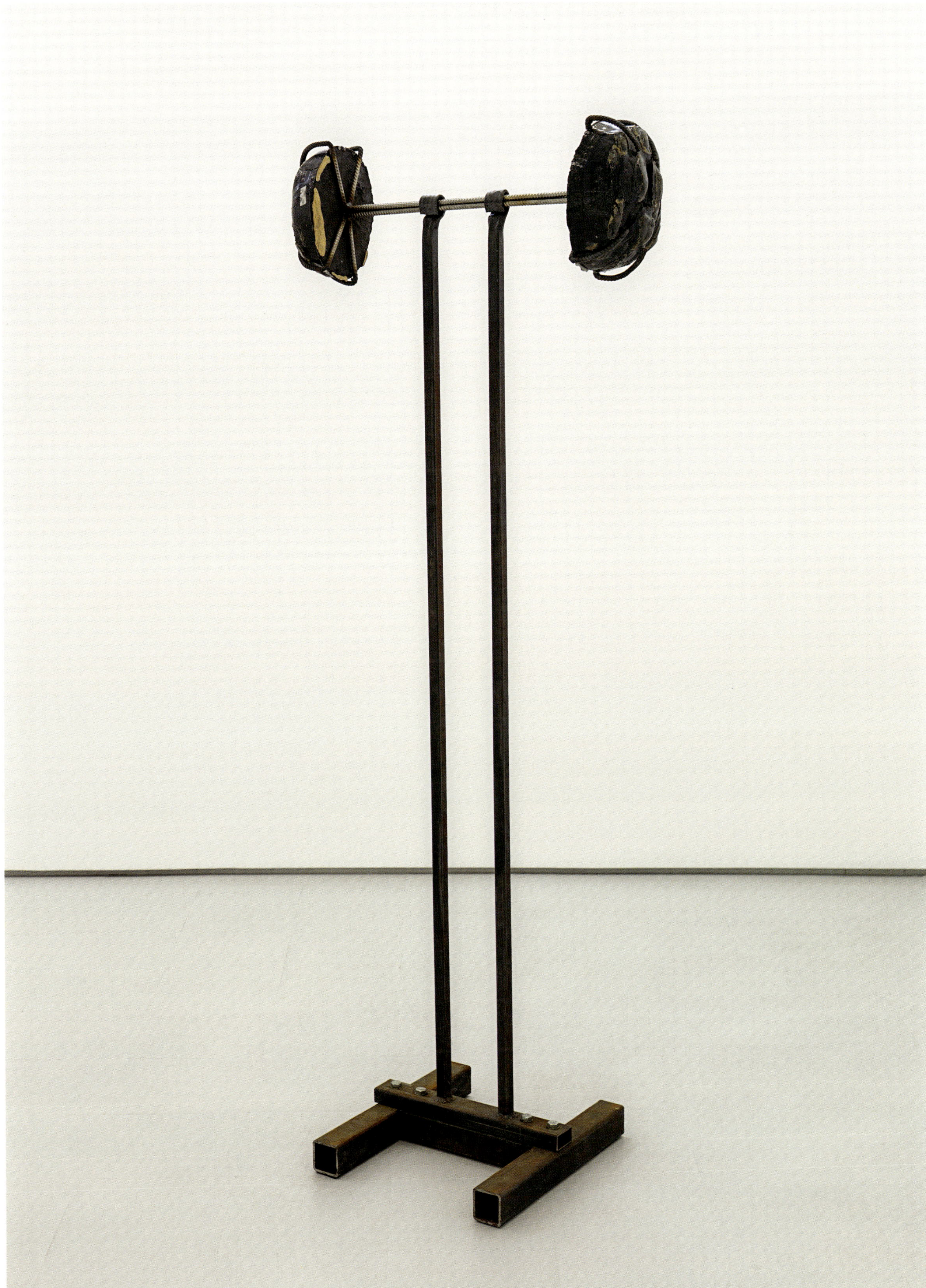

Segundo misterio: los que mandan

¿Quién manda? ¿Quién está a cargo? ¿Quién tiene verdadera influencia sobre el mundo del arte?

¡Vaya! Qué pregunta tan compleja. La respuesta lógica sería decir que mandan los que tienen los recursos. En cambio, hace dos décadas, había muchos contextos que poseían recursos y a los que, aun así, no se percibía como dirigentes. Existían numerosos centros e implicados, a diferentes escalas: al nivel geopolítico, al nivel interurbano, al nivel de agencias, mercados, escuelas, instituciones, voces y proyectos colectivos autoorganizados, de editoriales, festivales o salas de exposición, entre otros. El dinero circulaba y todo parecía orientado a enfatizar la importancia de generar una cultura del arte/evento y de ocupar la esfera pública con ella. En esencia, se percibía el arte –más que a los artistas– como algo relevante. Que la comunidad poseyese arte se consideraba mejor que no tenerlo; es decir, el arte era un repertorio de prácticas que activaba en la esfera social un imaginario de vida intelectual de generaciones previas, pero ahora con un carácter más capitalista y focalizado en los festivales. Provocaba una sensación hermosa de esperanza y, durante algún tiempo, se consideró que el arte era el pegamento intercultural que uniría a los nuevos grupos sociales diferenciados. Aun así, recursos e influencia no siempre van de la mano. Con el cambio de milenio, se vivió un gran entusiasmo en todo el mundo por participar en la construcción de una escena cultural y artística nueva. Comenzamos a discernir las

Lucía Bayón
Puntal, 2021

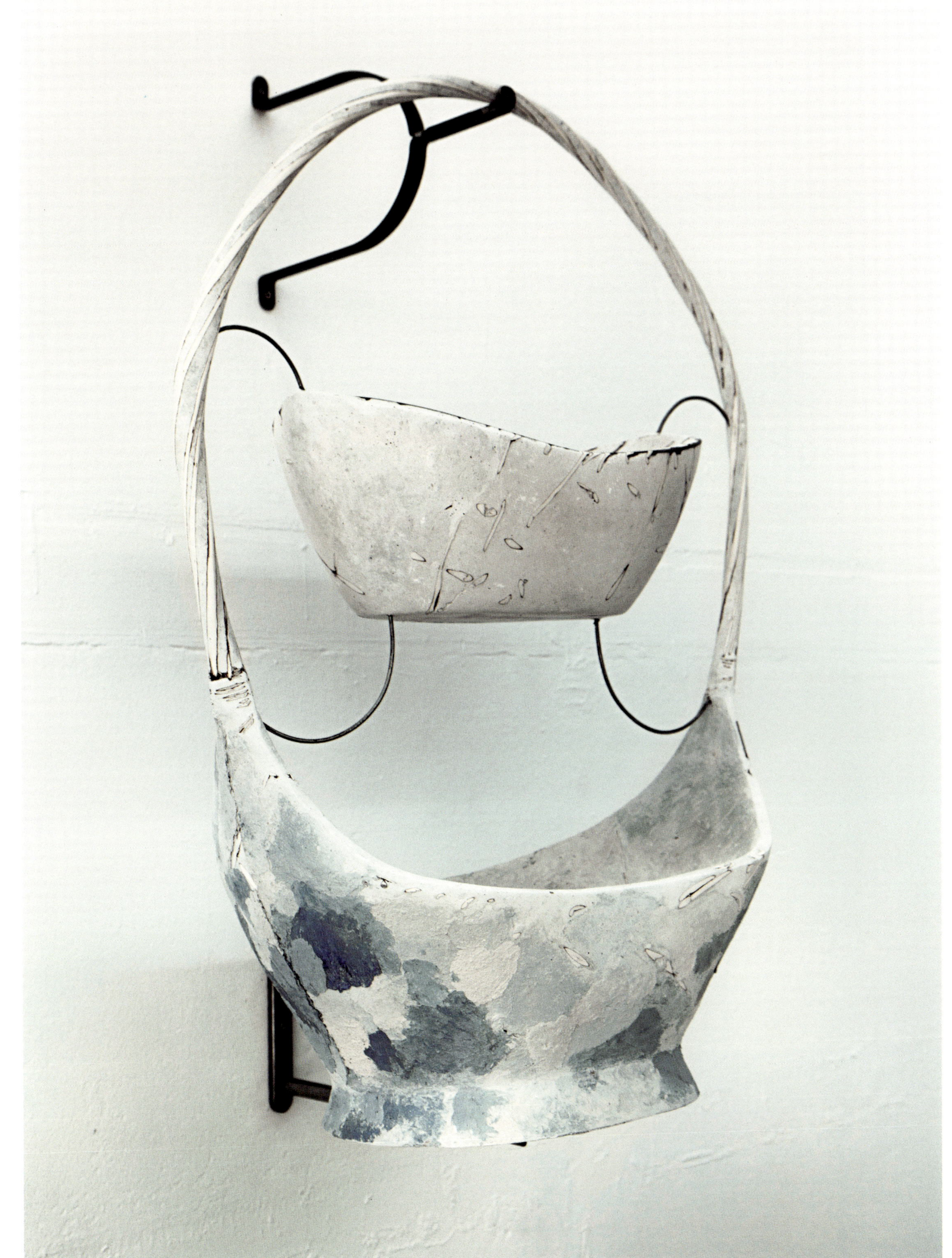

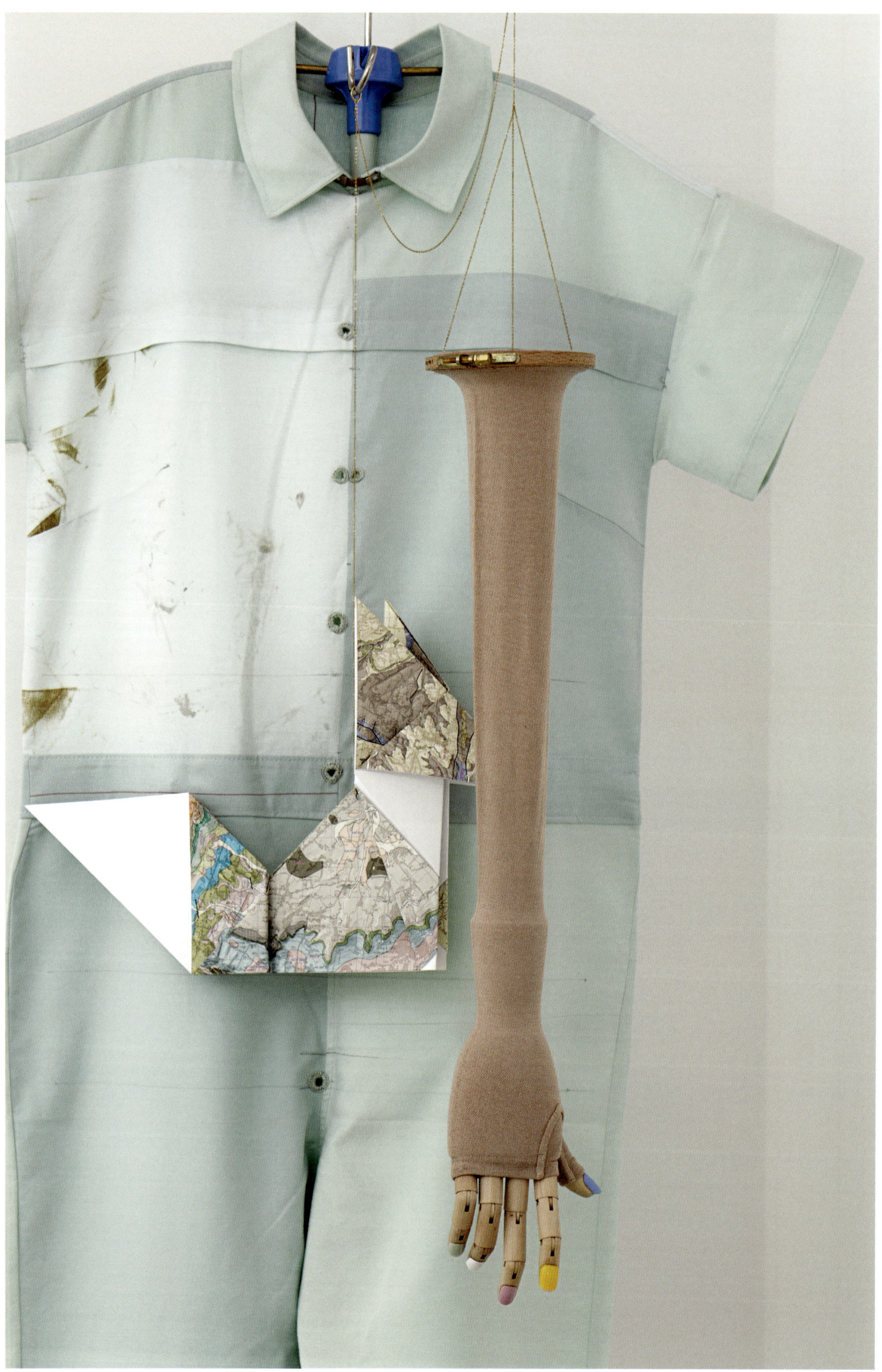

festivals, the exhibitions halls, and so on. Money was going around, and it all seemed oriented towards stressing the importance of doing and occupying the public sphere with an art/event culture. Essentially, art — more so than artists — was collectively perceived as relevant. Having art, as a community, was seen as better than not having art, i.e. art as a repertoire of practices that activated, in the social sphere, an imaginary of an intellectual life from previous generations, but now with a more capitalistic and festivalistic character. It really did create a beautiful sense of hope, and — for a while — art was considered the intercultural glue that might unite the new, disparate social groupings. However, resources and influence do not always go hand-in-hand. At the turn of the millennium, there was great enthusiasm, all around the world, to take part in the construction of a brand-new cultural and artistic scene. We started to discern the interdependencies between public and not-for-profit spaces, foundations (rare at the time), private museums (also rare at the time), and the rise of a new political and geographic order.

Spain is an interesting case when it comes to studying how (and how not) to promote and situate a cultural community in the imaginary of others. The belief in cultural exchange is akin to the belief in free commerce: in theory, by exposing others to what's on offer, artists and works will eventually

Benoît Piéron
Petit Prince, 2022

interdependencias entre espacios públicos y sin ánimo de lucro, fundaciones (limitadas en aquel momento), museos privados (también escasos) y la instauración de un nuevo orden político y geográfico.

España resulta un caso interesante si de lo que se trata es de estudiar cómo (y cómo no) promover y situar a una comunidad cultural en el imaginario de los demás. La creencia en el intercambio cultural es similar a la creencia en el libre comercio: en teoría, al exponer a otros a lo ofertado, los artistas y las obras acabarán por circular fuera de las fronteras de un contexto, una región o una nación concretos. De este modo, comenzaron a proliferar invitaciones internacionales y programas de estancias para artistas. Con todo, cuando se trataba de España, la relación a menudo era unidireccional: muchos europeos querían aprovechar dichas oportunidades y empaparse de la escena española, pero en muchos casos no eran tan dados a la reciprocidad en la oferta.

¿Qué se esconde en el fondo de este desequilibrio? ¿Quizá tacañería? ¿Falta de curiosidad? Es algo más complejo. La curiosidad nace de aquello que los demás esperan aprender de nosotros y de las posibilidades que nosotros les facilitamos. Se podría decir, para que sea más fácil visualizarlo, que ya no vivimos en una época de uvas individuales (si es que esta ha existido), sino que ahora es el momento de los racimos. En otras palabras, para ser aceptado en los sistemas de circulación que se imponen en el arte, los artistas deben formar parte de una comunidad perceptible de intereses diferenciados, deben integrarse en un conjunto más amplio,

Pablo Capitán del Río
Cuerpo líquido con calcáreo, 2019

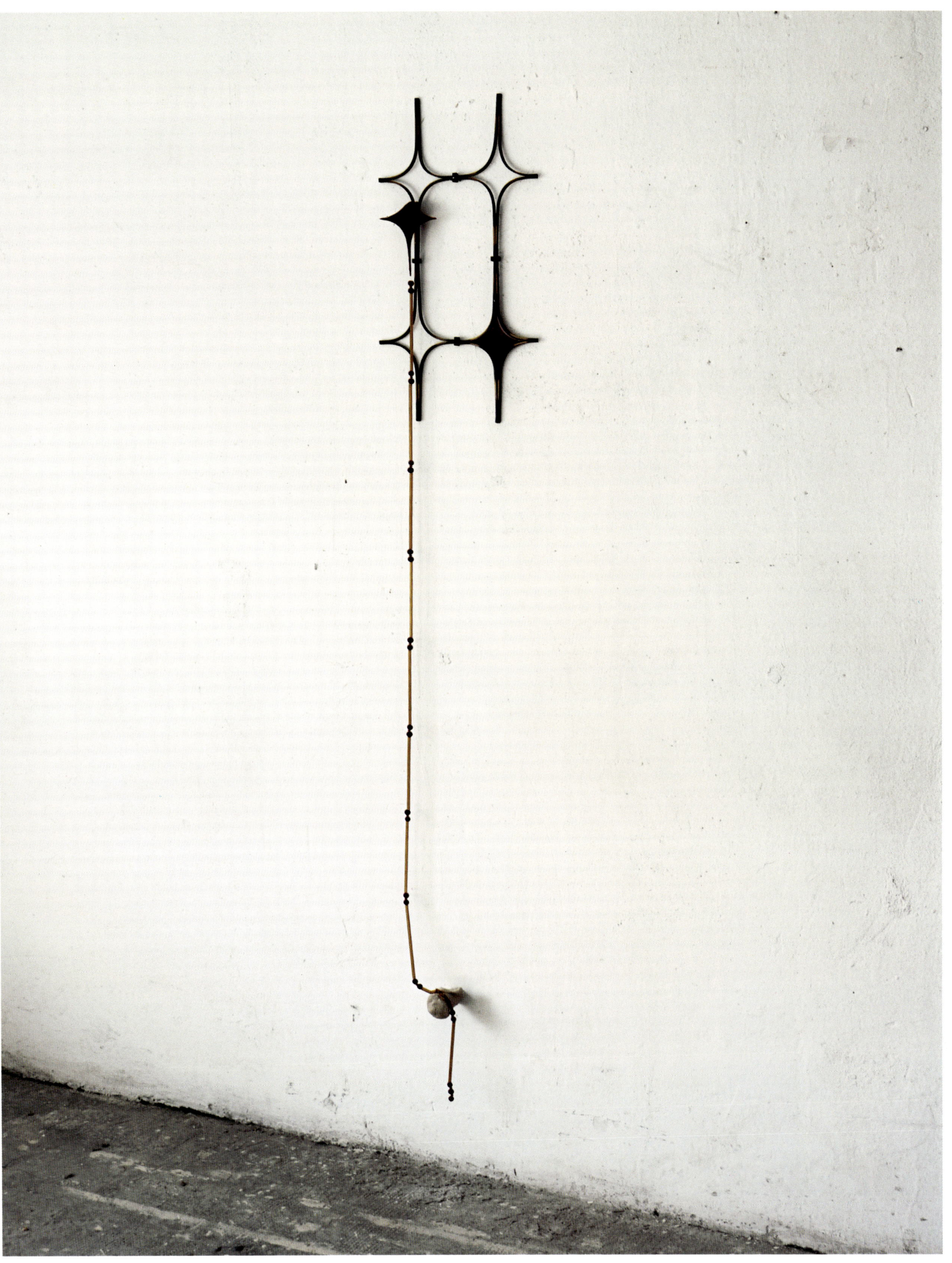

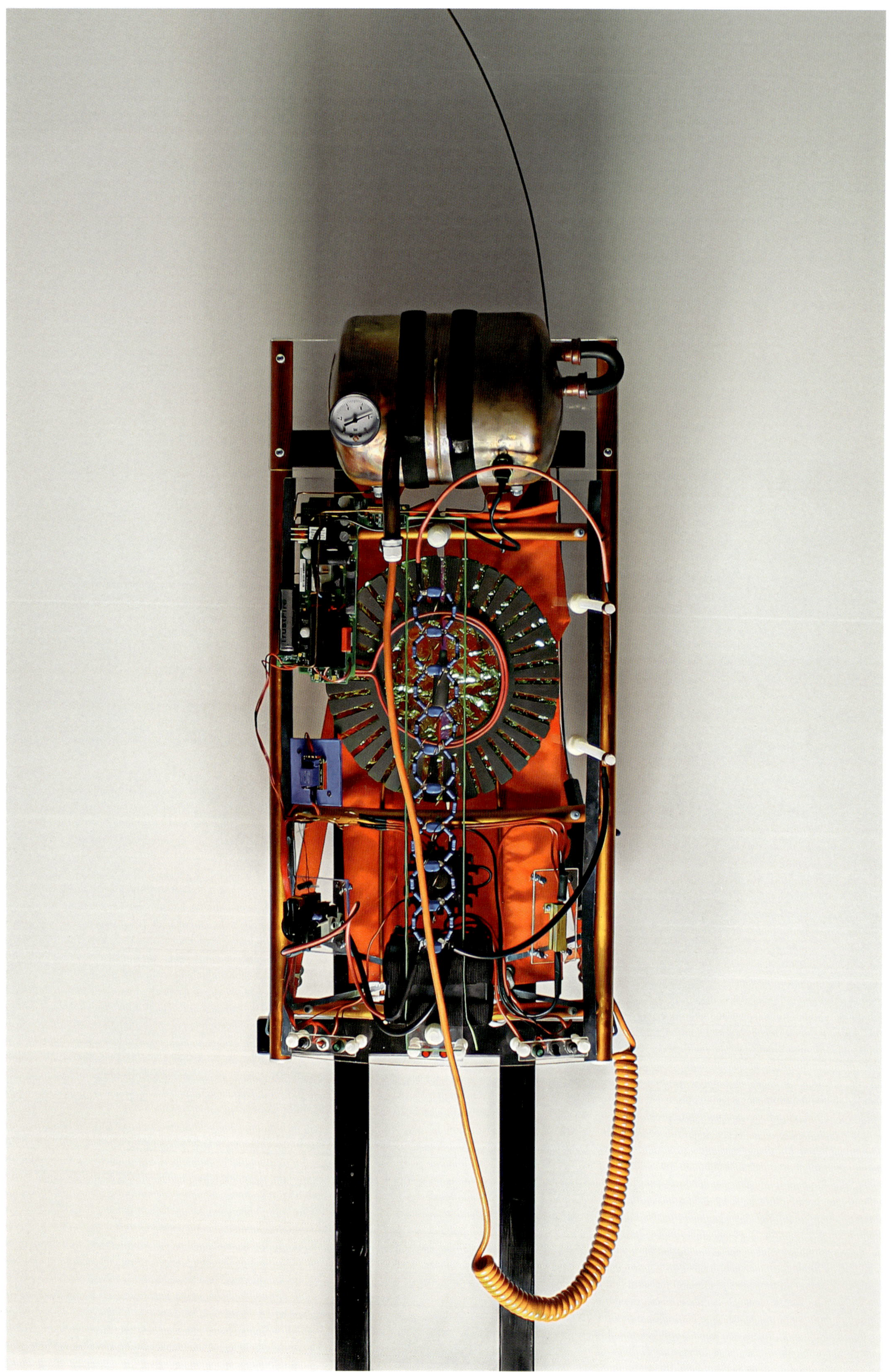

start to circulate outside the borders of a given context, region or nation. So, international invitations and guest schemes for artists started to proliferate, and yet, with regards to Spain, they were often one-sided: many Europeans were keen to take up these opportunities, to come over and immerse themselves in the Spanish scene — but, in many cases, they weren't quite so keen to reciprocate the offer.

What lies at the heart of this unbalanced exchange? Stinginess, perhaps? A dearth of curiosity? It's more complex than that. Curiosity is about what others hope to learn from us, and the possibilities that we grant to them. We could say, to make the argument easier to visualise, that the era of the single grape is over (if indeed it ever existed), and that we are now living in the times of grape bunches. That is, in order to be accepted into the circulation systems that prevail in the arts, artists need to be part of a perceivable community of different interests: they need to be part of a bigger bunch, regardless of what each individual artist is producing.
If not, seeing and evaluating their work remains a mere matter of appreciation. Today, the appreciation of art is in fact a minor constituent part of a system made up of many complex networks of interest that, too often, are determined by non-artistic conditions.

Marie-Luce Nadal
Extracteur de coups de foudre portatif, 2018

independientemente de lo que produzca cada artista individual. De no ser así, la percepción y la evaluación de su trabajo resulta una mera cuestión de apreciación. Hoy en día, la apreciación del arte es de hecho una parte menor de un sistema conformado por muchas redes de interés complejas que, a menudo, vienen determinadas por condiciones que no son artísticas.

Y tercer misterio: las soluciones

¿Cómo deberían entonces reaccionar los artistas y los profesionales de la cultura? ¿Cómo contrarrestar esos factores no artísticos que entorpecen su interacción y su relación con otros artistas y con el arte, más allá de los parámetros ya conocidos de las circunstancias económicas y geopolíticas?

Quizá estemos en el momento histórico adecuado para una reorganización tal. Por desgracia, el sector público ha perdido poder y las crisis venideras no provocan mucha esperanza en lo que concierne a las instituciones. En cualquier caso, las comunidades artísticas tienen ahora una comprensión sin precedentes de sí mismas y de los beneficios de la reciprocidad, y disfrutan de mayor visibilidad que nunca en la esfera social. Esto ha llevado a una forma distinta de proyectar y organizar, en todos los sentidos, exposiciones y eventos, y hay mucha más conciencia de aquellas prácticas que ayudan a promover la naturaleza, la reparación y la igualdad (a diferencia de las visiones históricas, modernas y mercantiles sobre la relevancia).

Elsa Brès
Stella 50.4N1.5E, 2016

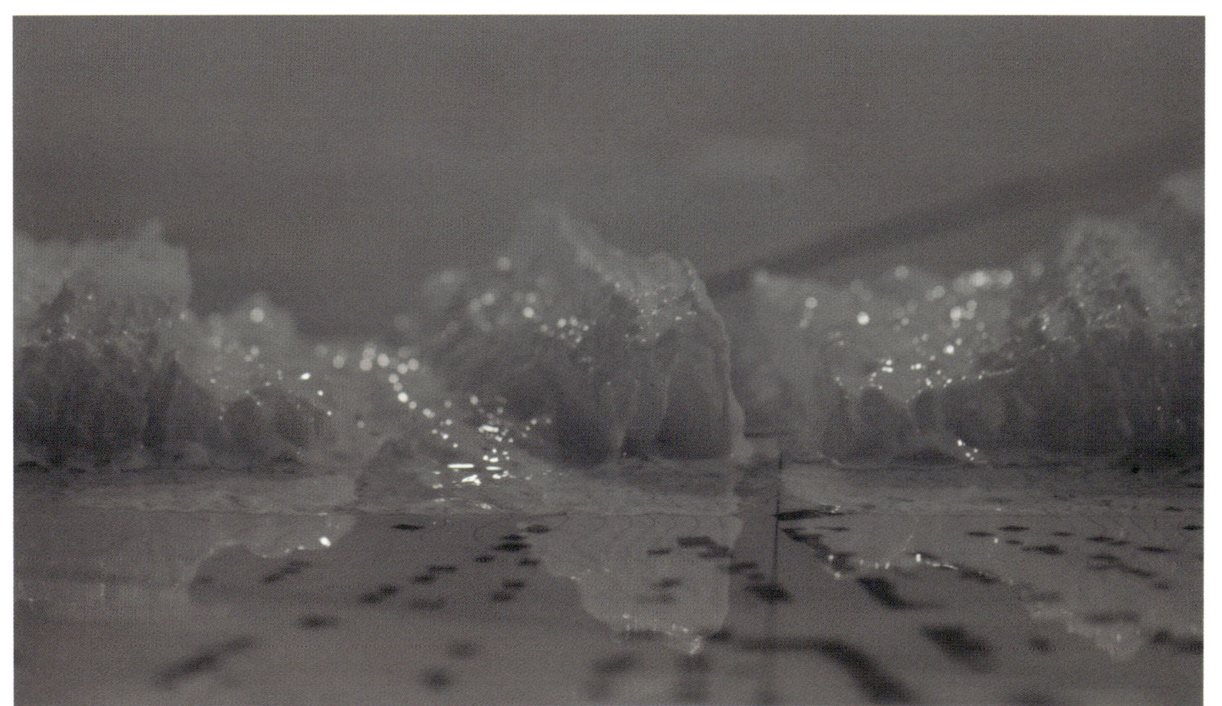
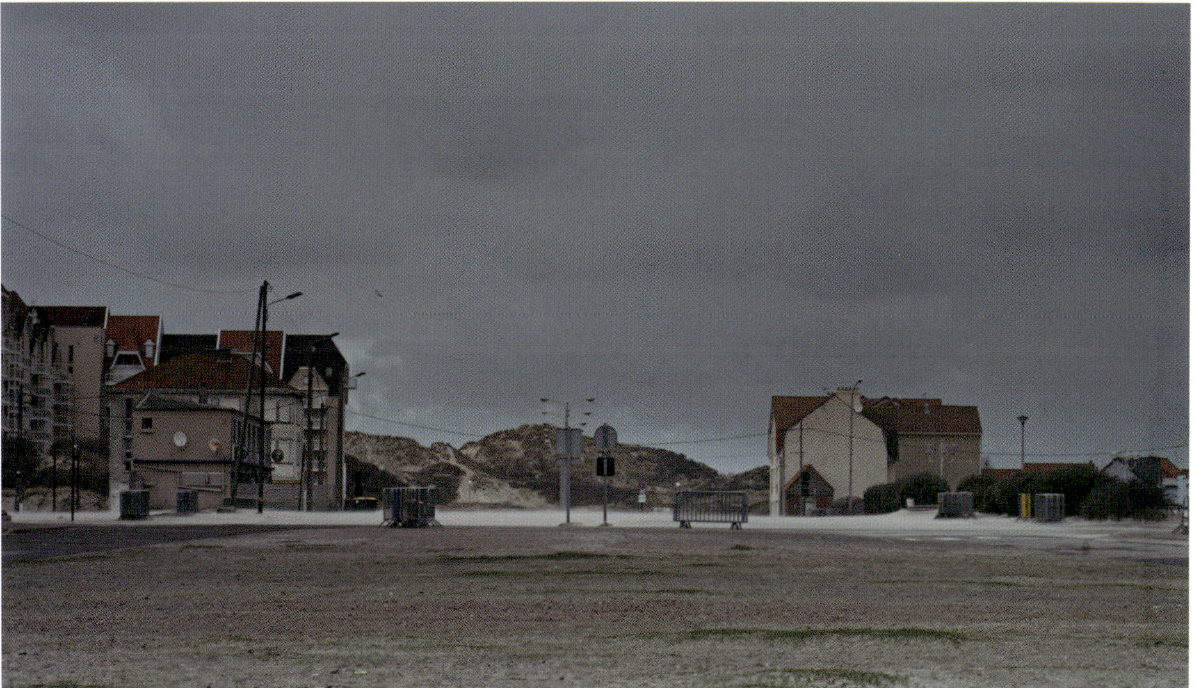
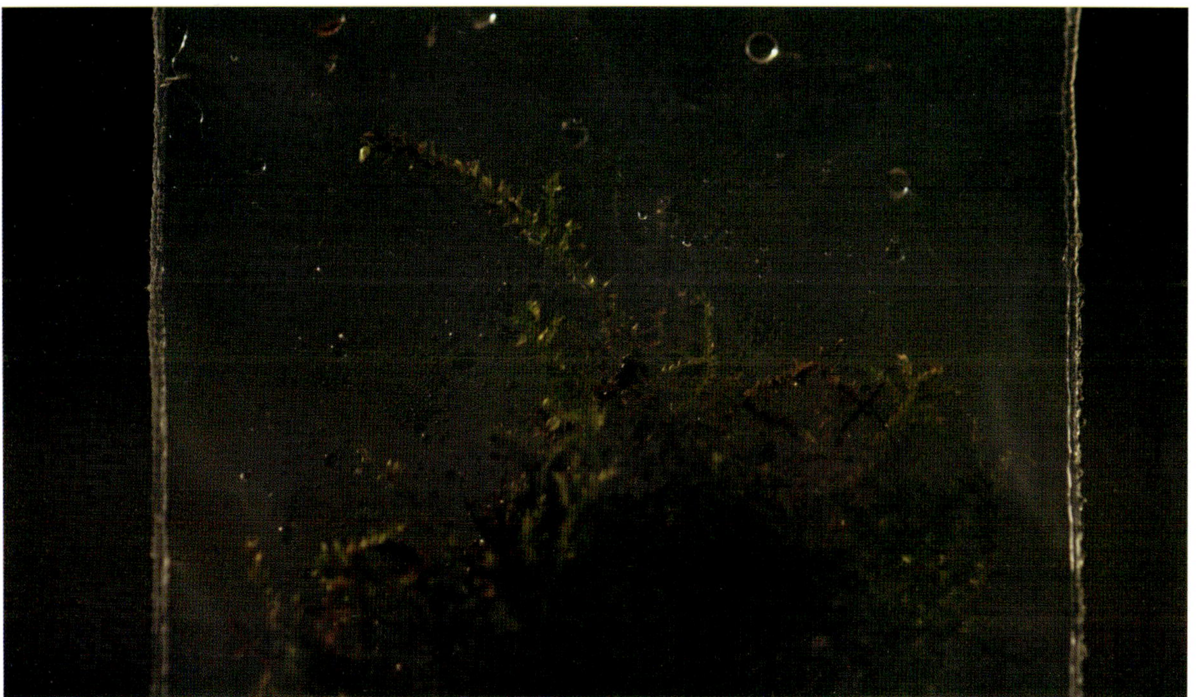

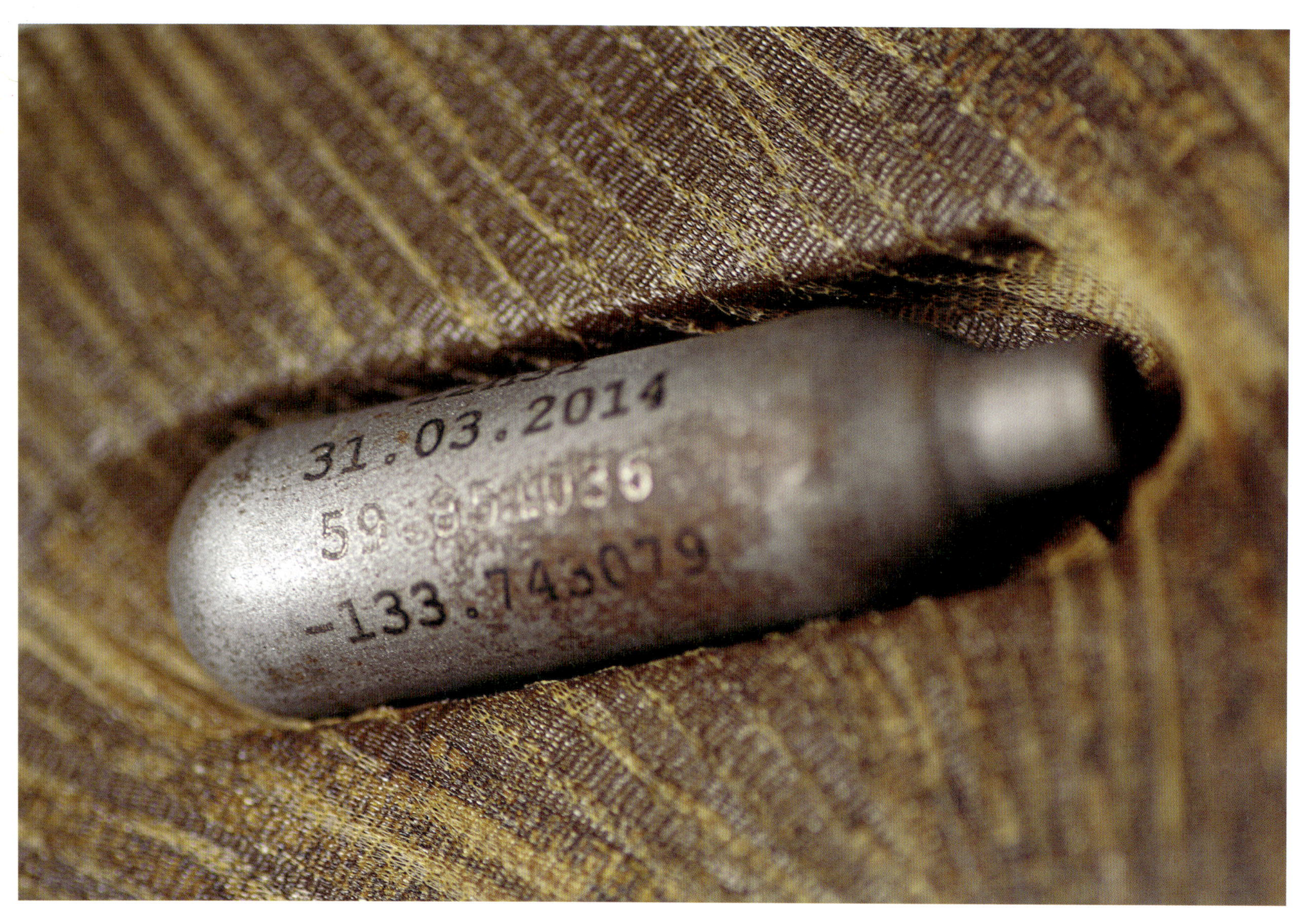

31.03.2014
59.851036
-133.743079

How should artists and culture professionals react, then? How can they counteract those non-artistic factors that hinder their engagement and relationships with other artists and art, beyond the known parameters of economic and geopolitical circumstances?

We are perhaps in the right historical time to embark on such a reorganisation. Sadly enough, the public sector has lost power, and the forthcoming crises do not inspire much hope, in terms of the institutions. However, right now, like never before, artistic communities have gained a much better understanding of themselves and of the benefits of mutuality, and they now enjoy unprecedented visibility in the social sphere. This has led to a different way of approaching and putting on exhibitions and events — on all levels — and there is far better awareness of practices that help foster nature, healing and equality (unlike historical, Modern and mercantile views on relevance). This shift has affected the very DNA of how connections are made, and it has altered, at long last, the pyramidal distinction between the mainstream and other currents. Without wishing to sound naïve, another way of looking at practices, materials and places has arrived. This is not a new trend, since the forces

Marie-Luce Nadal
Lightning Strikes Ammunitions, 2022

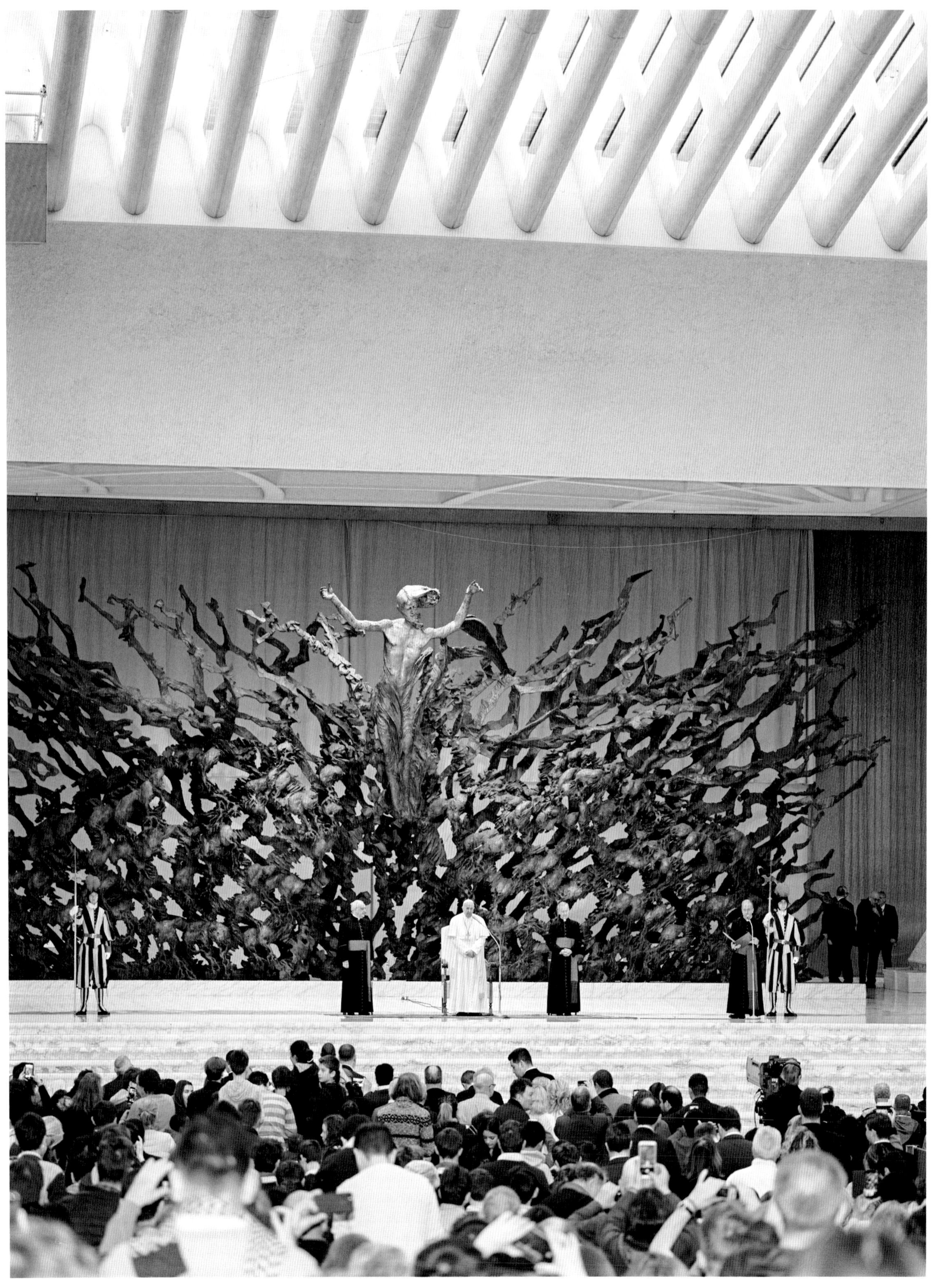

Aleix Plademunt
Audiencia general del papa Francisco. Ciudad del Vaticano. 5 de febrero del 2020, 2022

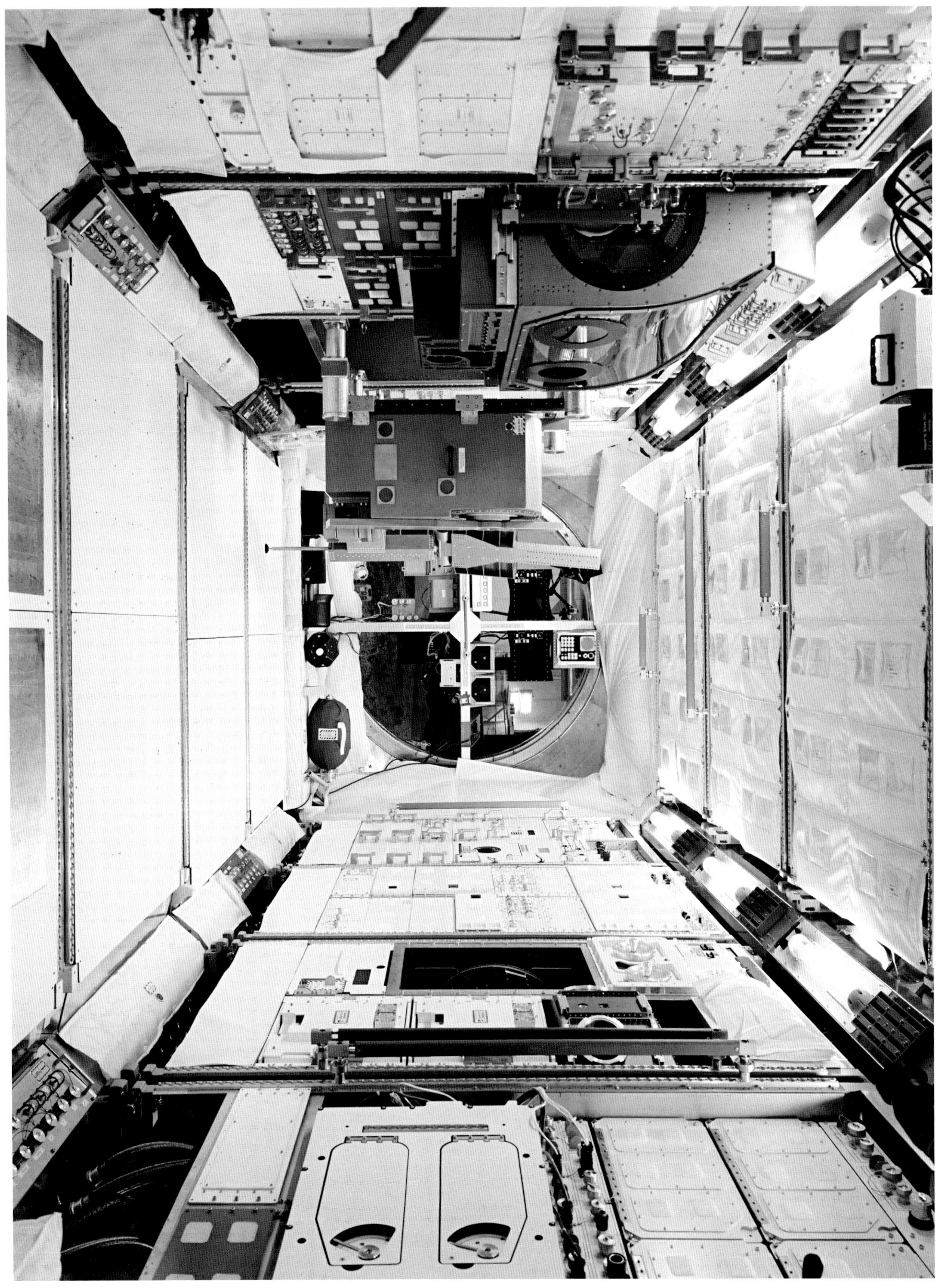

Aleix Plademunt
Reproducción a escala 1:1 del laboratorio Columbus, 2022

Este cambio ha afectado al ADN mismo de las conexiones y ha alterado, al fin, la distinción piramidal entre las corrientes convencionales y las otras. Nada más lejos de mi intención que sonar inocente, pero se ha asentado otra manera de abordar las prácticas, los materiales y los espacios. Y no es una tendencia nueva, dado que las fuerzas que fundamentan esta transformación están bien posicionadas en lo social. Con todo, la esfera social está inmersa en una ardua polarización y se enfrenta a una gran sensación de pérdida, esto es, pérdida de libertad, de democracia y de capacidad económica. Sin embargo, existe una renovada conciencia en torno al papel que pueden desempeñar el arte y los artistas en el establecimiento de una mayor confianza futura en la vida y la coexistencia.

Esta manera distinta de organizar comunidades y redes ha minado los binarismos sistemáticos que separan el centro de las periferias, que desconectan los artistas y lugares "importantes" de los que se consideran menos relevantes. Esto no supone en absoluto que ya no haya en juego grandes intereses económicos. Pero una forma de pensar más biodiversa y menos binaria puede dirigir más atención al tipo de artistas y prácticas que, hace apenas una década, se consideraban "alternativos". Este cambio no es solo simbólico, sino también práctico y pragmático, algo que aún no se está explorando lo suficiente. Reconocer que se están dando ciertos cambios estructurales relacionados con el valor no significa que los escenarios ni las realidades culturales que puedan emerger de ellos en el futuro ya estén vigentes, o tan siquiera presentes, en el pensamiento de muchos.

Benoît Piéron
Juggling Balls Picker, 2022

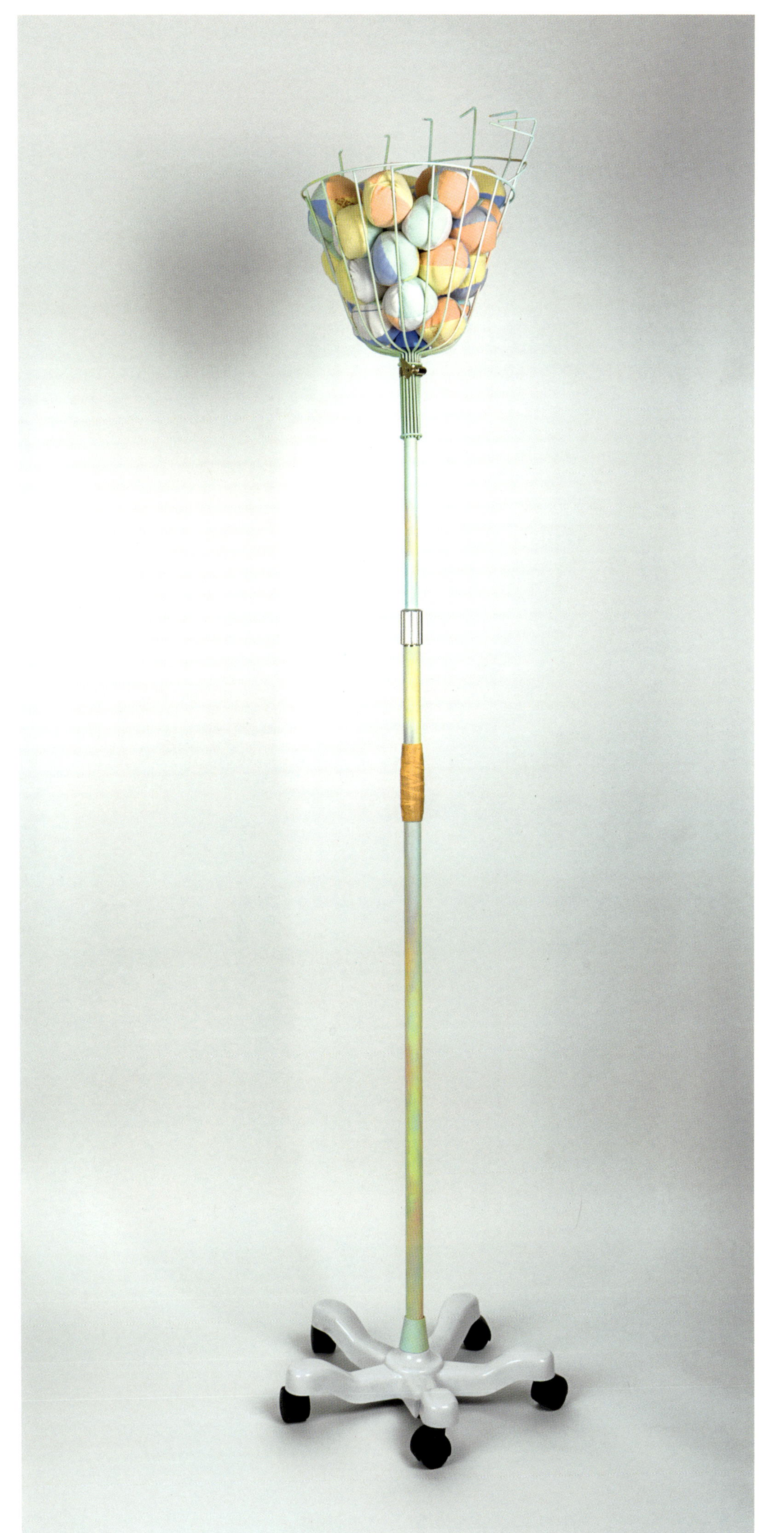

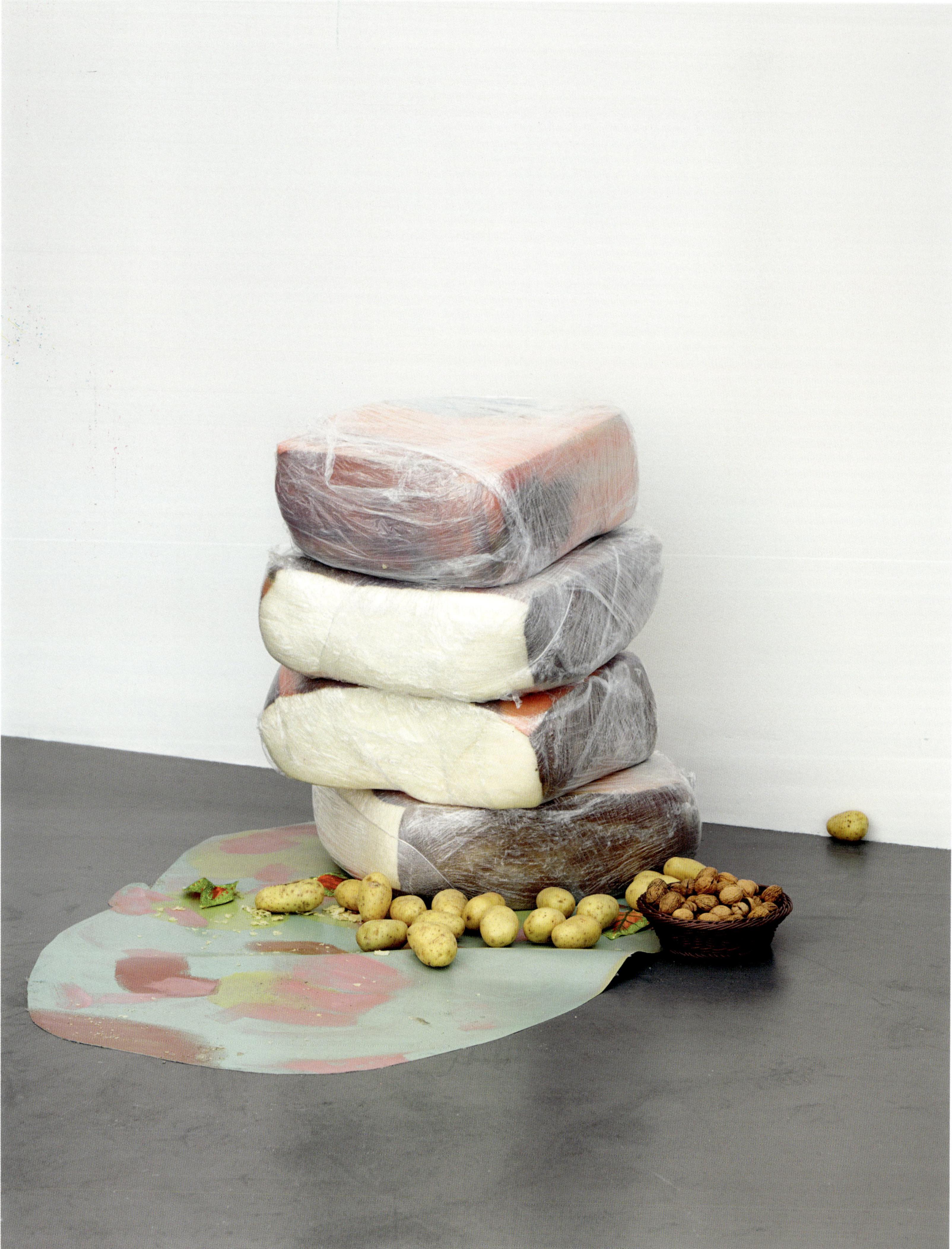

behind this transformation are also strongly positioned in the social. But still, this social sphere is undergoing an arduous polarisation, and is suffering from a great sense of loss, i.e. the loss of freedom, of democracy and of economic capacity. Nevertheless, there is a newfound consciousness about the role that art and artists can play when it comes to forging greater trust in life and co-existence, for the future.

This different way of organising communities and networks has undermined the systemic binaries that separate centres from peripheries, that disconnect "important" artists and places from those deemed less relevant. This does not mean that powerful economic interests are no longer at play — far from it. But a more bio-diverse and non-binary way of thinking can draw more attention to the kinds of artists and practices that, barely a decade ago, were considered "fringe". This is not only a symbolic change, but also a practical and pragmatic one, which is still not being explored sufficiently. Acknowledging that certain structural and value-based changes are underway does not mean that the potential scenarios and cultural realities that might emerge from them are in vigour, or even present, in the minds of the many.

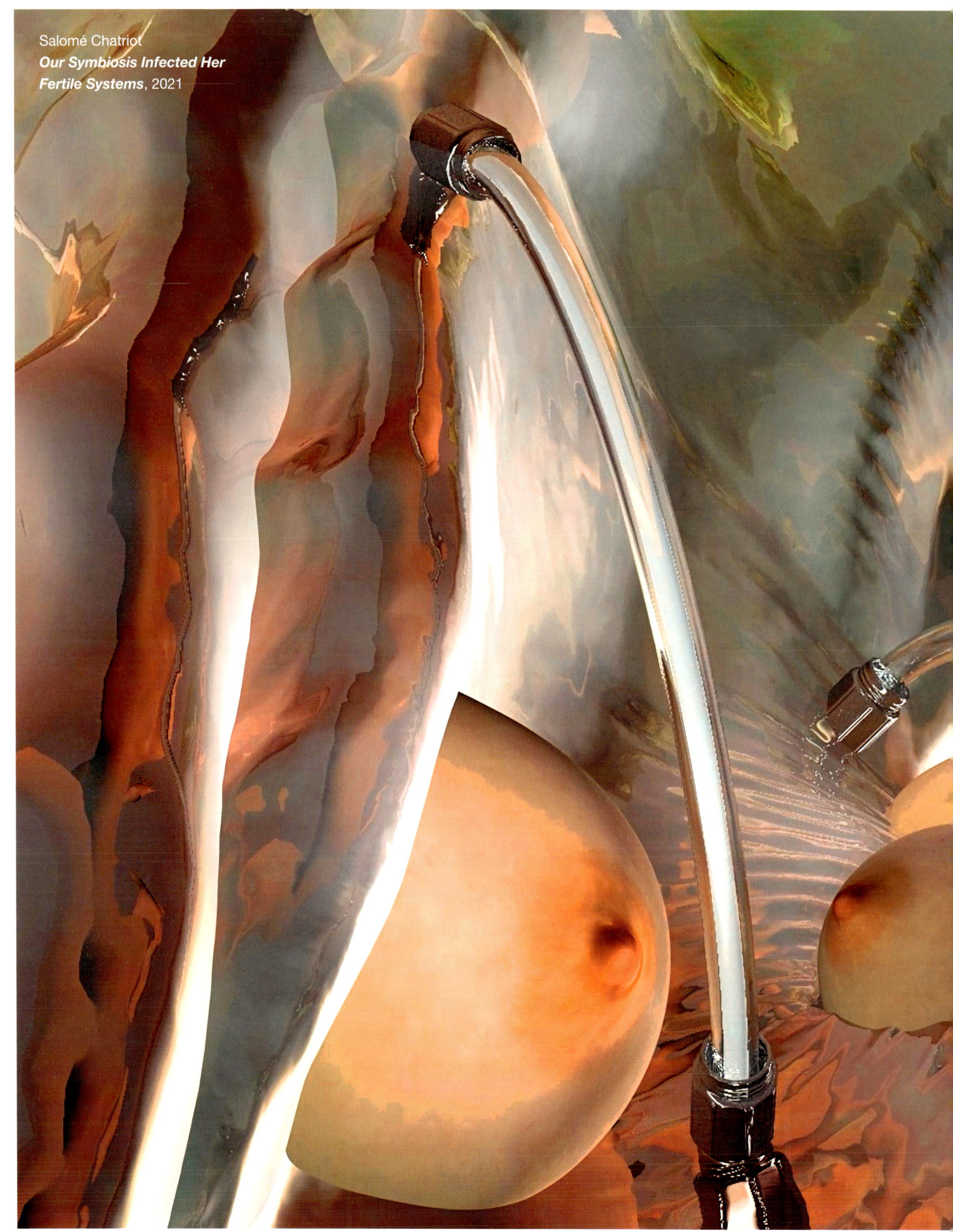

Salomé Chatriot
Our Symbiosis Infected Her
Fertile Systems, 2021

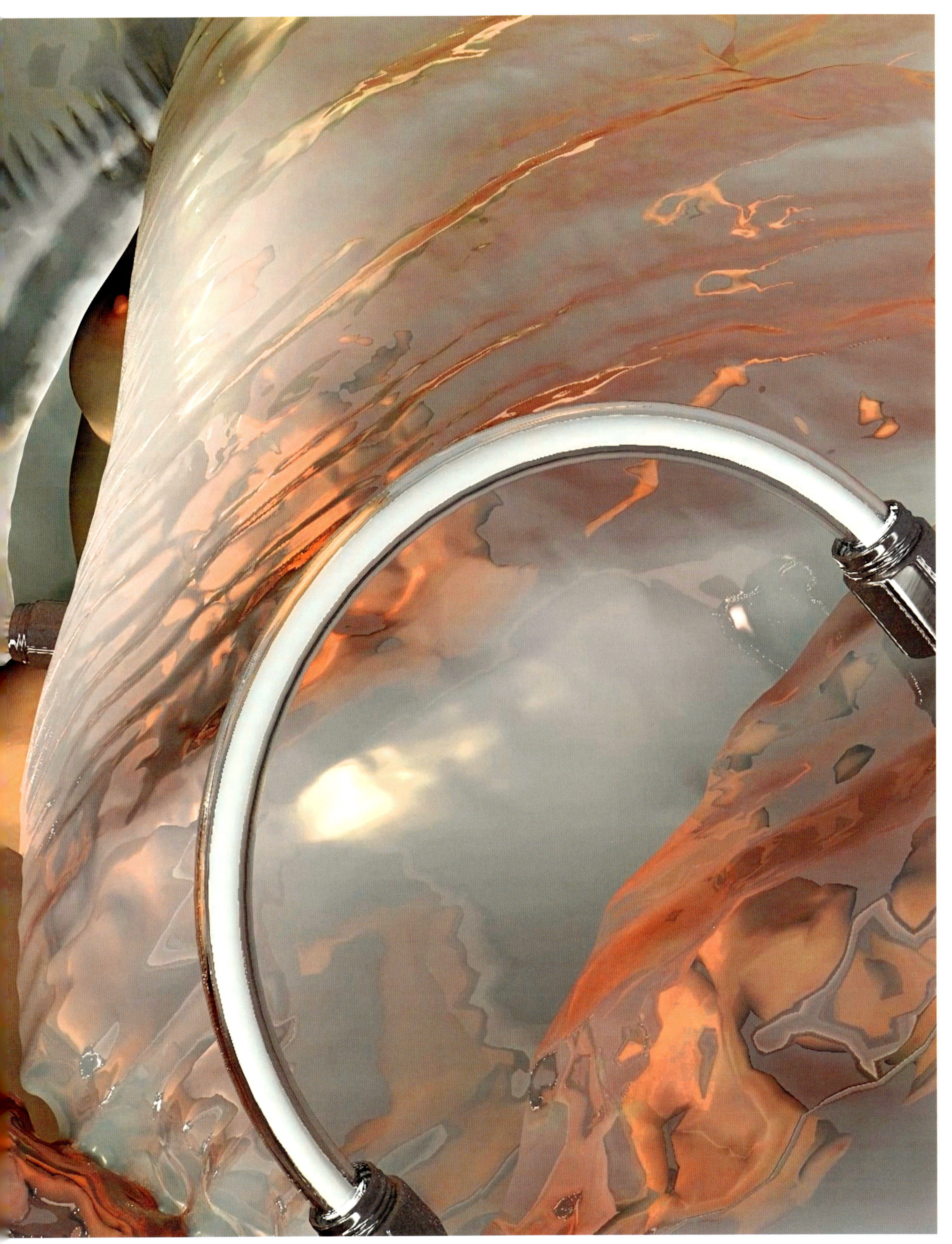

Marcel Pascual / Director de ART Situacions

El arte como obligación moral

El arte no cambia el mundo, pero contribuye a que sea mejor. No transforma nuestras vidas, si bien nos estimula la sensibilidad. No elimina las diferencias, aunque nos iguala en nuestra capacidad de extasiarnos ante la belleza. En realidad, el arte pertenece a todo el mundo y a nadie, a todas las épocas y a ninguna en concreto, a sus creadores y a quienes son capaces de disfrutarlo. El planeta necesita del arte casi tanto como del aire para respirar, porque su fuerza inspiradora nos resulta imprescindible para seguir creciendo como personas.

El mundo del arte dio un salto adelante en el Renacimiento, un movimiento cultural y humanístico que sacó al hombre de la oscuridad de la Edad Media, recuperando el espíritu protector de la antigua Roma. Ello fue posible gracias a que aparecieron

Marcel Pascual / Director of ART Situacions

Art as a
Moral Obligation

Art does not change the world, but it does help it become a better place. It does not transform our lives, even if it does stimulate our sensibility. It does not eradicate differences, although it is a great leveller in terms of our capacity to be enraptured by beauty. In truth, art belongs to everybody and nobody, to all eras and no era in particular, to those who create it and those who are able to enjoy it. We all need art almost as much as we need air to breathe, because its inspiring power is vital if we are to keep growing as people.

The art world made great strides during the Renaissance — a cultural and humanistic movement that dragged man out of the bleak Middle Ages — by reviving the protective spirit of Ancient Rome. This was possible thanks to the emergence

los mecenas, que eran ciudadanos con posibles, que destinaban parte de su riqueza al desarrollo de las bellas artes. Italia fue el gran epicentro del Renacimiento y bajo la tutela de los mecenas surgieron personajes como Rafael, Leonardo o Miguel Ángel, que quinientos años después no solo nos siguen maravillando, sino que continúan influyendo decisivamente en nuestra sensibilidad.

Conscientes del papel de la cultura en el progreso de la sociedad, no se puede entender el salto que han dado las artes plásticas en el último siglo sin el compromiso de los nuevos mecenas, gentes que han actuado movidos por el altruismo y por su compromiso social. La propia RAE define el mecenazgo como "la protección o ayuda dispensadas a una actividad cultural, artística o científica". En cualquier caso, hay que saber distinguir entre el patrocinio, donde se busca un rédito con una actuación determinada, y el mecenazgo, donde lo que mueve a quien lo practica es su generosidad y su sentido de la filantropía.

Como empresario, me he sentido obligado a contribuir al fomento de la cultura. Con mi esposa Pilar Forcada tuvimos siempre claro que teníamos una obligación moral para devolverle a la sociedad algo de lo que nos había dado. Y como ambos éramos unos enamorados del arte, pensamos que podíamos ayudar a dar a conocer a jóvenes creadores. Durante

of patrons, i.e. citizens with financial means who would assign a portion of their wealth to the development of the fine arts. Italy was the great epicentre of the Renaissance, and figures such as Raphael, Leonardo da Vinci and Michelangelo came to prominence under the tutelage of their patrons. Five hundred years later, these masters continue to enchant us, and they still have a profound influence on our sensibility.

Culture plays a key role in the advancement of society, and the huge leaps in the visual arts, over the last century, cannot be understood without bearing in mind the commitment of the modern-day patrons, those driven by altruism and a sense of social obligation. The Royal Spanish Academy defines "patronage" as "the protection or help afforded to a cultural, artistic or scientific activity". In any case, a distinction must be made between "sponsorship", in which the sponsor seeks a particular return on their investment, and "patronage", which is more about the patron's generosity and sense of philanthropy.

As a businessman, I have long felt duty-bound to do my bit and help culture flourish. Along with my wife, Pilar Forcada, we sincerely believed in the moral obligation to give back to society some of that which it has given to us. We were always great art lovers, so we thought we could perhaps help raise the profile of some budding young creators. For almost half a century now, we have been building up an eclectic and

casi medio siglo hemos construido juntos una colección ecléctica y diversa, donde al lado de artistas reconocidos incorporamos trabajos de promesas emergentes. Y, ciertamente, nos ha dado muchas alegrías haber contribuido con nuestro respaldo a que un buen puñado de artistas hayan podido dedicarse exclusivamente a la creación.

Por esta voluntad de mecenazgo pusimos en marcha ART Situacions, una organización privada sin ánimo de lucro que trata de promover la difusión del sector más joven del arte actual y de acercarlo a un público más amplio, con una mirada prospectiva. Nuestra pasión no era otra que apoyar a la cultura y a los artistas, con el anhelo compartido de dinamizar el tejido artístico del país.

Pilar ha sido el alma de ART Situacions: fue su fundadora y su directora, con un entusiasmo y una implicación extraordinaria que se ha reflejado en el descubrimiento de jóvenes talentos que hoy son creadores reconocidos. Tras su triste pérdida, he decidido tomar el relevo al frente del proyecto. En parte, como homenaje a la que fue su iniciadora; en parte, para continuar su labor incansable. Resulta un reto para mí, de la misma manera que supone un motivo de orgullo dar continuidad a esta iniciativa que con tanta ilusión lideró mi esposa. Es una manera de honrar su memoria y de subrayar nuestra pasión compartida por las bellas artes.

diverse collection, in which the work of well-known artists sits alongside pieces by rising stars. It has been so gratifying for us to see, with our backing, that a good number of artists have been able to devote themselves exclusively to their art.

This urge to offer patronage is why we launched ART Situacions, a non-profit private organisation that seeks to promote young, contemporary art and take it to a wider audience, with a view to the future. Our passion was simply to support culture and artists, and we hoped to invigorate Spain's artistic fabric.

Pilar was the soul of ART Situacions: she founded and ran the organisation with extraordinary enthusiasm and dedication. This hard work was reflected in her discovery of talented young artists who have since gone on to become well-known creators. Following the sad loss of Pilar, I have decided to take on the running of the project. This is partly in tribute to her, who began the project, and partly to ensure that her tireless work goes on. It is a challenge for me, but I am proud to continue with the project that my wife led so passionately. It's a way of honouring her memory, and of affirming our shared passion for the fine arts.

Once again, this year's selection has been carried out by our illustrious expert committee. Some of them have been with

La selección de este año ha sido realizada, una vez más, por nuestro ilustre comité de expertos. Algunos de ellos nos acompañan desde el principio, como es el caso de María de Corral y Vicent Todolí. Otros se nos han unido por el camino, como Lorena Martínez de Corral y Chus Martínez. Con todos ellos compartimos el sentido de la amistad y el placer por la belleza. A todos agradezco su dedicación y su interés renovado.

Estamos convencidos del alto nivel de las obras presentadas a esta edición. Nuestra voluntad es que las disfrutéis en estas páginas, pero también que las podáis admirar en las diferentes exposiciones que vamos a llevar cabo en España y Francia. Ya decía Marcel Duchamp que no son los pintores, sino los espectadores, quienes hacen los cuadros.

No puedo terminar estas líneas sin felicitar a los artistas que han participado, a quienes les auguramos un gran porvenir. A todos ellos quiero darles las gracias por hacer del mundo un lugar más bello y un espacio de reflexión a través del arte.

us since the beginning, such as María de Corral and Vicent Todolí. Others have joined us along the way, like Lorena Martínez de Corral and Chus Martínez. With all of them, we share a sense of friendship, and we take great pleasure in beauty. I would like to thank them for their dedication and renewed interest in the project.

We have been truly impressed by the high standard of entries this year. We hope you enjoy the works featured in these pages, and we hope you can come and admire them in person at the different exhibitions we are planning to hold in Spain and France. As Marcel Duchamp said, it's not the painter but rather the beholder who makes the picture.

I must also express my gratitude to the participating artists, who all have bright futures ahead of them. I would like to thank them for making the world a more beautiful and contemplative place, by means of their art.

In light of the fact that there are so few opportunities for today's emerging artists, ART Situacions seeks to promote their work and expose it to a wider audience. This endeavour is not about reflecting the tastes of the project's patrons, nor is it about championing a particular theme or artistic discipline: the aim, rather, is to look to the future.

This third edition, which focuses on up-and-coming artists from Spain and France, has been led by an expert committee made up of María de Corral, Lorena Martínez de Corral, Chus Martínez and Vicent Todolí. They are all specialists of national and international renown, and together they have chosen this year's participating artists and works. Their selection offers a revealing panorama of Spain and France's promising young generations.

Consciente de la escasez de oportunidades que afronta el sector más joven del arte actual, ART Situacions busca promover su difusión y acercarlo a un público más amplio. Al mismo tiempo, no pretende reflejar los gustos propios de los mecenas detrás del proyecto, así como tampoco potenciar un tema o disciplina artística concreto, sino llevar a cabo una mirada prospectiva.

Esta tercera edición, que se centra en jóvenes artistas emergentes españoles y franceses, cuenta con un comité de expertos formado por María de Corral, Lorena Martínez de Corral, Chus Martínez y Vicent Todolí, especialistas de reconocido prestigio nacional e internacional que han elegido de forma consensuada a los artistas participantes y sus obras, conformando una incisiva panorámica de las generaciones más jóvenes en España y Francia.

María de Corral

Independent curator, art critic and artistic consultant, born in Madrid. María de Corral is the director of the Colección Asociación Arte Contemporáneo (Museo Patio Herreriano, Valladolid) and she co-manages Expo Actual. Previously, she was the director of the Museo Nacional Centro de Arte Reina Sofía (1991-94), and she led the advisory committee for the collections of the Fundación Telefónica (2003-06). She was the director of Fine Arts for the Fundación "la Caixa" (1981-91) and oversaw their contemporary art collection until 2002. She curated the Spanish Pavilion at the Venice Biennale (1988), and was the director of the 51st Venice Biennale (2005). She also curated the Portuguese Pavilion at the 2015 Venice Biennale. Furthermore, she curated the Pontevedra Biennale in 2000 and 2002, was a senior curator at the Dallas Museum of Art (2005-08) and was the president of

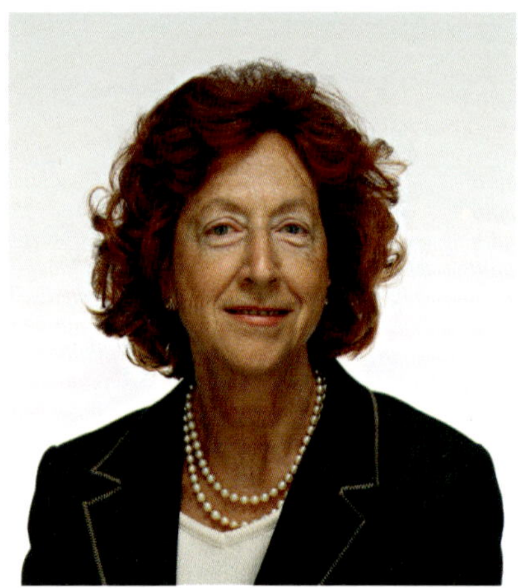

EUROPAN, the Europe-wide architecture competition (1992-94). She has curated over a hundred exhibitions, both in Spain and internationally.

María de Corral is a member of the board of trustees at the Museo Thyssen-Bornemisza. She sits on the Reina Sofía's scientific committee, and forms part of the advisory committees at the

Rooseum Center in Malmö, the Museum of Fine Arts in Boston, the Wexner Center for the Arts in Minneapolis and the Musée du Luxembourg. She has been granted Spain's Gold Medal of Merit in the Fine Arts, and she is an Officer of the Order of Arts and Letters in France. Other prizes include the Gold Medal from the Círculo de Bellas Artes; a Leo Award from Independent Curators International, 1992; the Art Cologne prize, 1994; the Koiné Prize for Professional Artistic Career from Fondazione Frate Sole, Verona; and the Order of the Second of May, as awarded by the Comunidad de Madrid.

Comisaria independiente, crítica de arte y asesora artística nacida en Madrid. Es directora de la Colección Asociación Arte Contemporáneo (Museo Patio Herreriano de Valladolid) y codirige Expo Actual. Ha sido directora del Museo Nacional Centro de Arte Reina Sofía (1991-1994), directora del comité asesor de las colecciones de la Fundación Telefónica (2003-2006) y directora de Artes Plásticas de la Fundación "la Caixa" (1981-1991), así como de su colección de arte contemporáneo, hasta 2002. Ha ocupado los cargos de comisaria del Pabellón Español de la Bienal de Venecia (1988), directora de la 51 Bienal de Venecia (2005), comisaria del Pabellón Portugués de la Bienal de Venecia (2015), comisaria de la Bienal de Pontevedra (2000, 2002), *senior curator* del Dallas Museum of Art (2005-2008) y presidenta de EUROPAN (Concurso Europeo de Arquitectura, 1992-1994). Ha comisariado más de un centenar de exposiciones en instituciones de España y del extranjero.

Es miembro del Patronato del Museo Thyssen-Bornemisza, del comité científico del Museo Reina Sofía, de los comités consultivos del Rooseum Center de Malmö, del Museum of Fine Arts de Boston, del Wexner Center for the Arts de Minnea–polis y del Musée du Luxembourg. Ha obtenido la Medalla de Oro al Mérito en las Bellas Artes y el título de Chevalier

y Officier de la Orden de las Artes y las Letras de Francia, así como la Medalla de Oro del Círculo de Bellas Artes, el Leo Award de Independent Curators International (1992), el premio Art Cologne (1994) y el premio Koiné a la trayectoria artística profesional de la Fondazione Frate Sole de Verona. Ha recibido la Encomienda de Número de la Orden del Dos de Mayo, distinción de la Comunidad de Madrid.

Chus Martínez

Born in Spain, she studied philosophy and art history. She is currently director of the Institute Art Gender Nature at the FHNW Academy of Art and Design, Basel, Switzerland. For the 56th Venice

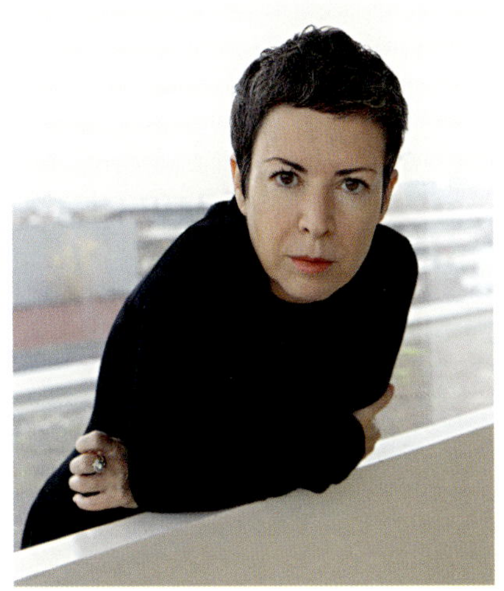

Biennale (2015), Martínez curated the Catalonia Pavilion, having previously curated the Cyprus Pavilion in 2005. She is the artistic director of Ocean Space in Venice, a project initiated by the TBA21 Academy. She is also a general curator at the Vuslat Foundation in Istanbul. Formerly, she was the head curator at El Museo del Barrio in New York, and at MACBA, Barcelona (2008-11). She was also the director of the Frankfurter Kunstverein (2005-08), and the artistic director at the Sala Rekalde, Bilbao (2002-05).

Nacida en España, Chus Martínez tiene formación en filosofía e historia del arte. Actualmente es directora del Art Gender Nature de la Academia de Artes y Diseño FHNW, en Basilea. Para la 56 Bienal de Venecia (2015), Martínez comisarió el Pabellón Nacional de Cataluña y, para la edición 51, el Pabellón Nacional de Chipre (2005). Es la directora artística del espacio Ocean, en Venecia, un proyecto iniciado por la Academia TBA21. También es comisaria general de la Fundación Vuslat en Estambul. Previamente fue comisaria jefe en El Museo del Barrio, en Nueva York, y en el MACBA, en Barcelona (2008-2011), además de directora del Frankfurter Kunstverein (2005-2008) y directora artística de la Sala Rekalde, en Bilbao (2002-2005).

Lorena Martínez de Corral

Born in Madrid, she is an art historian, artistic consultant and independent curator. She holds a degree in Geography and History from the Universidad Complutense de Madrid, and a Master in Fine Arts from the Institute of Fine Arts, New York University. She is the director of the Contemporary Art Collection at the Fundación Coca-Cola. She also runs Expo Actual, a company that curates modern and contemporary art exhibitions, carries out museum projects and offers artistic consultancy both privately and for institutions.

Previously, she was head of the winning consortium of the European Parliament Collection Assessment Project, 2012-13. She won the Fundación ENAIRE competition, in Madrid and Santander, and was a fine arts consultant for the Comunidad de Madrid (2011-13). She was co-director of the project Sculpture in Public Spaces for the Banco Santander Financial City in Boadilla del Monte. She was the

head of cultural content for the website Gioconda.com, as well as the exhibition coordinator at the Fundación Caja Madrid (1996-2000).

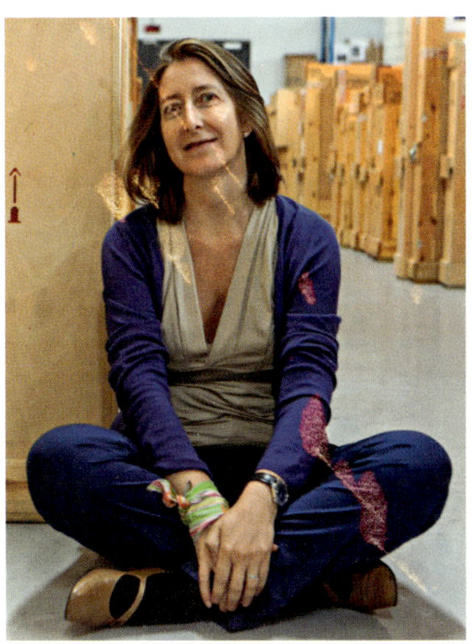

Nacida en Madrid, es historiadora del arte, asesora artística y comisaria independiente. Licenciada en Geografía e Historia por la Universidad Complutense de Madrid, cuenta con un máster en Bellas Artes por el Institute of Fine Arts (New York University). Directora de la Colección de Arte Contemporáneo de la Fundación Coca-Cola. Dirige Expo Actual, empresa dedicada al comisariado de exposiciones de arte moderno y contemporáneo, a la elaboración de proyectos museográficos y museológicos y a la asesoría artística a nivel privado e institucional. Fue responsable del consorcio ganador del proyecto de valoración de la Colección del Parlamento Europeo (2012-2013), ganadora del concurso Fundación ENAIRE en Madrid y Santander, asesora de Artes Plásticas de la Comunidad de Madrid (2011, 2013), codirectora del proyecto "Escultura en Espacios Públicos" de la Ciudad Financiera Banco Santander, en Boadilla del Monte, directora de contenidos culturales del portal web gioconda.com y coordinadora de exposiciones de la Fundación Caja Madrid (1996-2000).

Vicent Todolí

He has been the artistic director at Pirelli HangarBicocca since 2012. From 1988 to 1996 he was the artistic director at IVAM (Instituto Valenciano de Arte Moderno), and from 1996 to 2003 he

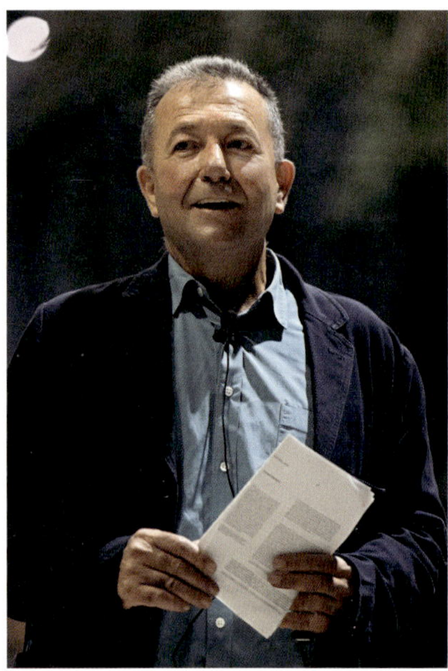

was the director of the Fundação de Serralves in Porto. In 2003 he was appointed director of the Tate Modern in London, where he stayed until 2010. Todolí was part of the curatorial team for the 1997 Venice Biennale (directed by Germano Celant) and he has curated individual exhibitions by Miroslaw Balka, Fischli & Weiss, Lucio Fontana, Robert Frank, Hamish Fulton, João Maria Gusmão & Pedro Paiva, Richard Hamilton, Gary Hill, Carsten Höller, Roni Horn, James Lee Byars, Cildo Meireles, Mario Merz, Juan Muñoz, Damián Ortega, Sigmar Polke, Dieter and Björn Roth, Kishio Suga, Franz West and many more.

Todolí has been a member of the advisory committees and boards at numerous institutions, including the Museo Nacional Centro de Arte Reina Sofía (Madrid), the Amsterdamse Culturele Instellingen (Amsterdam), Carnegie International (Pittsburgh) and Manifesta International Art Foundation (Rotterdam). He was also an artistic consultant at Bombas Gens (Valencia). He is currently a board member at the Fundación Botín (Santander) and a consultant for both the Fundação de Serralves (Porto) and the Colección Inelcom (Madrid).

Es director artístico de Pirelli HangarBicocca desde 2012. De 1988 a 1996 fue director artístico del Instituto Valenciano de Arte Moderno (IVAM) y de 1996 a 2003 dirigió la Fundação de Serralves de Oporto. En 2003, fue nombrado director de la Tate Modern de Londres, cargo que ocupó hasta 2010. A lo largo de su carrera, Vicent Todolí ha formado parte del equipo de comisarios de la Bienal de Venecia de 1997 –dirigida por Germano Celant–, donde comisarió las exposiciones individuales de Miroslaw Balka, Fischli & Weiss, Lucio Fontana, Robert Frank, Hamish Fulton, João Maria Gusmão & Pedro Paiva, Richard Hamilton, Gary Hill, Carsten Höller, Roni Horn, James Lee Byars, Cildo Meireles, Mario Merz, Juan Muñoz, Damián Ortega, Sigmar Polke, Dieter y Björn Roth, Kishio Suga, Franz West, entre otros.

Todolí ha formado parte de los consejos asesores y comités de numerosas instituciones, entre ellas el Museo Nacional de Arte Contemporáneo Reina Sofía (Madrid), el Amsterdamse Culturele Instellingen (Ámsterdam), Carnegie International (Pittsburgh), Manifesta International Art Foundation (Róterdam) y Bombas Gens (Valencia). Actualmente es miembro del comité de la Fundación Merz (Turín), presidente del consejo asesor de la Fundación Botín (Santander) y asesor de la Fundação de Serralves (Oporto) y de la Colección Inelcom (Madrid).

artsituacions III

Encounter for the Emerging Arts
Spain / France
Encuentro de arte emergente
España / Francia

Elena Aitzkoa

APODAKA (ESPAÑA), 1984

Accompanying oneself on an unknown and unique journey.

Via matter, getting to know oneself. Giving oneself up to the process of configuration, letting a new time blossom. An encounter, in motion, between the rhythm of the sculpture's appearance and biological rhythm itself, which begins to feel free. A double birth.

Each time, to know not. Form is born as the limit of action. Error is sediment and opening. The image drenches us when it arrives.

Sculptural work opens up space through bodies that occupy a place. A breakdown in communication, amid the density of nonsense. Losing and finding oneself simultaneously: this is the approach of the image-body that convenes the world to the very edge of its expression. Getting closer to any old nothing.

Balanced between active listening and non-reflexive physical action, the surprise of the material accident is strung together with all the subtlety of the trait. It elevates the tone, the surface, the colour, the size…

Acompañarse a una misma en un viaje desconocido y único.

A través de la materia, conocerse. Entregarse al proceso de configuración permitiendo aflorar un tiempo nuevo. Un encuentro móvil entre el ritmo de aparición de la escultura y el propio ritmo biológico que empieza a sentirse en libertad. Un nacimiento doble.

Cada vez, desconocer. La forma nace como límite de la acción. El error es sedimento y apertura. La imagen nos empapa cuando llega.

El trabajo en escultura abre el espacio a través de cuerpos que ocupan un lugar. Una brecha de comunicación en la densidad del contrasentido. Perderse y hallarse en simultaneidad, esta es la manera de la imagen-cuerpo que convoca al mundo en el borde de su expresión. Acercarse a cualquier nada.

En equilibrio entre la escucha sensible y la acción física no reflexiva, la sorpresa del accidente material se hila con la sutileza de la cualidad. Eleva el tono, la superficie, el color, la extensión…

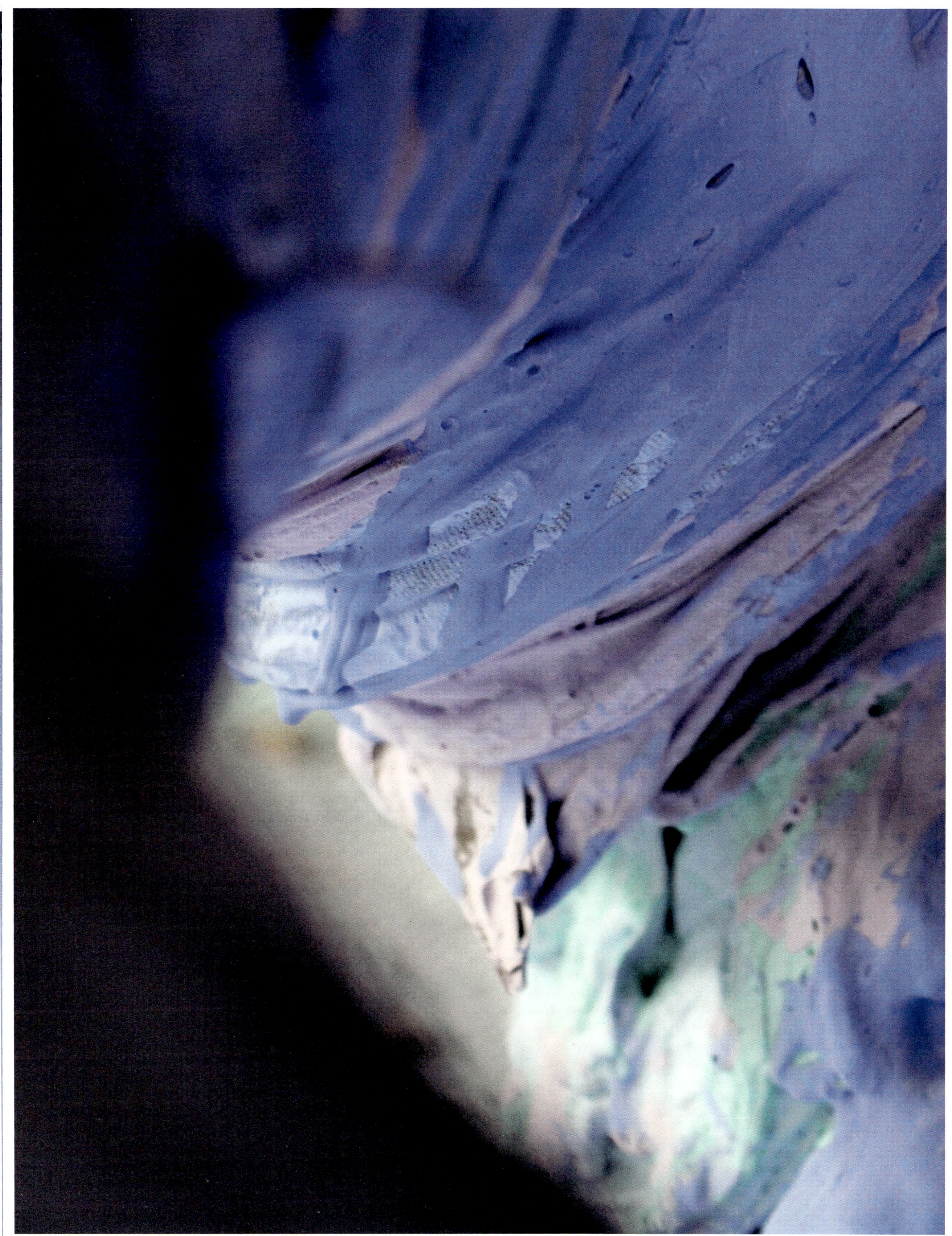

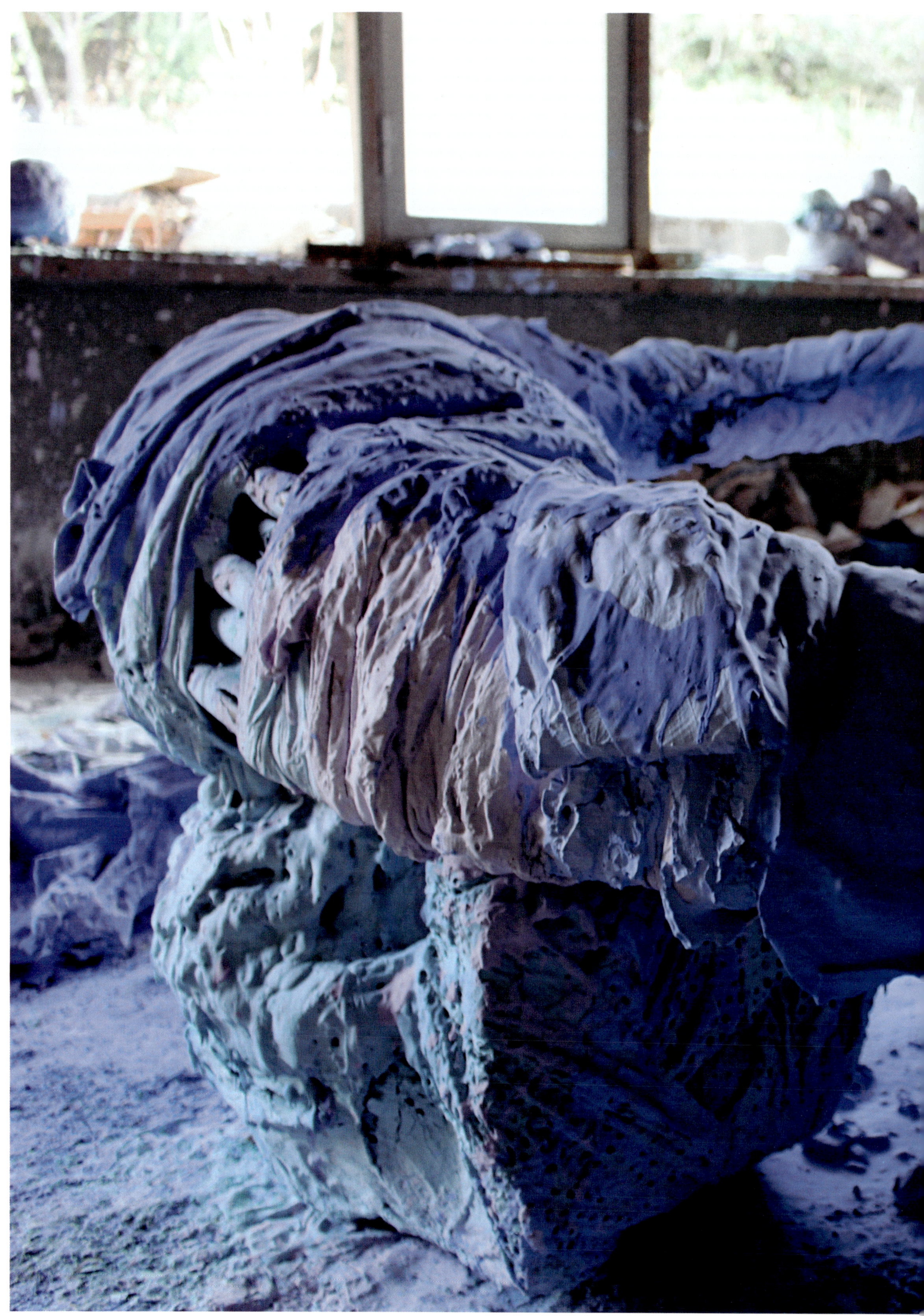

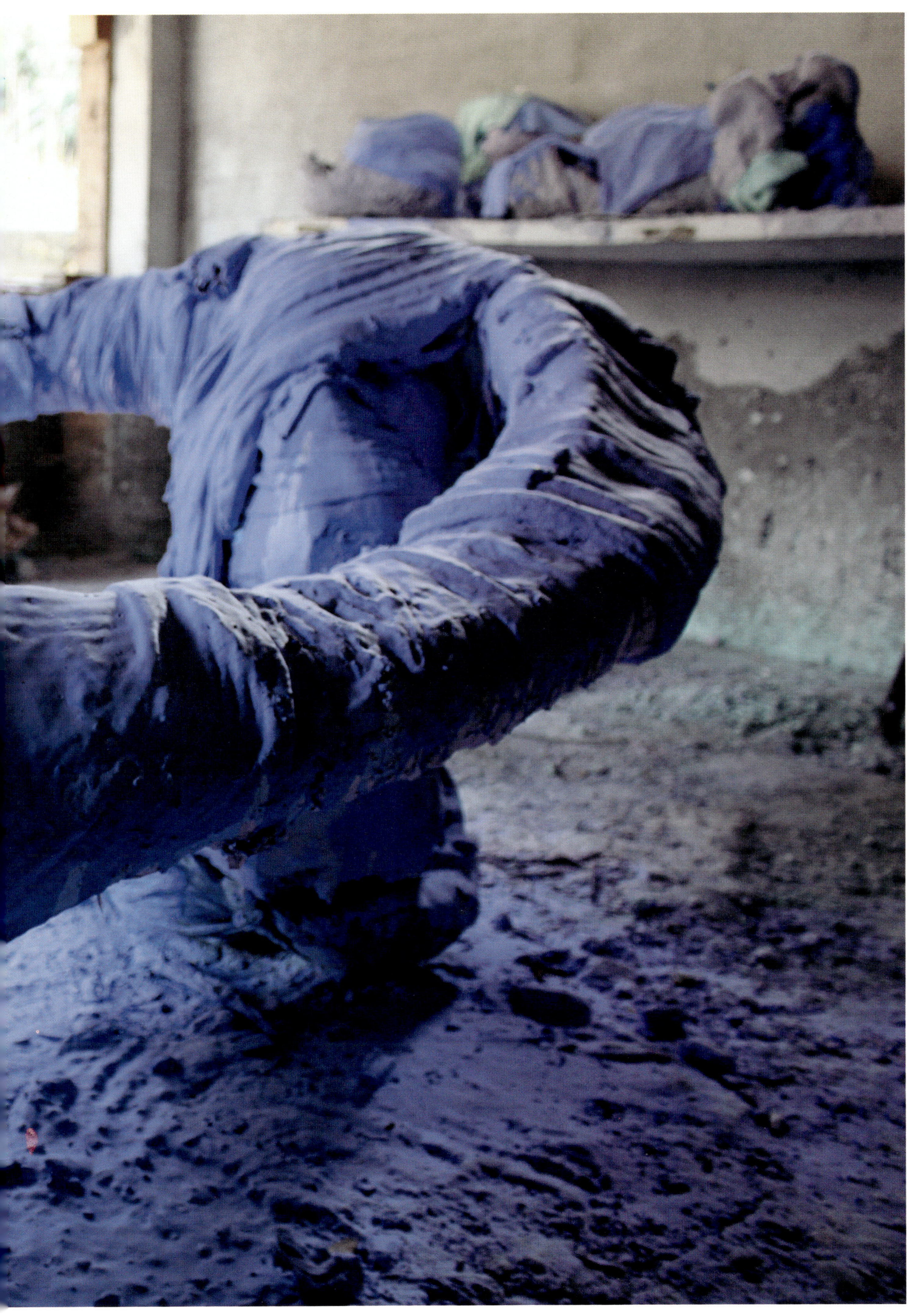

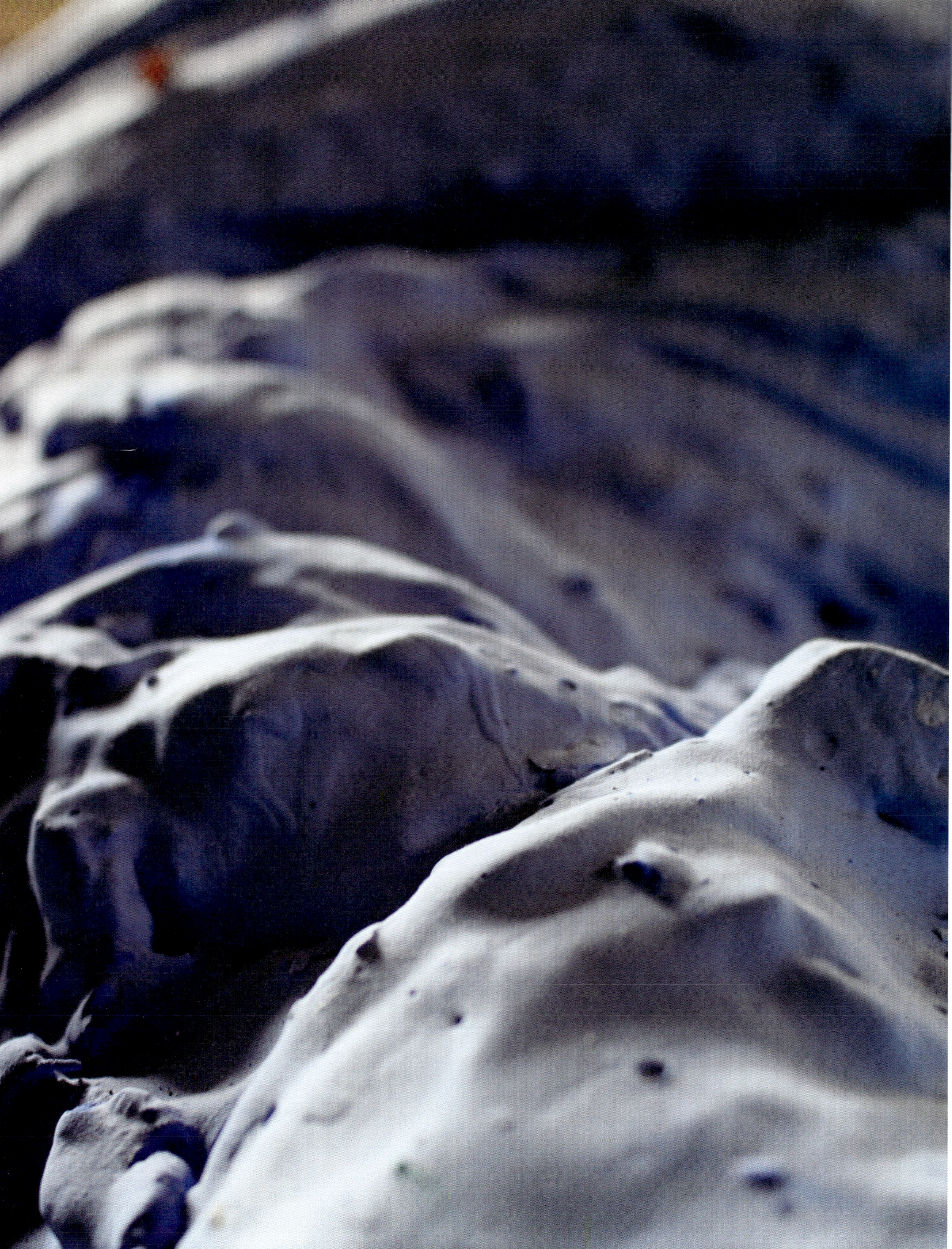

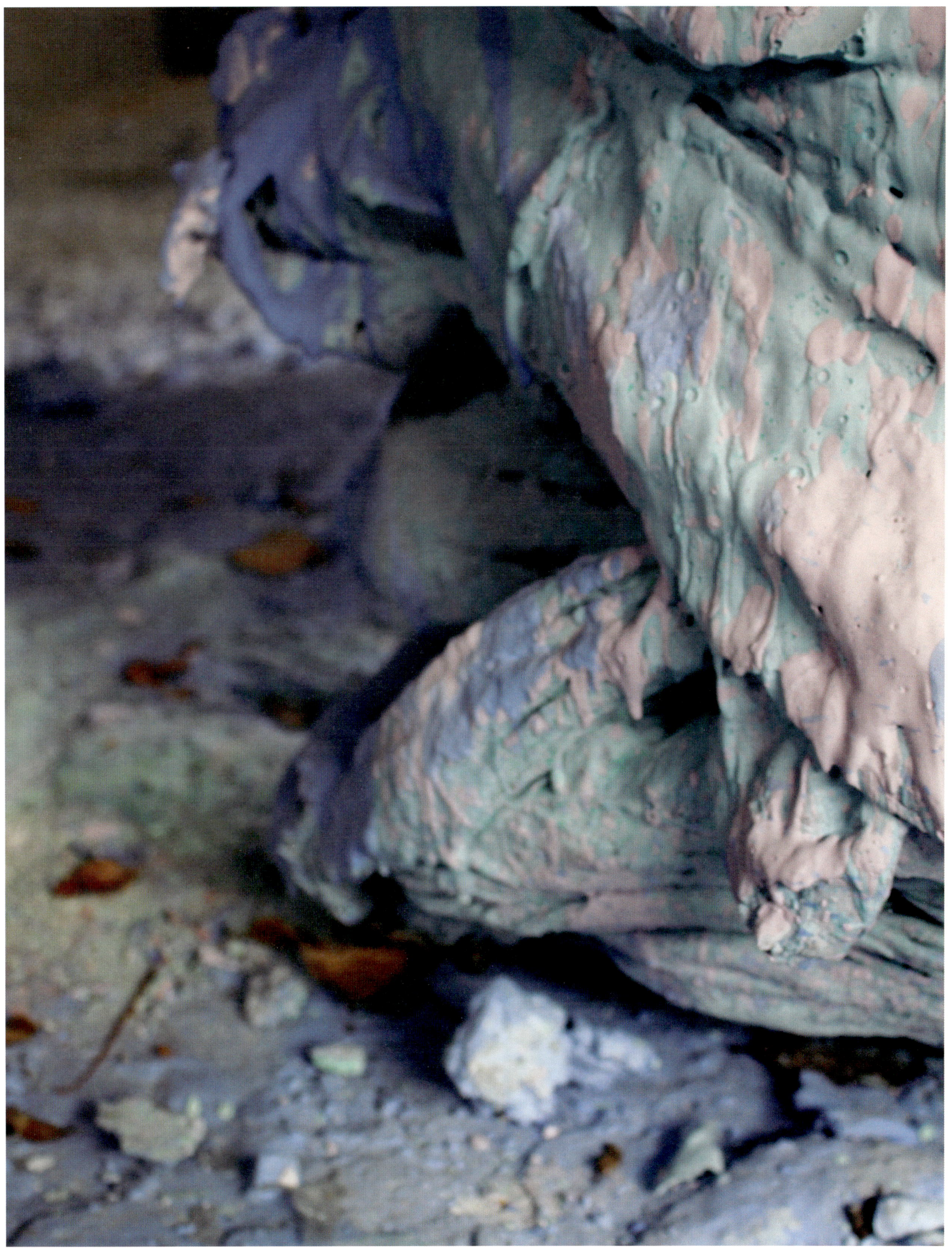

Elena Aitzkoa

1984, Apodaka, Spain
Lives and works between Apodaka and Bilbao

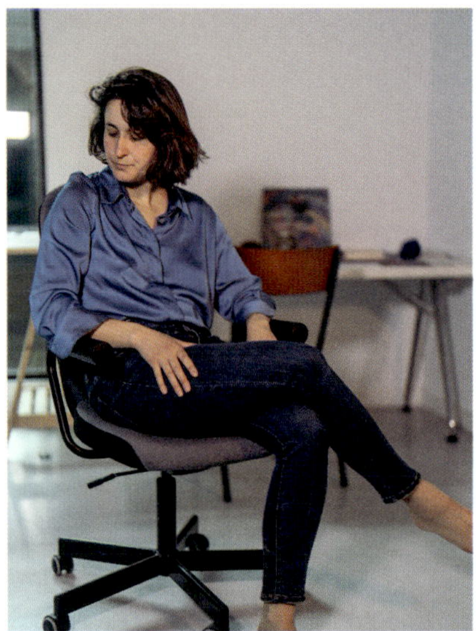

Education
2007 Bachelor of Fine Arts. Universidad del País Vasco, Leioa

Grants & Awards
2023 Art Situacions III Award. Honda-Green Powers
2022-2024 Az Kideak. Program of Associated Artists. Project: *Ur aitzak*. Azkuna Zentroa
2020 Babestu. Contemporary Creation Support Program. Azkuna Zentroa
2019 Estampa Award. Casa Velázquez
2016 Creation Grant for the Visual Arts. Basque Government
2015 Gure Arte Award. Basque Government / Generación 2015 Award. Fundación Caja Madrid / Creation Grant for the Visual Arts. Basque Government
2012 Eskulturastea Award, Third Prize. Sculpture Symposium, Centro de Iniciativas de Tolosa / Eremuak Artistic Practice Grant. Project: *Lalavandera*. Basque Government
2007 Joven Krea Award. Caja Vital

Residencies
2020-2021 Centro Huarte, Pamplona
2020 Casa Velázquez, Madrid
2016 Oslo Pilot, Oslo / La Fragua, Belalcázar
2013 Praxis, Artium Museoa, Vitoria-Gasteiz
2011 Azala Espacio, Araba/Álava

Solo & Duo Shows
2022 *Ala de saltamontes*. Altxerri Gallery, Donostia-San Sebastián / *Brote de Peral*. Centre d'Art La Panera, Lleida
2021 *Terraplén*. Rosa Santos Gallery, Madrid / *Lendia Song*. Azkuna Zentroa, Bilbao
2020-2021 *El placer del origen, tú*. Habitación, Centro Huarte, Pamplona
2019 *Zarza Corazón*. Museo Patio Herreriano, Valladolid
2017 *Sustrato dinamita*. Rosa Santos Gallery, Valencia
2016 *Célula, gorrión, lago rupestre*. Carreras Múgica Gallery, Bilbao
2013 *Mujer Primitiva*. PRAXIS, Artium Museoa, Vitoria-Gasteiz
2012 *Mitya*. Elena Aitzkoa & June Crespo. Ciudadela, Sala Polvorín, Pamplona
2011 *Cohetes*. Elena Aitzkoa & Kiko Pérez. Torre de Ariz, Basauri
2009 *Tras tu luna brilla un sol*. Le Larraskito Club, Bilbao / *Acontecer tonto*. Elena Aitzkoa & Raúl Domínguez. Casa de Cultura Ignacio Aldecoa, Vitoria-Gasteiz

Group Shows
2023 *Art Situacions III*. ARCO Madrid 2023, Madrid
2022 *Al alcance*. Dilalica, Barcelona / *BBKateak.* Museo de Bellas Artes de Bilbao, Bilbao / ARCO Madrid 2022. Rosa Santos Gallery, Madrid / Artissima Fair 2022. Rosa Santos Gallery, Madrid
2021-2022 *Itinerarios*. Museo de Bellas Artes de Bilbao, Bilbao / ARCO Madrid 2021. Rosa Santos Gallery, Madrid
2020 *Being Pulled all Over the Place*. Scan Project, London / *Between Things and Debris*. Centre del Carme Cultura Contemporània, Valencia / ARCO Madrid 2020. Rosa Santos Gallery, Madrid / Artissima Fair 2020. Rosa Santos Gallery, Madrid
2019 *Part of the Labyrinth*. GIBCA, Göteborg International Biennal for Contemporany Art, Göteborg / *Oroi, queda mucho pasado por delante*. Artium Museoa, Vitoria-Gasteiz / ARCO Madrid 2019. Rosa Santos Gallery, Madrid / Estampa Fair 2017. Rosa Santos Gallery, Madrid
2018-2019 *Después del 68*. Museo de Bellas Artes de Bilbao, Bilbao
2018 *ARTres. El museo como deba ser*. Artium Museoa, Vitoria-Gasteiz / ARCO Madrid 2018. Rosa Santos Gallery, Madrid / Artissima Fair 2018. Rosa Santos Gallery, Madrid / Untitled Miami 2018. Rosa Santos Gallery, Miami
2017 *Cale, cale, cale! Caale!!!*. Tabakalera, Donostia-San Sebastián / *Hybris*. Museo de Arte Contemporáneo de Castilla y León, León / ARCO Madrid 2017. Rosa Santos Gallery, Madrid / Untitled Miami 2017. Rosa Santos Gallery, Miami / Estampa Fair 2017. Rosa Santos Gallery, Madrid
2016-2017 *El curso natural de las cosas*. La Casa Encendida, Madrid
2016 *Otzan*. Elba Benítez Gallery, Madrid
2015 *Generación 2015*. Sala Revolver, Lisbon & La Casa Encendida, Madrid / *Suturak, cerca de lo próximo*. San Telmo Museoa, Donostia-San Sebastián
2014 *El contrato*. Azkuna Zentroa, Bilbao / *First Thought Best*. Artium Museoa, Vitoria-Gasteiz
2008 *Entornos próximos*. Artium Museoa, Vitoria-Gasteiz

Performances
2022 *Pájaros negros (luz prematura)*. Museo de Bellas Artes de Bilbao, Bilbao
2021 *Andrómeda túnel*. Estudio III, Museo Nacional de Arte Contemporáneo Reina Sofía, Madrid & Azkuna Zentroa, Bilbao / *El placer del origen, tú*. Teatro Gayarre, Pamplona
2020 *En la roca turquesa el papo*. Centre del Carme Cultura Contemporània, Valencia
2019 *Paraíso Terrenal, viene y va*. Frecuencia Singular Plural, CentroCentro, Madrid / *Paraíso Terrenal*. Jardín Botánico de Granada, Universidad de Granada, Granada
2018 *Paraíso Terrenal Aire*. The Studio, Beijing, Audible Area, Chengdu & Saal, Inter-Face, Hong Kong / *Un lago se vacía y otro se llena*. El Respiradero, Getxo
2017 *Célula amor*. Ftarri, Tokyo, Yugue, Kyoto, Environment 0g [zero-gauge], Osaka, Artspace tetra, Fukuoka & ikenoue garigari, Tokyo / *Agujero de río*. Tabakalera, Donostia-San Sebastián
2016 *Headscarfs Close to the Ground*. Oslo Pilot, Oslo / *Mi madre me dijo que un átomo es cuando una cosa vive dentro de otra cosa, por ejemplo: nosotras, naturaleza*. Half House, Barcelona
2015 *Tela*. San Telmo Museoa, Donostia-San Sebastián
2014 *Pájaros huevo*. Zarata Fest, Bilbao
2013 *Desde el principio de la historia*. Three-performance cycle: *Posición para jarrón, Nuestro amor nació en la Edad Media, Metopas soleadas*. Artium Museoa, Vitoria-Gasteiz

2011 *Espero estar bien serena para decirte al oído tú sí que vales mi nena*. Public call to Elena Aitzkoa's Peace Council for all artists living in Bilbao and its surroundings. Bulegoa z/b, Bilbao / *El baile de la culebra*. Azala Espacio, Lasierra / *Llámame Luz Mercedes como mi madre y mi abuela*. Sonic Circuits, Washington DC & The Super Coda, New York

Screenings
2019 *Nuestro amor nació en la Edad Media*. KINU, Cineclub FAS, Bilbao
2018 *Nuestro amor nació en la Edad Media*. Pantalla Fantasma, Círculo de Bellas Artes, Madrid
2012-2013 *Family Plan*. Pantalla Fantasma, Cineteca Matadero, Madrid & BilbaoArte Fundazioa, Bilbao
2011 *Eskultura txiki bat egiten ikasteko Bilbon recording*. Lagunak, Barañain,

Pantalla Fantasma. Espacio Cruce, Madrid, Fundación Bilbao Arte, Bilbao & Pantalla Límite, Universidad del País Vasco, Leoia / *Momento musical Madrid 2011*. Erreakzioa, Bilbao

Works in Collections
Museo de Bellas Artes de Bilbao, Bilbao
Colección DKV. Grupo de salud y seguros médicos, Zaragoza
Artium Museoa, Vitoria-Gasteiz
Fundación Caja Madrid, Madrid

Lectures & Workshops
2022 "Lo que solo sucede una vez", *La Casa On*. La Casa Encendida, Madrid
2021 "Soledad Gutiérrez Rodríguez en conversación con Elena Aitzkoa acerca de *Andrómeda túnel*", *Estudio III en conversación*. Museo Nacional Centro de Arte Reina Sofía, Madrid

2019 "Encuentros con artistas: Elena Aitzkoa", *Encuentros con artistas*. Artium Museoa, Vitoria-Gasteiz
2018 "Redonda cuna". Faculty of Fine Arts, Universidad del País Vasco, Leioa
2014 "Viajera Mimosa". Azala Espacio, Lasierra / "Sopa de piedras". Azala Espacio, Lasierra
2012 "Harrikumeak", *Eskulturastea*. Tolosa
2011 "Pantalla límite". Faculty of Fine Arts, Universidad del País Vasco, Leioa / "Cómo hacer entre todas y todos una nave espacial", *Talleres con artistas*. Centro Cultural Montehermoso, Vitoria-Gasteiz

Publications
2019 *Paraíso Terrenal*. TRN-Grupo de Fe
2017 *Headscarfs Close to the Ground*. Oslo, Oslo Pilot
2013 *La revolución de las extremidades*. Bilbao, Lalavandera / *Mujer primitiva. Praxis*. Vitoria-Gasteiz, Artium

Elena Aitzkoa | **Works** | Obras

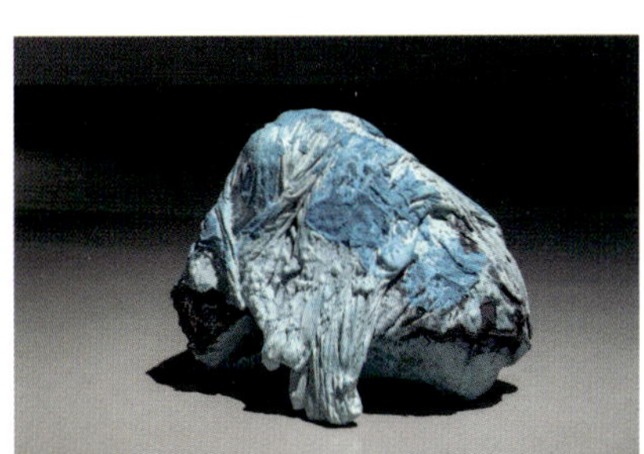

p. 8. **Promontorio monte-mar**, 2021
Plaster, powdered pigment, textiles
Escayola, pigmento en polvo, textiles
75 x 72 x 75 cm

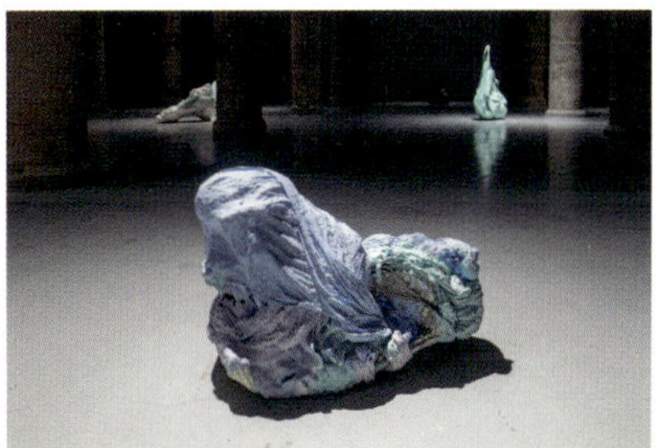

p. 28. **Filtración**, 2021
Plaster, powdered pigment, textiles
Escayola, textiles, pigmento en polvo
53 x 80 x 48 cm

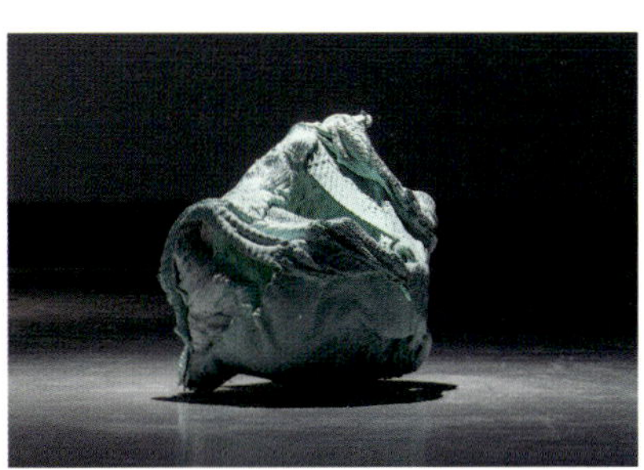

p. 29. **Hebra**, 2022
Plaster, powdered pigment, textiles
Escayola, pigmento en polvo, textiles
150 x 105 x 90 cm

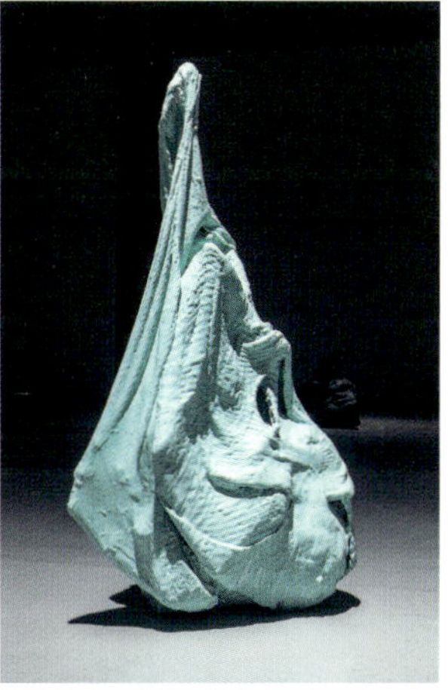

p. 52. **Pupa**, 2022
Plaster, powdered pigment, textiles, wood
Escayola, pigmento en polvo, textiles, madera
141 x 105 x 65 cm

Ring Ring, 2022
Installation of 5 bronze and sand sculptures, variable sizes
Instalación de 5 esculturas de bronce y arena, medidas variables

Nora Aurrekoetxea

BILBAO (ESPAÑA), 1989

my practice is based on a sculptural way of understanding and constructing installations where different formal languages — text, performance and objects — share the same space and time.

I am interested in relational, material and linguistic aspects as a point of departure to force encounters and/or mismatches in between the experiential/emotional (the untouchable) and the physical/objectual (the touchable).

I am particularly intrigued by questions related to the emotional aspects of human interactions and relationships in the intimate sphere, with regards to love and desire. Therefore, I use experiences in an auto-ethnographical way as a raw material to explore the personal and the collective with wider cultural, political and social meanings and understandings.

my studio-based practice always begins with material and form, following the process and embracing accidents, even if the narrative emerges later on or in parallel. I incorporate references to the figure, or/and the absence thereof, to produce resonances to architecture and space. I translate gestures and everyday or intimate behaviours into forms, some kinds of familiar structures and their relationship with the broader systems.

I understand installation as a relational system, whereby the objects are presented in relation to the space, in co-dependency, thus creating multiple readings and layers of meaning where everything affects, alters and interrelates with everything else,

and the instability of the narratives
is its very structure.

a radical imbalance where materiality could reach its own autonomy

mi trabajo se basa en una forma escultórica de entender y construir instalaciones donde diferentes lenguajes formales –texto, objetos y *performance*– comparten el mismo espacio y tiempo.

mi trabajo toma aspectos relacionales, materiales y lingüísticos como punto de partida para forzar encuentros y/o desajustes entre lo experimental/emocional (lo intocable) y lo físico/objetual (lo tocable).

me interesan particularmente las cuestiones relacionadas con los aspectos emocionales de las interacciones y las relaciones humanas en la esfera íntima, en relación al amor y el deseo. Por lo tanto, uso las experiencias de forma autoetnográfica como materia prima para explorar lo personal y lo colectivo, así como sus amplios significados y entendimientos culturales, políticos y sociales.

mi práctica de estudio parte de la forma y el material, siguiendo el proceso y abrazando el accidente, incluso si la narración surge más tarde o en paralelo. Incorporo referencias a la figura, o a la ausencia de ella, para producir resonancias con la arquitectura, traduciendo gestos y comportamientos íntimos o cotidianos en formas, algunos tipos de estructuras familiares y su relación con los sistemas más amplios.

Entendiendo la instalación como un sistema relacional, los objetos se presentan en relación con el espacio, en codependencia, creando múltiples lecturas y capas de significación donde todo afecta, altera y se interrelaciona,

siendo la inestabilidad de las narrativas
su propia estructura.

un desequilibrio radical donde, potencialmente, la forma alcanza su propia autonomía

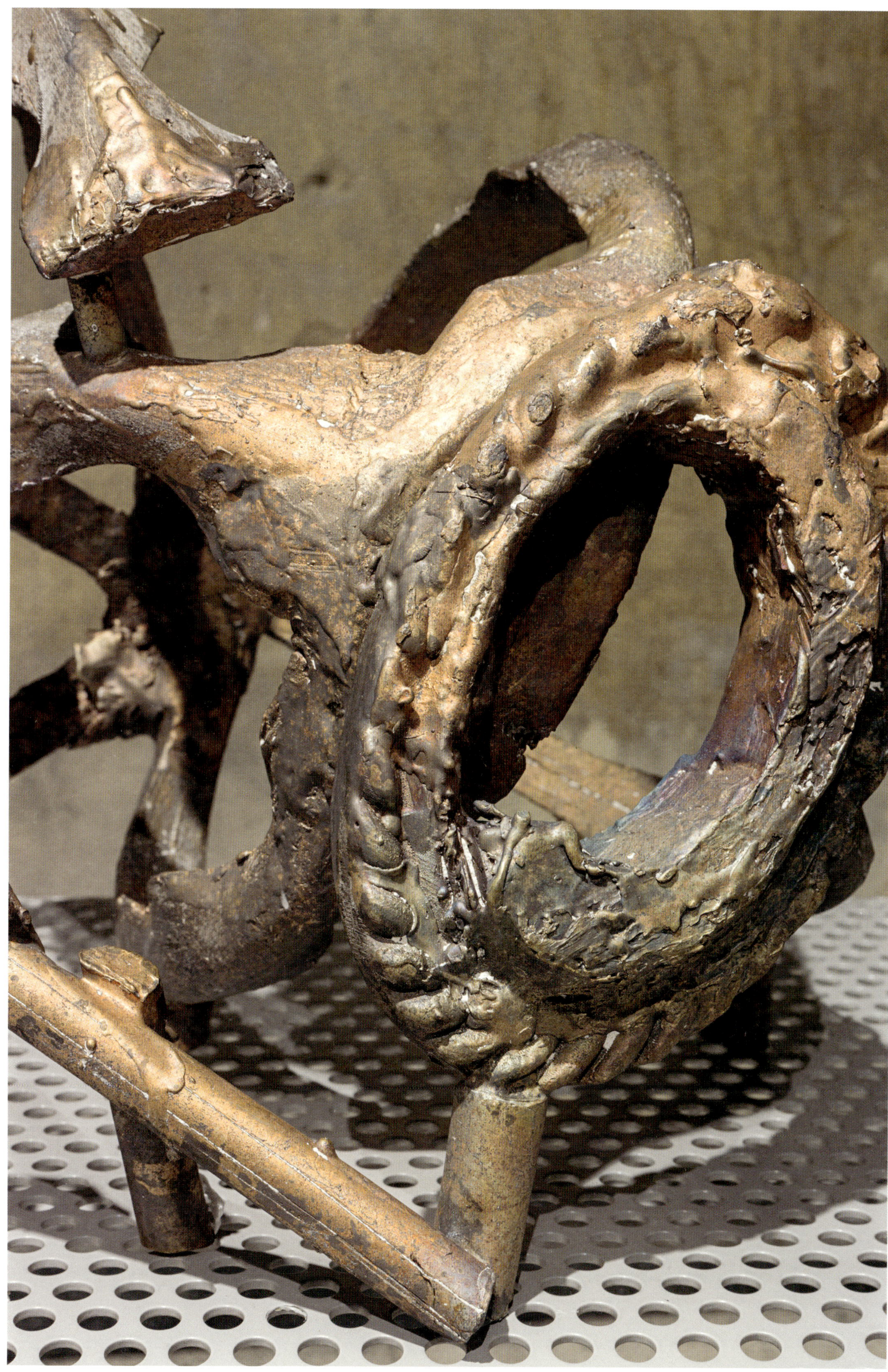

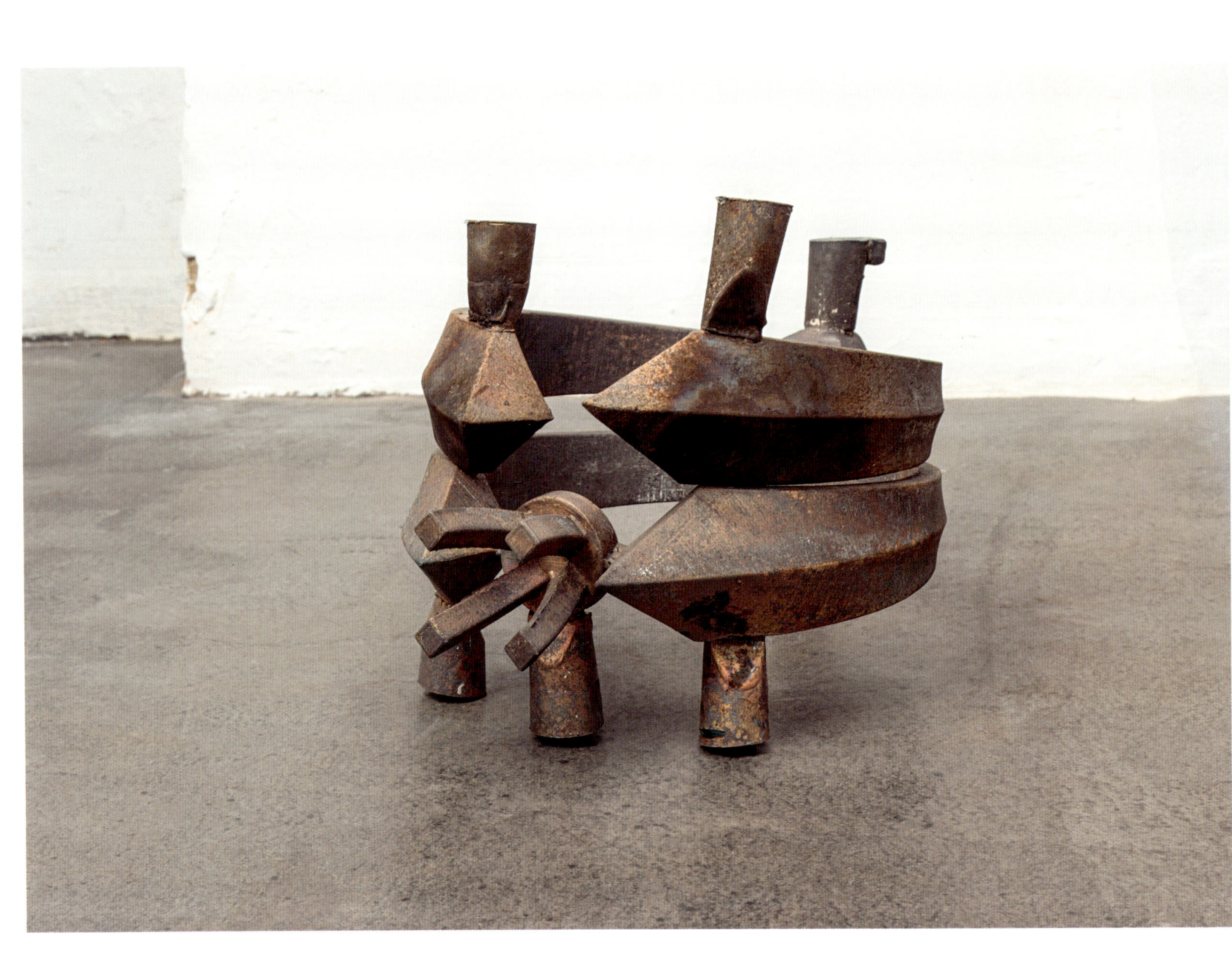

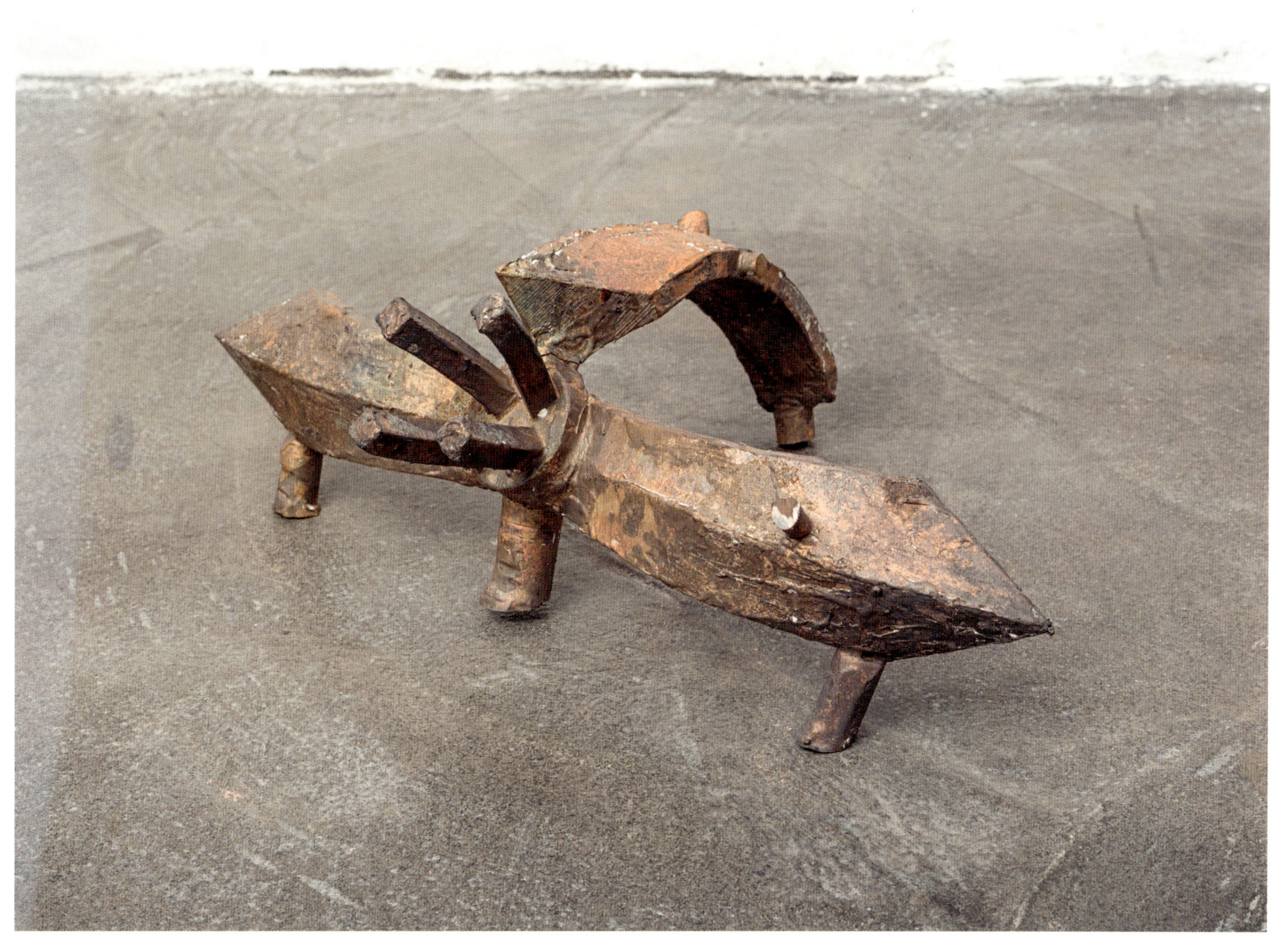

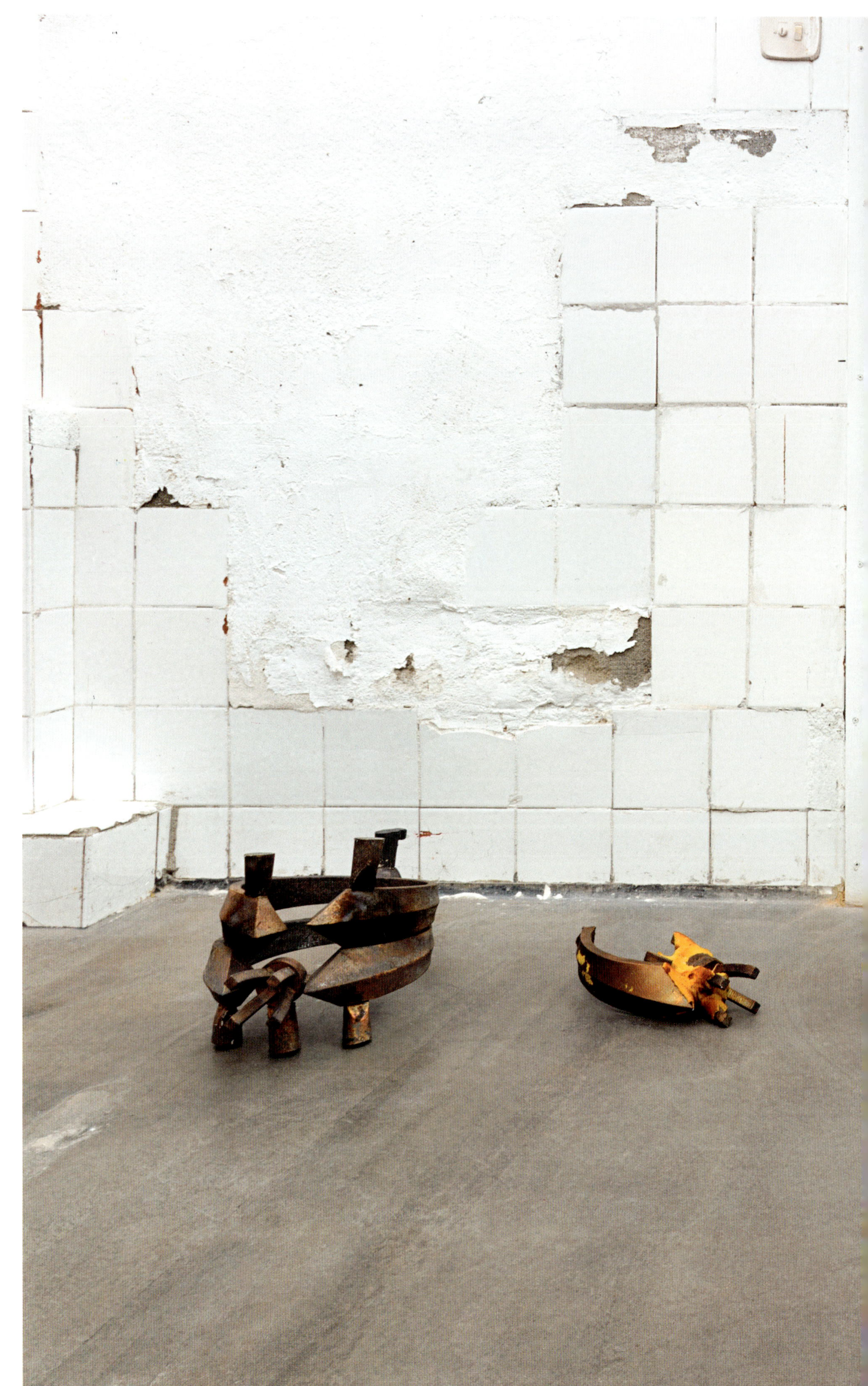

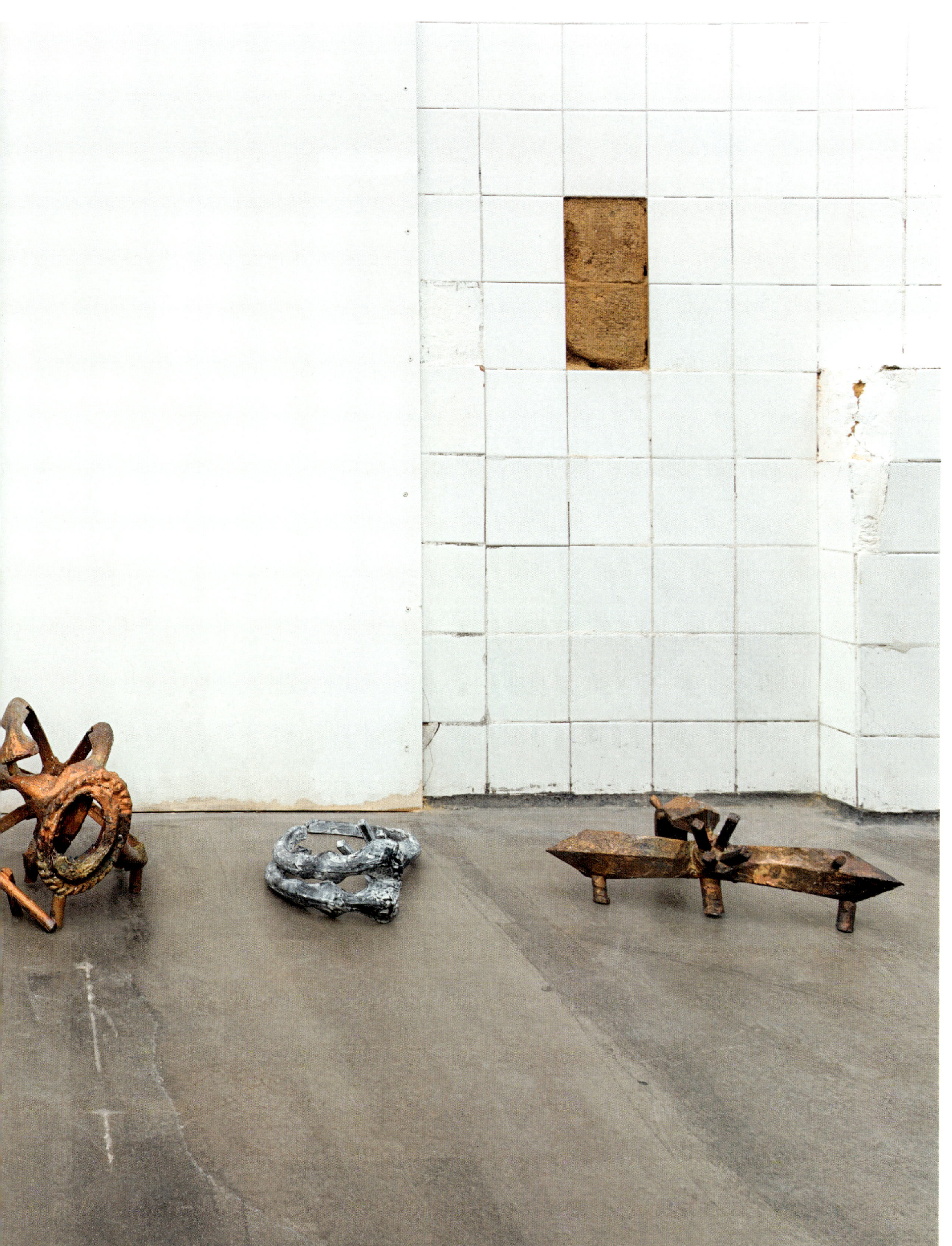

Nora Aurrekoetxea

1989, Bilbao, Spain
Lives and works between Bilbao and the
Netherlands

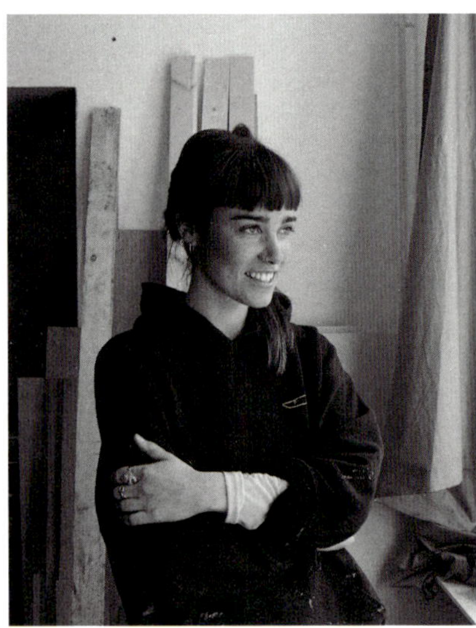

Education

2021 Advanced Sexology Course. Instituto
de Sexología, in.ci.sex, Madrid
2019 Master of Arts in Sculpture. Royal
College of Art, London
2013 Postgraduate Course in Sexology.
In.ci.sex, Madrid / Bachelor of Fine Arts.
Universidad del País Vasco, Bilbao

Grants & Awards

2023 Art Situacions III Award. Honda-Green
Powers
2022 Gure Arte Award. Basque Government /
Miquel Casablancas Award for the Visual Arts.
Sant Andreu Contemporani / Contemporary
Art Grant. Etxepare Euskal Institutua
2021 Creation Grant for the Visual Arts.
Basque Government / Generación 2021
Award. La Casa Encendida / Groeispurt
Fonds. Cultuur Academy
2020 ARCO Art Fair Award / Ertibil Bizkaia
Award, Second Prize. Regional Government
of Vizcaya
2019 Creation Grant for the Visual Arts.
Basque Government
2018 Creation Grant for the Visual Arts.
Basque Government / Distinction for
dissertation, MA Sculpture. Royal College
of Art
2017 Visual Arts Grant. Fundación Botín /
Ertibil Bizkaia Grant. Regional Government
of Vizcaya
2016 Solo Exhibition Grant. BilbaoArte
Fundazioa / Ertibil Bizkaia Grant. Regional
Government of Vizcaya
2015 Visual Arts Grant for Artistic
Production. Regional Government of
Vizcaya / Daniel Txopitea Award for Artistic
Production

Residencies

2022 Paradise Air, Matsudo
2021 Derde Wal Residency, Nijmegen
2018 Solomon R.Guggenheim Museum,
New York / Cité Internationale des Arts,
Paris
2016 Y Residency, Athens
2015 BilbaoArte Fundazioa, Bilbao

Solo Shows

2020 *I bought Flowers for Myself*. Juan Silió
Gallery, Madrid / *Hard as Horse Hair, Soft as
Feathers*. Intersticio Gallery, London
2017 *A Strong Need for Security and a
Sense of Belonging*. Sala Rekalde, Bilbao
2016 *Katalepsis*. BilbaoArte Fundazioa,
Bilbao / *Stability, Structure and Support*. Y
Residency, Athens
2015 *Malevich-En Herria*. Sanz Enea,
Zarautz

Group Shows

2023 *Art Situacions III*. ARCO Madrid 2023,
Madrid
2022 *Interestratos*. Fundación Museo
Jorge Oteiza, Alzuza / *KOKONI Ertibil
AKIHABARA*. 3331 Arts Chiyoda, Tokyo
/ Programa de artistas vascos, 2015-
19. Museo Guggenheim Bilbao, Bilbao /
Matéria Afecto. No-No Gallery, Lisbon /
Aguas vivas. Impulsos eléctricos. Juan Silió
Gallery, Madrid / *Generación 2022*. La Casa
Encendida, Madrid / *Universo Emma Kunz*.
Tabakalera, Donostia-San Sebastián / *Lo
Otro Maravilloso*. Intersticio Gallery, Madrid
/ *State of Cling*. Omstand, Arnhem / ARCO
Lisboa 2022. Juan Silió Gallery, Lisbon / Art
Rotterdam 2022. Singular-Art, Rotterdam
/ ARCO Madrid 2022. Juan Silió Gallery,
Madrid
2021 *Blood/Sea*. Mutter, Amsterdam / *La
puntada subversiva*. CA2M-Centre Grau-
Garriga d'Art Textil Contemporani / *Ecdysis*.
Staffordshire Studios, London / *How Blue
the Sky Was*. Nora Aurrekoetxea & Lucía
Bayón. Haus Wien, Vienna / ERTIBIL,
Itinerant exhibition of Visual Arts. Sala
Rekalde, Bilbao / *Latent Longing*. Super
Preview, London / *Claro del bosque*.
Intersticio Gallery, Madrid / *We Are Always
in Danger of Magic*. Rodriguez Gallery,
Poznan / *Estampa Fair 2021*. Juan Silió
Gallery, Madrid / ARCO Madrid 2021. Juan
Silió Gallery, Madrid
2020 *Architecture into Art. A Dialogue*.
Centro Botín, Santander / *Colección XVIII:
Textil*. Centro de Arte Dos de Mayo, Madrid
/ *Palpable Surfaces*. Trixie, The Hague /
ERTIBIL. Itinerant Exhibition of Visual Arts.
Sala Rekalde, Bilbao / ARCO Madrid 2022.
Juan Silió Gallery, Madrid
2019 *Dazzling Encounters*. Sanderson,
London / Show RCA. Royal College of Art,
London / *Itinerarios XXV*. Centro Botín,
Santander / *Dirty Hands and Revelations*.
Standpoint Gallery, London / *Matter*.
County Hall Gallery, London
2018 *Im Schwarm Der Objekte*. Cité
Internationale des Arts, Paris / Festival des
Traversées du Marais. Cité Internationale
des Arts, Paris / *Women's Art Practice and
Thinking*. Dorich House Museum, London /
WIP Show. Royal College of Art, London
2017 ERTIBIL. Itinerant exhibition of
Visual Arts. Sala Rekalde, Bilbao / *Futuro
Presente*. Injuve. Sala Amadís, Madrid
2016 *Nomads Land*. Fokianou 24/7,
Athens / *The Urban Game*. Pireaus, Athens
/ ERTIBIL. Itinerant exhibition of Visual
Arts. Sala Rekalde, Bilbao / *El teorema de
Maslow n.º 2.0*. Sicart Gallery, Barcelona
2015 Open Studio. BilbaoArte Fundazioa,
Bilbao / Getxoarte 2015. Algorta Market,
Getxo
2014 *The Exhibition '014*. Instituto
Cervantes, Berlin / *Saiaketak*. Windsor
Kulturgintza Gallery, Bilbao / *Iritziak*. Sanz
Enea, Zarautz / *Político-Poético-III*. Art
and History Museum, Durango / Getxoarte
2014. Algorta Market, Getxo
2013 *24th Audio-Visual Exhibition*. Sala
BBVA, Bilbao / *Sex, Pornography and
Nude*. Body Varu, Opava / Getxoarte 2013.
Algorta Market, Getxo
2012 *Rytual dla zdrowia*. Info Punkt Gallery,
Wroclaw / Museum of the Eugeniusz
Geppert Academy of Arts and Design,
Wroclaw
2011 *Ikas-Art. III International Exhibition of
Art*. Bilbao Exhibition Center, Barakaldo /
POINT8 Gallery, Bayonne
2010 *Erreakzioak / Reaction*. Abandoibarra.
Universidad del País Vasco, Bilbao

Works in Collections
Colección DKV. Grupo de salud y seguros médicos, Zaragoza
Centro de Arte Dos de Mayo, Madrid
Centro Botín, Santander
Fundación Montemadrid, Madrid
BilbaoArte Fundazioa, Bilbao

Lectures & Workshops
2021 Visiting lecture. Universidad del País Vasco, Leioa
2020 Visiting lecture. Staffordshire University, Staffordshire / *EREMUAK jardunaldiak*. Tabakalera, Donostia-San Sebastián
2018 Artist talk & lead tutorials. Lancaster Institute for Contemporary Arts, Lancaster / Artist talk & lead tutorials. Farnham University for the Creative Arts, Farnham
2014 "Re(in)sistencia". *Inmersiones. VII Congreso de Artistas Emergentes del País Vasco y Navarra*. Artium Museoa, Vitoria-Gasteiz

Publications (Selection)
2022 *Metal*, vol. 1. Berlin, Material Review
2020 *Hard as Horse Hair, Soft as Feathers*. London, Intersticio Gallery / *I Bought Flowers for Myself*. London, self-published
2019 *Moonlight is Sculpture is Moonlight*. London, Royal College of Art / *Itinerarios XXV*. Santander, Fundación Botín
2016 *Katalepsis*. Bilbao, BilbaoArte Fundazioa

Nora Aurrekoetxea | Works | Obras

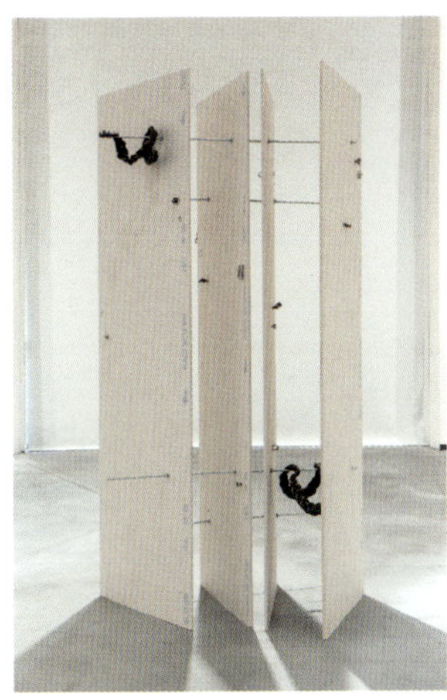

p. 11. **Spooning**, 2022
Bronze, silver, tin rods and plasterboard. Site-specific, 200 cm (high)
Bronce, plata, varillas de estaño y pladur. Site-specific, 200 cm (alto)

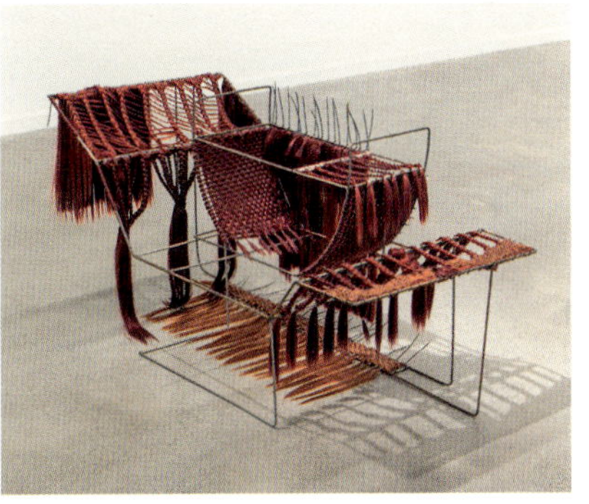

p. 32. **Diva**, 2022
Synthetic hair extensions, cable ties and corrugated rods
Extensiones de pelo sintético, bridas y varillas corrugadas
90 x 82 x 180 cm

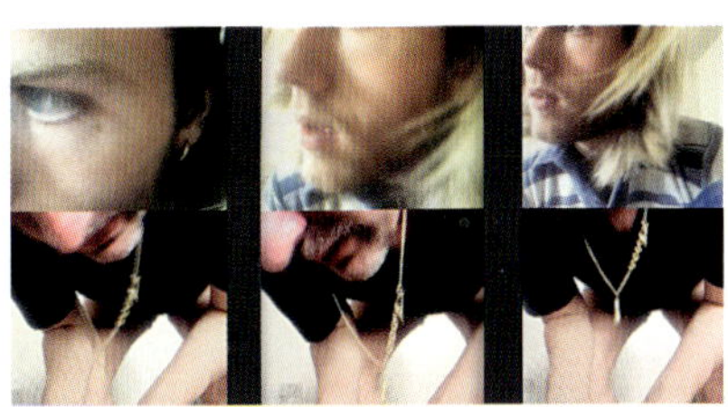

p. 54. **Nolimetangere**, 2021
4-channel video installation, 2 h 19 min 06 sec, variable sizes
Vídeo instalación de 4 canales, 2 h 19 min 06 seg, medidas variables
Performers: Magda Tuka, Hamish MacPherson, Brody Mace-Hopkins, Grace Keeble & Melanie Maria

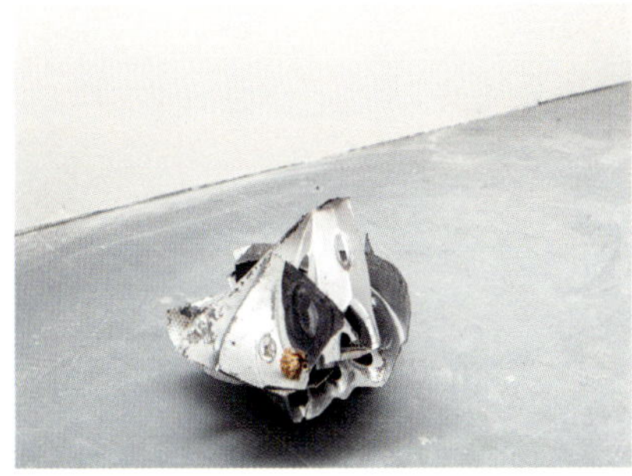

p. 54. **LEFT**, 2020
Plastic, metal and dried flowers
Plástico, metal y flores secas
10 x 20 x 12 cm

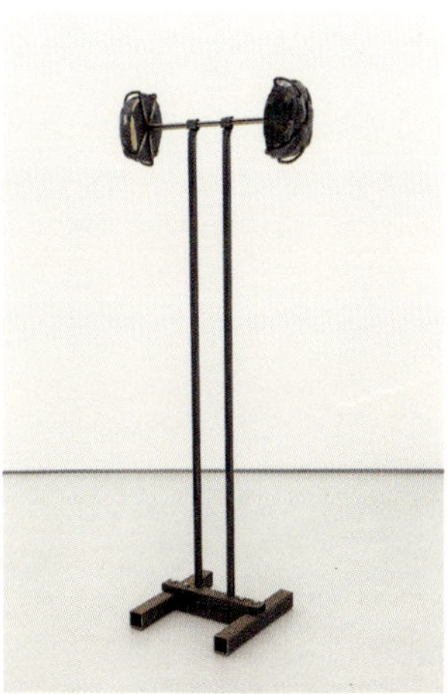

p. 55. **Kasko bi II**, 2020
Stainless steel, jesmonite and clay
Acero inoxidable, jesmonite y arcilla
162 x 65 x 41 cm

Lucía Bayón

MADRID (ESPAÑA), 1994

I centre my practice around the act of making. Making interests me in terms of the issue of continuity versus discontinuity. I think a lot about repetition. I wonder why we try to stem the tide, or how it could even be done. I am interested in the notions of flowing, folding and the semantic field of circulation, linked to a methodology that tries to become a multi-fold dynamic that changes at a relatively stable rate.

My practice is materialised by means of sculpture and language. Word and matter are conceived as elements in constant flux: I try to register something halfway between the two. I am interested in exploring the possibilities that arise from determining — using a series of elements from the same semantic field — the limits of translation between language (word, writing, mould casting) and matter (malleable element, mutable content), in order to generate visual terms (form, model).

The sculptural productions that emerge from this exercise are based on the lesser, the discarded, the excess and the codified. By combining *Kraft* traditions with industrial techniques, such as mechanical blending or shredding, I try to address the workings of specific production methods and the conditions under which this labour is produced. The very insistence on the continuous repetition and accumulation of recurring gestures, rhythms and motifs culminates in the perception of a stasis or moment of arrest of overlapping contents. In turn, this can bring about the necessary discontinuity that is change, and the possibility that the practice might adopt a sensitivity so that it remains speculative. Here, I point to an idea of both convening and sustaining a circuit that entails movements of circularity, processes of deconstruction and the residual in its slow becoming.

Centro mi práctica en torno al hacer. Del hacer me interesa la problemática de la continuidad frente a la discontinuidad. Pienso mucho en la repetición. Me pregunto por qué tratar de arrestar una corriente, o cómo hacerlo. Me interesan las nociones de flujo, pliegue y campo semántico de circulación asociadas a una metodología que trata de devenir en una dinámica de múltiples pliegues que cambia a un ritmo relativamente estable.

La materialización de mi práctica se construye desde la escultura y el lenguaje. La palabra y la materia se conciben como elementos inmersos en un vaivén continuo donde se trata de registrar algo que queda a medio camino entre uno y otro. Me interesa explorar las posibilidades que parten de componer, a partir de una serie de elementos de un mismo campo semántico, los límites de traducción entre lenguaje (palabra, escritura, molde) y materia (elemento maleable, contenido mutable) para generar términos visuales (forma, modelo).

Las producciones escultóricas resultantes de este ejercicio se articulan a partir de lo menor, lo descartado, el exceso y lo codificado. Combinando técnicas de procesamiento industrial, deglución o trituración mecánica y tradiciones del *Kraft*, trato de abordar el funcionamiento de métodos específicos de producción y las condiciones en las que esta labor se produce. La insistencia misma en la repetición continua y la acumulación de gestos, ritmos y motivos recurrentes culmina en la percepción de una estasis o momento de arresto de contenidos empastados y solapados, provocando la discontinuidad necesaria que es el cambio y la posibilidad de que la práctica adopte una sensibilidad para permanecer especulativa. Se apunta aquí a una idea de convocar, a la vez que sostener, un circuito que enreda movimientos de circularidad, procesos de deconstrucción y lo residual en lento devenir.

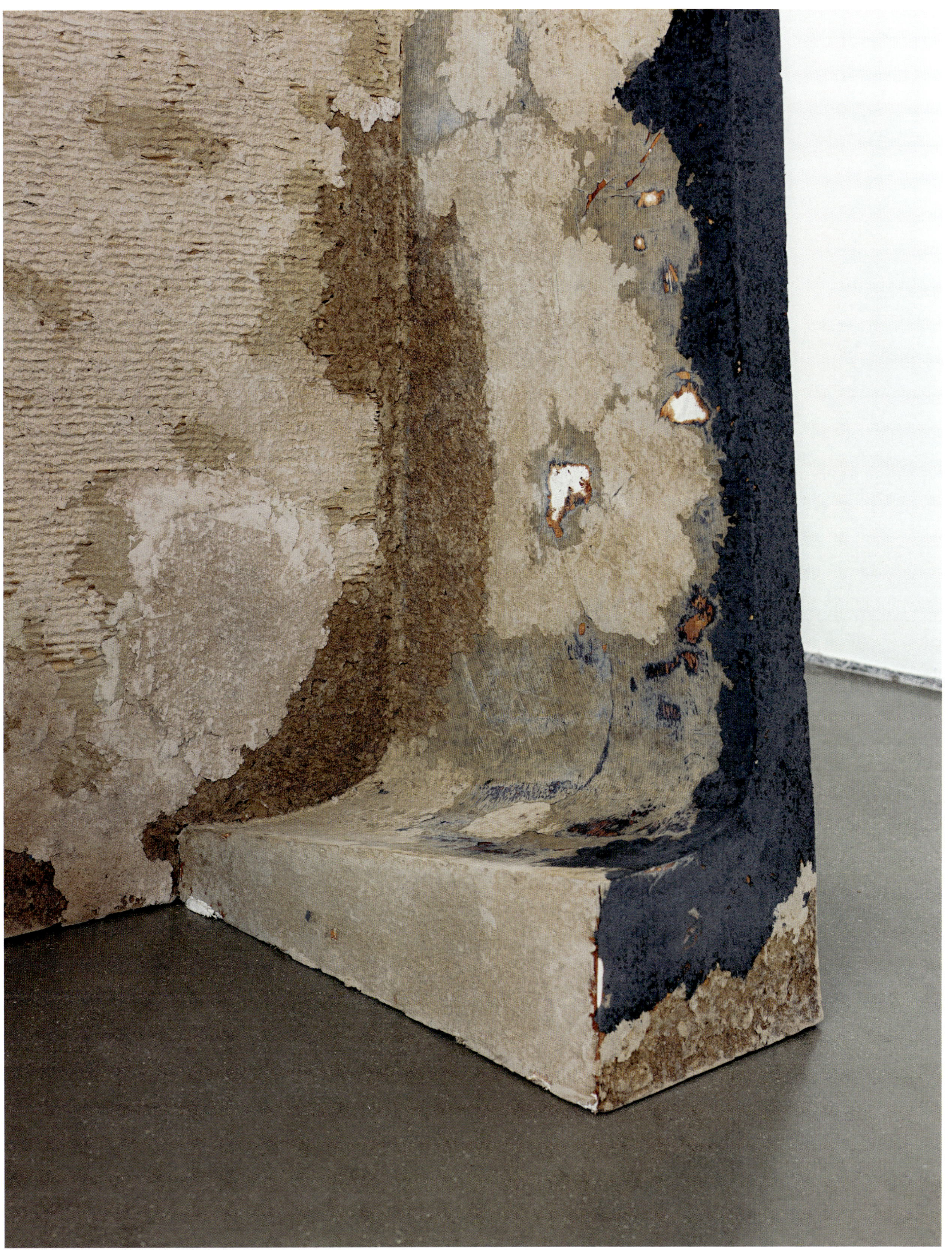

My recent work touches upon the history of the fabric of industrialisation and the production spaces that allow works to be made. By thinking from language itself, with particular reference to the verbs (i.e. fields of action) associated with sculpture, I have been able to outline pieces governed by the mechanics of the very machines used for their production.
I thus examine the translation of physical resonances using matter, by carrying out tasks such as soaking, pressing, draining, tightening or compacting.

El trabajo reciente toca la historia del tejido de industrialización y los espacios de producción que posibilitan la realización misma de las obras. Pensando desde el lenguaje y, particularmente, desde los verbos (campos de acción) asociados a la escultura, se han esbozado piezas regidas por la mecánica de las máquinas que se emplean para su producción, examinando la traducción de resonancias físicas a través de la materia y llevando a cabo labores como empapar, presionar, escurrir, tensar o compactar.

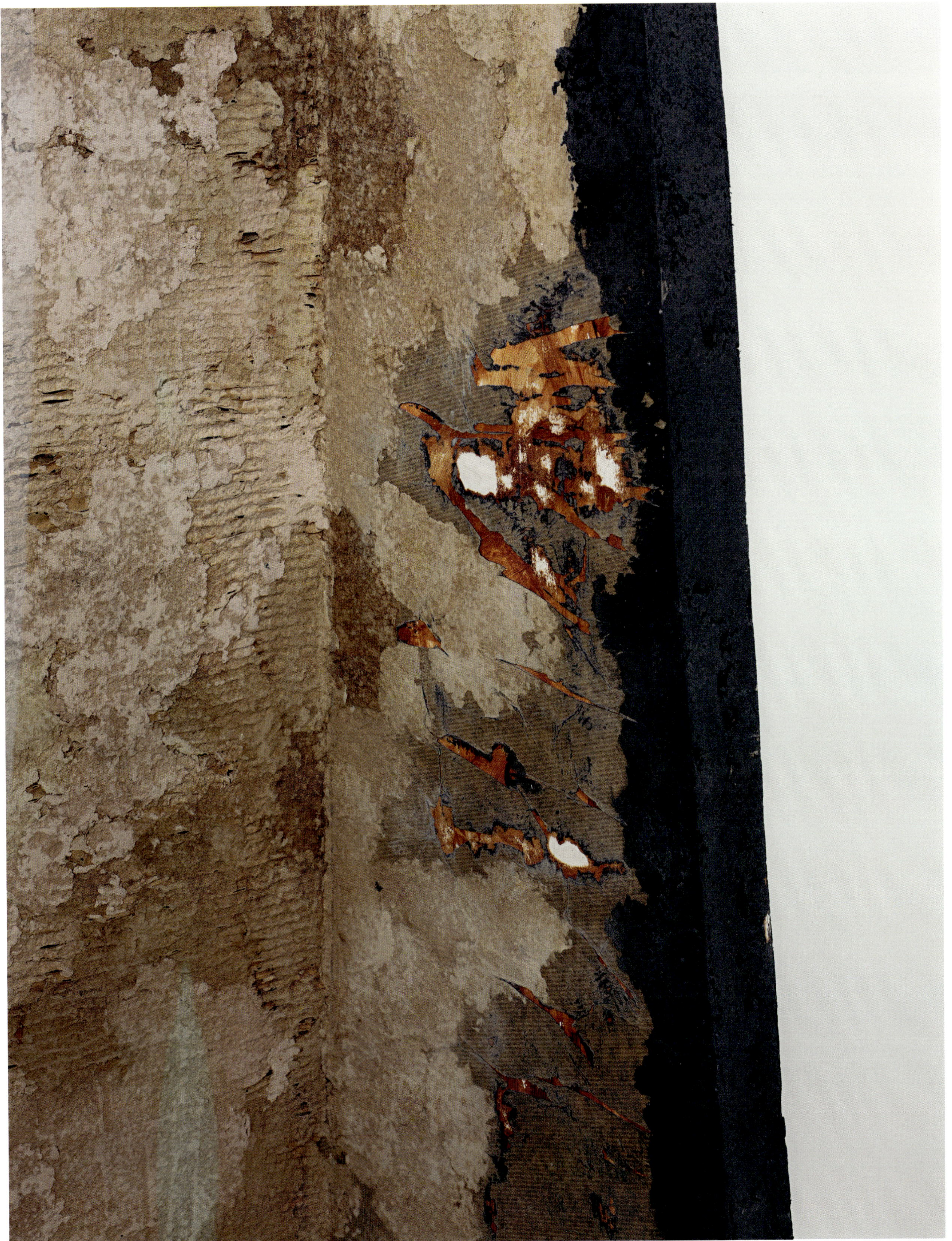

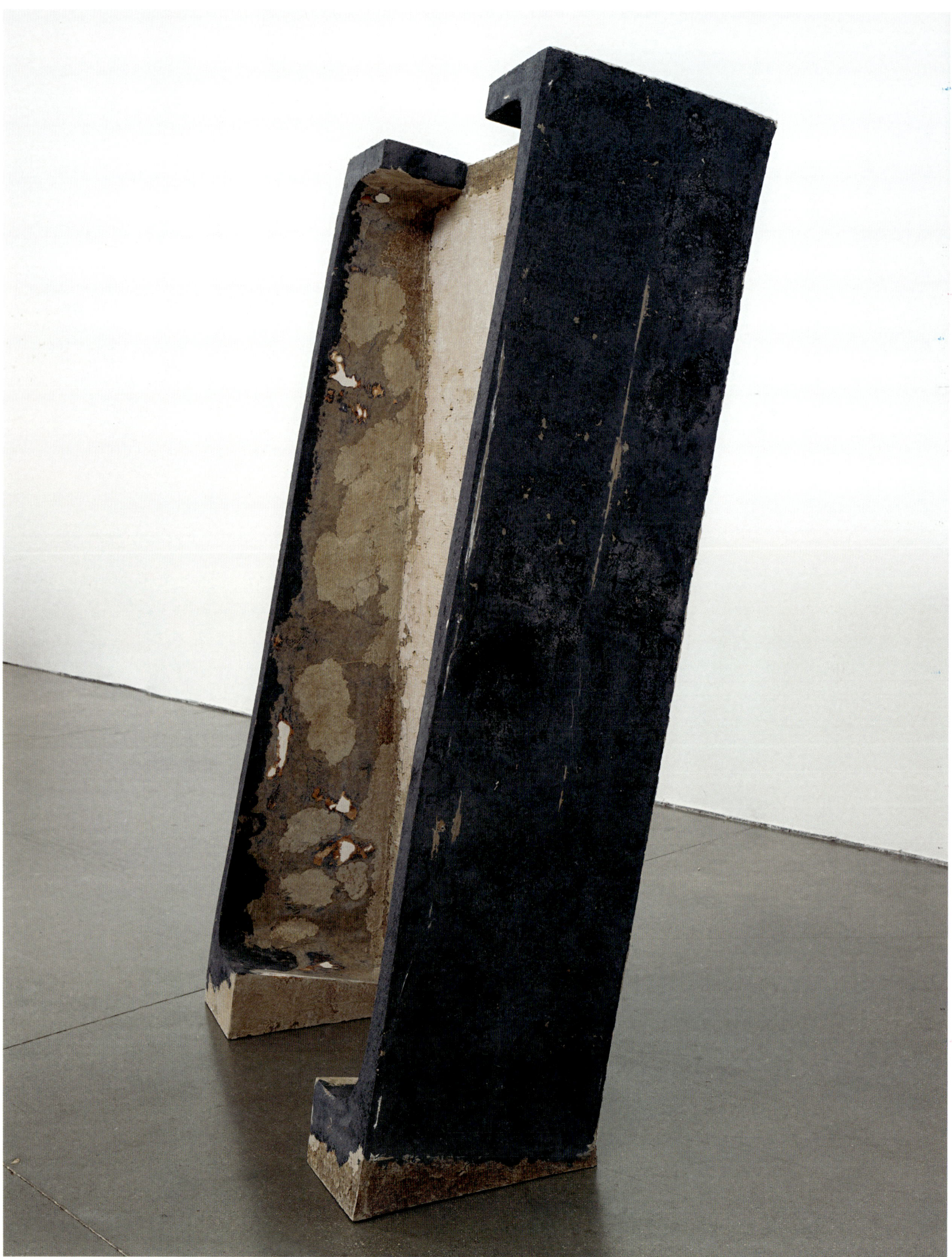

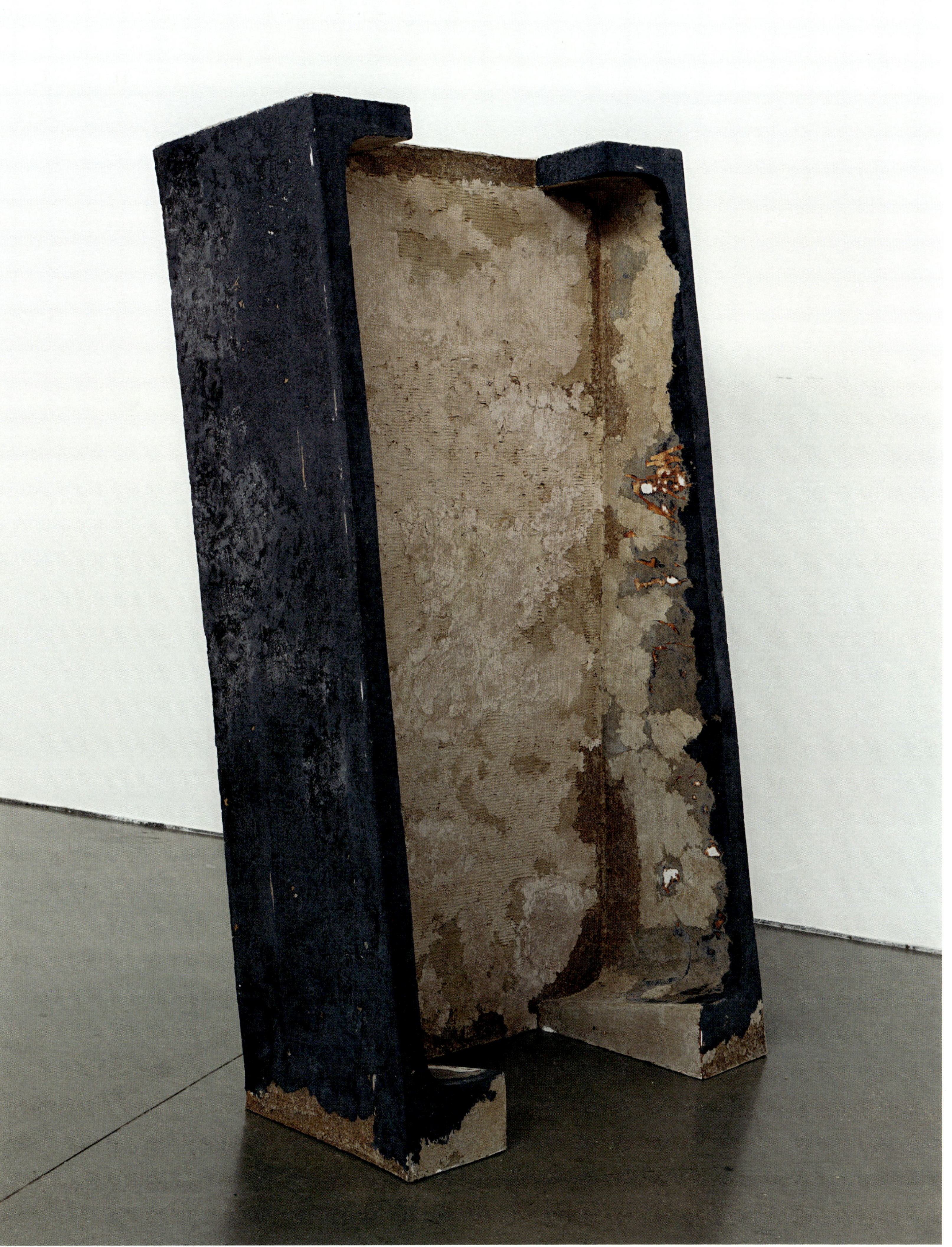

Lucía Bayón

1994, Madrid, Spain
Lives and works in Madrid

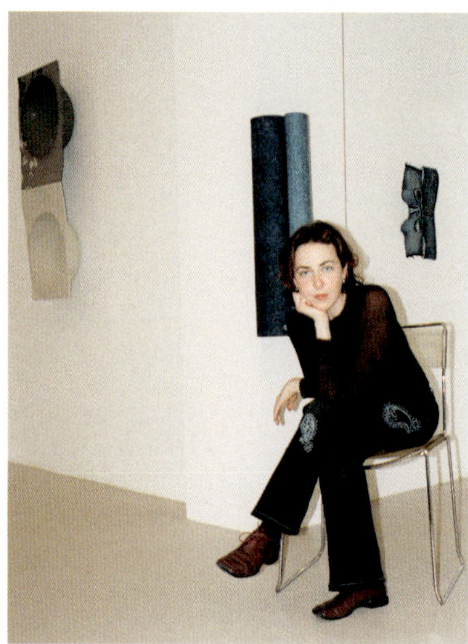

Education
2020 Master of Fine Arts. Piet Zwart Institute, Rotterdam
2016 Bachelor of Fine Arts. Universidad Complutense de Madrid, Madrid

Grants & Awards
2023 Art Situacions III Award. Honda-Green Powers
2020 Generación 2021 Award. La Casa Encendida / Circuitos de Artes Plásticas Grant. Comunidad de Madrid
2019 Visual Arts Grant. Fundación Botín
2018 Grant of Artistic Production, Visual Arts. CC Can Felipa

Residencies
2022 Tabakalera, Donostia-San Sebastián / Centro de Residencias Matadero Madrid, Madrid
2019 Kunsthuis SYB, Beetsterzwaag / Sommer Akademie, Salzburg
2018 Valar Fyr, Gottland
2015 Faculdade de Belas Artes, Lisbon

Solo & Duo Shows
2022 *Raíces por defecto*. Lucía Bayón & Andrés Izquierdo. Intersticio Gallery at ARCO Lisboa 2022, Lisbon / *ese entredós*. Intersticio Gallery, Madrid
2021 *How Blue the Sky Was*. Lucía Bayón & Nora Aurrekoetxea. Haus Wien, Vienna
2020 *Spoil Conduct*. Lucía Bayón & Lukas Meßner. Available and the Rat, Rotterdam

Group Shows (Selection)
2023 *Art Situacions III*. ARCO Madrid 2023, Madrid
2022 *Itinerarios XXVII*. Fundación Centro Botín, Santander / *Colapso*. Tenerife Espacio de las Artes, Tenerife / *Una historia del arte reciente 1960-2020*. Museu Fundación Juan March, Palma de Mallorca
2021 *Material Contexts*. Piet Zwart Institute - Het Archief, Rotterdam / *Hot Links*. Pradiauto Gallery, Madrid / *Claro del bosque*. Intersticio Gallery, Madrid / *Generación 2021*. La Casa Encendida, Madrid
2020 *Cayó la casa, trepó la dama. Circuitos XXXI*. Sala de Arte Joven, Madrid / *Scratching the Surface*. Travesía Cuatro Gallery, Madrid / Open Studios. Piet Zwart Institute, Rotterdam / *Short Pieces That Move*. Piet Zwart Institute, Rotterdam
2019 *Farmers Salad*. Kunsthuis SYB, Beetsterzwaag / *Pulp Puppets*. Twenty-One & Focal Point Gallery, Southend-On-Sea, Essex / *B_dum_psssh*. LocatieZ, Den Haag / Studios Open. Piet Zwart Institute, Rotterdam
2018 *Sobre la belleza*. CC. Can Felipa, Barcelona / *Valar Fyr*. Gotland Museum, Gotland / *Archipiélago*. Antigua Embajada Británica, Madrid
2017 Open Studio Sunday. Ashley, Berlin / *Devenir mundo*. La Colmena-Espacio Urg3l, Madrid / JustMad. Contemporary Art Fair. Multiple venues, Madrid
2016 II Collective Exhibition. La Colmena-Espacio Urg3l, Madrid / Klasse Josephine Pryde Collective "Rundgang" Exhibition. Universität der Künste, Berlin

Curatorial Work
In collaboration with Lukas Meßner (digestivo)
2020 *Tempest Gourmand*. Haus Wien, Vienna / *A Voice Can Only Break a Glass that Already Has a Crack in It*. Graaf Florisstraat 106, Rotterdam
2019 *Colofonia líquida y saliva*. Bree 13, Rotterdam / *Moodring II*. Bree 13, Rotterdam / *A Tension: Grüß aus der Küche*. Rotterdam

Work in Collections
Colección DKV. Grupo de salud y seguros médicos, Zaragoza
Fundación Montemadrid, Madrid

Lectures & Workshops
2022 Artist talk. EFTI, Madrid / Artist talk. Istituto Europeo di Design, Madrid
2021 Artist talk. Universidad Nebrija, Madrid

Publications
2022 *Itinerarios XXVII*. Santander, Fundación Botín / *Raíces por defecto*. Madrid, Consejería de Cultura, Turismo y Deporte
2021 *Generación 2021*. Madrid, Fundación Montemadrid / *Cayó la casa, trepó la dama. XXXI Circuitos Artes Plásticas*. Madrid, Comunidad de Madrid
2020 *Short Pieces that Move*. Rotterdam, Piet Zwart Institute
2019 *Room 1, Room 3*. Rotterdam, Piet Zwart Institute
2018 *Take a Note Soft Hands Soft Hands*. Rotterdam, Piet Zwart Institute / *Sobre la belleza*. Barcelona, Can Felipa
2016 *Casa tomada*

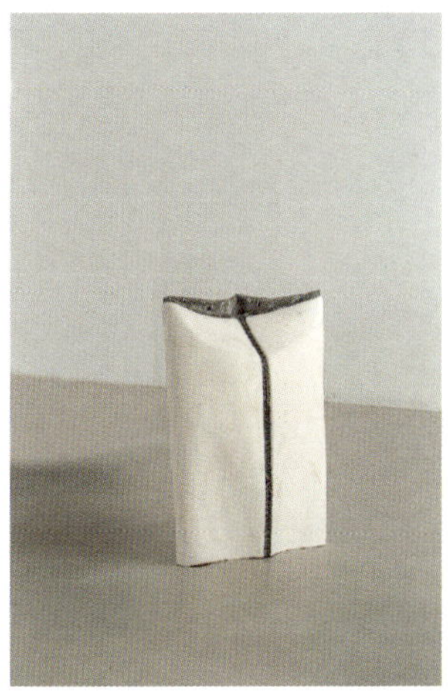

p. 12. ***Armar***, 2022
Wire mesh, polished twine, acrylic
resin, graphite
Malla metálica, hilo bramante pulido,
resina acrílica, grafito
67 x 42 x 20 cm

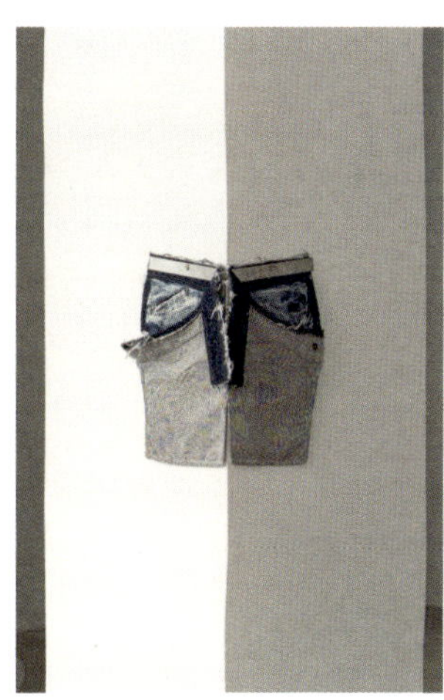

p. 36. ***Bolsillo***, 2022
Denim, interlining, steel
Denim, entretela, acero
30 x 35 cm

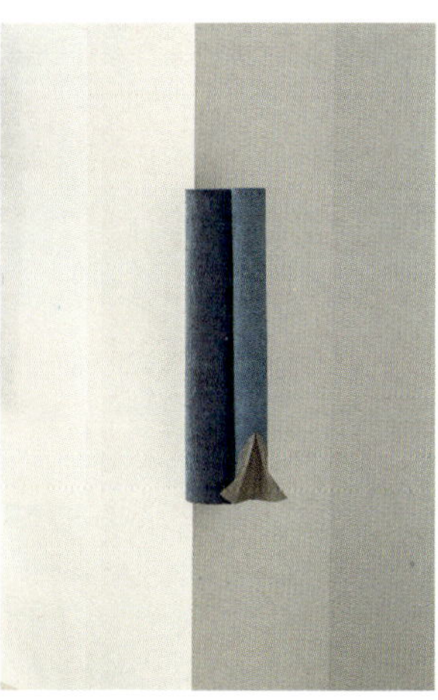

p. 37. ***Isátide***, 2022
Wire mesh, polished twine, shredded
denim, starch
Malla metálica, hilo bramante pulido,
denim triturado, almidón
78 x 30 cm

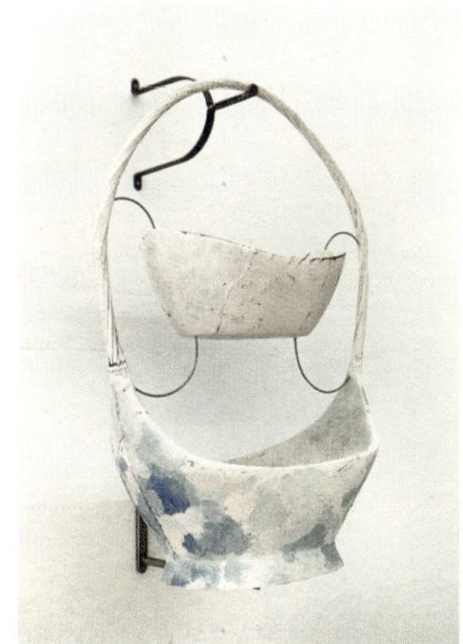

p. 57. ***Puntal***, 2021
Wicker, metal rods, cardboard, paper pulp,
white glue, starch, wrought iron
Mimbre, varillas de metal, cartón, pulpa de
papel, cola blanca, almidón, hierro forjado
90 x 62 x 50 cm

Connivences, révolutions, 2022
9 minutes, 2K color video projection, stereo sound, format 1:66
(projection on glass or plexiglass, seen from two sides)
9 minutos, proyección de vídeo en color 2K, sonido estéreo, formato
1:66 (proyección sobre vidrio o plexiglás, vista desde dos lados)

Elsa Brès

BRÉAU (FRANCIA), 1985

Elsa Brès probes, paces, gathers and observes.
She explores with her camera; she puts things into
perspective and constructs narratives. In her polyphonic
films, she outlines a conscious cartography of the
territories she records, places with which she always has
a strong emotional attachment. Thanks to her previous
studies in Architecture, Elsa Brès has a keen eye for
the layout of social-natural landscapes. She has thus
depicted the Mississippi Delta (*Sweat*, 2020); a seaside
town in Northern France (*Stella 50.4N1.5E*, 2016);
an abandoned canal (*Love Canal*, 2017); forests and
villages in the Cévennes (*Les Sanglières*, in progress):
all these landscapes bear the scars of many forms of
exploitation. But it is through the living world that she
weaves her narratives, and the protagonists in her films
— humans, more-than-humans — show us another
way of inhabiting and imagining worlds based on the
territories we live in and have the power to transform.

Elsa Brès' films take hypotheses and alternative
narratives as their starting point, and they seek to
uncover the opaque and marginal layers that exist
beneath the official narratives of certain places with
complex systems and infrastructures. The artist
becomes deeply involved in her research, over an
extended period, and she extracts fragments of
her ongoing projects to be shown independently
in exhibitions. This allows her to try out different
shooting equipment and varying types of images,
while experimenting with the narrative of moving
images in exhibition spaces. In these works, she might
bring together, for example, poetry, considerations
from environmental philosophy or experimental
cartographies. One of her latest installations, *Notes for
les Sanglières* (2021), features visual interpretations of
the data generated by a study of the forest's habitability.

Lou Ferrand (excerpt, paragraph 1) & Stefania Meazza (excerpt,
paragraph 2)

Elsa Brès investiga, avanza, reúne y observa. Explora con
la cámara, da perspectiva a las cosas y construye narrativas. En sus películas polifónicas, traza una cartografía
consciente de los territorios que graba, a los que siempre la une un vínculo afectivo. Gracias a sus estudios en
Arquitectura, percibe con facilidad la disposición de los
paisajes socio-naturales: el delta del Mississippi (*Sweat*,
2020), un pueblo costero del norte de Francia (*Stella 50.4N1.5E*, 2016), un canal abandonado (*Love Canal*, 2017), los bosques y los pueblos de las Cevenas (*Les
Sanglières*, en progreso). Todos estos paisajes tienen las
cicatrices de diferentes modos de explotación. Pero ella
teje sus narrativas a través del mundo viviente, de suer-
te que los protagonistas de sus películas, humanos, más
que humanos, nos muestran otra forma de habitar y de
imaginar mundos a través de los territorios en los que
vivimos y que tenemos la capacidad de transformar.

Las películas de Elsa Brès, que parten de hipótesis
y narrativas alternativas, pretenden revelar las capas
opacas y marginales subyacentes a las narrativas ofi-
ciales de algunos lugares con sistemas e infraestructu-
ras complejos. En un proceso de densa investigación,
llevada a cabo durante un periodo largo, la artista ex-
trae fragmentos de la película en la que trabaja en cada
momento para mostrarlos de manera independiente
en exposiciones. De este modo, puede experimentar
con los dispositivos de grabación y con diferentes tipos
de imagen, al mismo tiempo que prueba la narrativa de
las propias imágenes en movimiento en el espacio ex-
positivo. En estas obras integra, entre otros, poesía,
reflexiones de filosofía medioambiental o cartografías
experimentales –como en una de sus últimas instalaciones, *Notes for les Sanglières* (2021), que incluye interpretaciones visuales trazadas a partir de los datos
de un estudio sobre la habitabilidad del bosque–.

Lou Ferrand (extracto, párrafo 1) y Stefania Meazza (extracto,
párrafo 2)

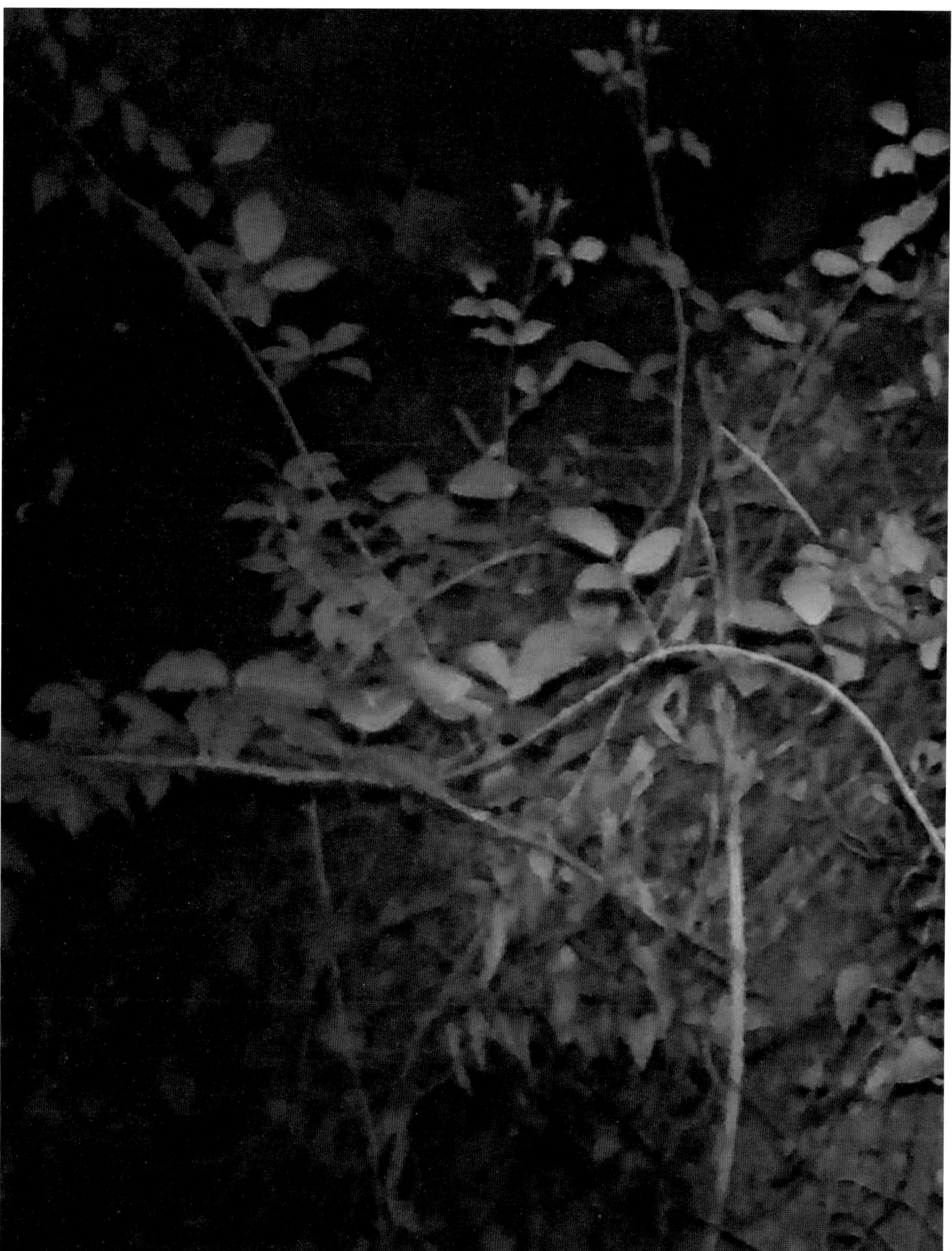

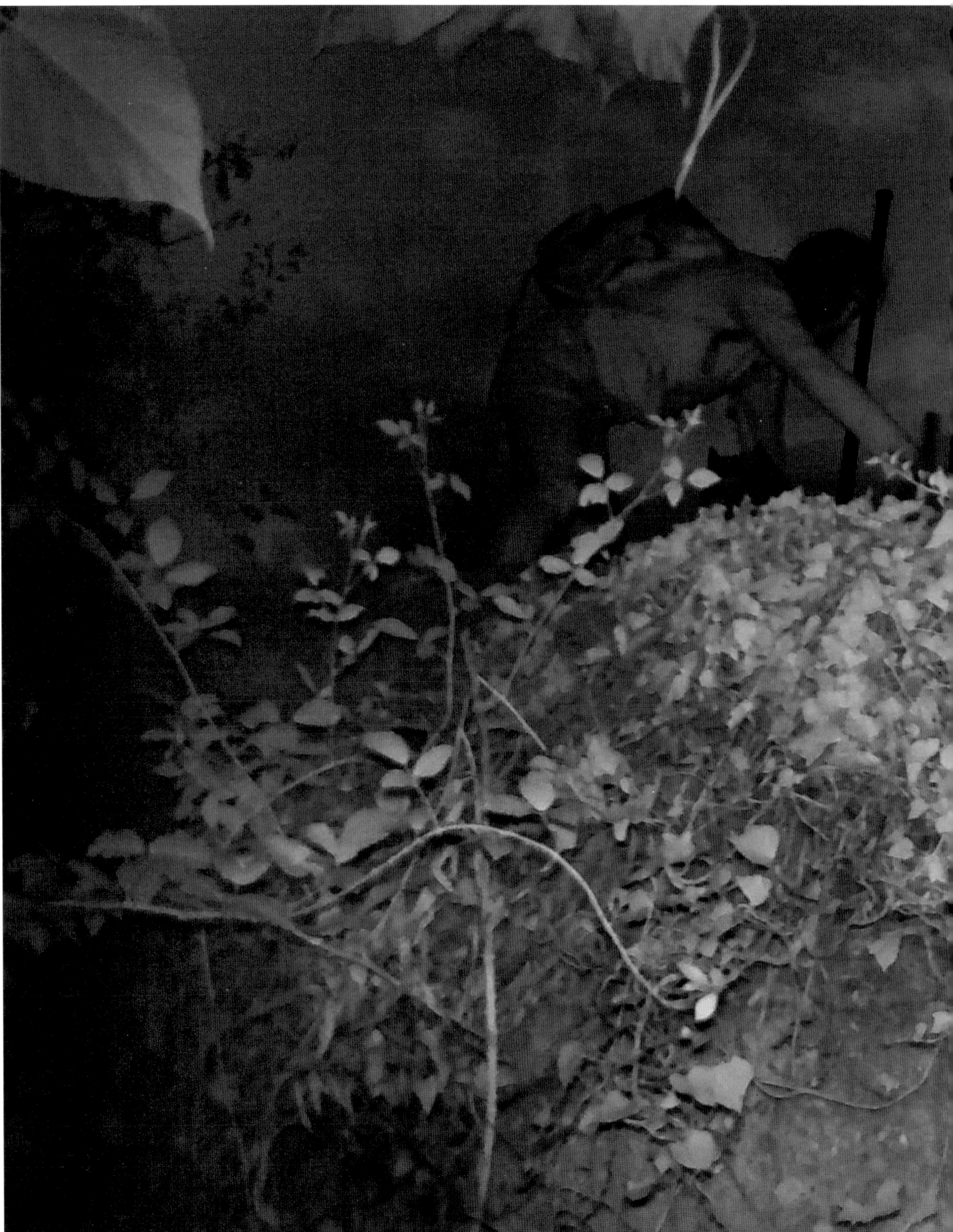

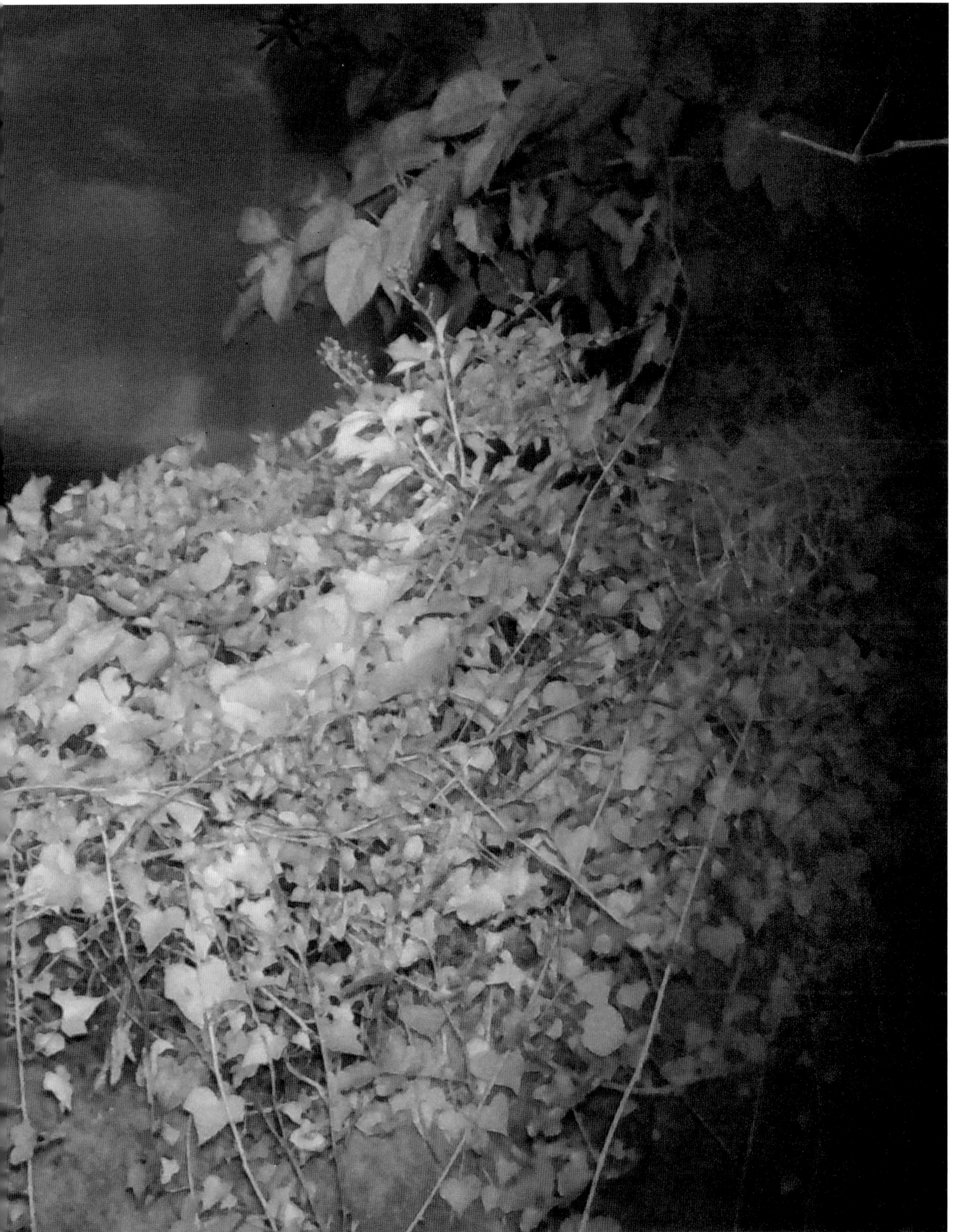

Elsa Brès

1985, Bréau, France
Lives and works between Les Cévennes
and Paris

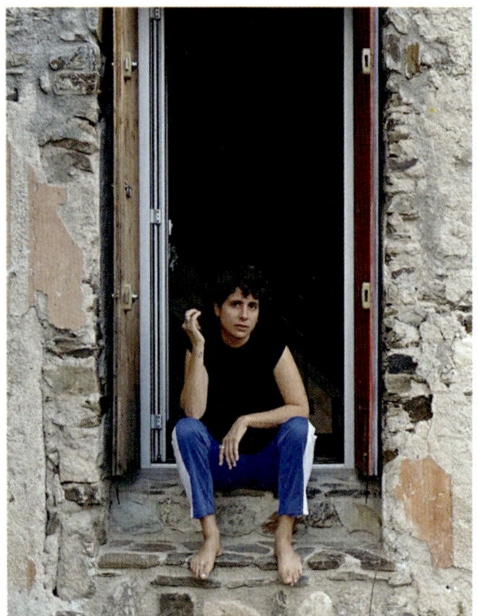

Education
2017 Post-graduate Program in
Contemporary Art and Cinema. Le Fresnoy.
Studio National des Arts Contemporains,
Tourcoing
2012 Master of Architecture. Ecole
Nationale Supérieure d'Architecture de
Paris-Belleville, Paris
2011 Studies in Experimental Cinema
& Design Philosophy. Ecole Nationale
Supérieure de Création Industrielle, Paris
2008 Bachelor of Architecture. Ecole
Nationale Supérieure d'Architecture de
Paris-Belleville, Paris
2006 B.A. in Philosophy & Geography. La
Sorbonne, Paris

Grants & Awards
2023 Art Situacions III Award. Honda-Green
Powers
2022 TËNK x MEDIAPART Award. Tënk &
Mediapart / Audiovisual Arts Grant. Centre
National du Cinéma et de le Image Animée
2020 DDA Award (Selected Artist).
Documents d'Artistes Occitanie / Talents
Contemporains Award (Finalist). Fondation
François Schneider / Production Grant.
Mécènes du Sud / Artistic Project Grant.
Centre National des Arts Plastiques /
DICRéAM Grant for Multimedia and
Numeric Art. Centre National du Cinéma et
de le Image Animée

2019 Creation Grant. Région Occitanie /
Pyrénées-Méditerranée
2018 8th Jeune Création Prize de Saint-
Rémy (nomination). Moulin des Arts de
Saint-Rémy
2017 LOOP Discover Award (nomination).
LOOP Barcelona / Émergences Prize
(finalist). LaScam

Residencies
2021-2022 Slow Motion, CAC Chanot,
Clamart
2019 Le Dôme, Tours / Delta Workers, New
Orleans / L'Orfévrerie, Saint-Denis
2018 Le Dôme, Tours / Cité Internationale
des Arts, Paris

Duo & Solo Shows (Selection)
2022 *State of Concept*. Bona Fide 2, Athens
2021 *remote. response. request*. Elsa Brès
& Maud Craigie. Transmediale, Berlin
2020 *Canal Royal*. CRAC Occitanie, Sète

Group Shows
2023 *Art Situacions III*. ARCO Madrid 2023,
Madrid
2022 *Breaking Water*. Cincinnati
Contemporary Art Center, Cincinnati / *Salon
de Montrouge*. Paris/Montrouge, Paris /
From The Shore to The Mudpool. Icelandic
Art Center, Hjalteyri
2021 *Ordained, Horny and Horned*. Spazio
Veda, Florence / *Sol!*. MO.CO, Montpellier /
Le cour de l'eau, la cour et l'eau. La Cuisine
Centre d'Art, Négrepelisse / *I Scream Ice
Cream*. Espace Niemeyer, Paris
2019 *Anthropocene Curriculum: Mississippi*.
HKW (Haus der Kulturen der Welt), Berlin
& Tulane University, New Orleans / *Aube
immédiate, vents tièdes*. Mécènes du
Sud, Montpellier / *Videobox*. Le Carreau
du Temple, Paris / *Week-end* at Charlie's.
Vandenhove Centre for Architecture and
Art, Gant / *The Wrong Biennale #5*. Speak
Volumes Pavilion, Online / *Les Saturnales.
Part 3 (La mue de l'Arc)*. Atelier Berger Milà,
Paris / Proyector 2019 Festival. Conde
Duque, Madrid / Art-o-rama Art Fair. La
Friche, Marseille / *Blind Swamp*. Domaine
de Candé, Monts / *Présages*. CACN Centre
d'Art Contemporain de Nîmes, Nîmes /
Sur la page abandonnée. Volume 3. Au lieu
Gallery, Paris
2018 *Terra Incognita*. Saison Video, Online
/ LOOP Barcelona Collective Exhibition.
GlogauAIR, Berlin / Jeune Création 68

Collective Exhibition. École des Beaux-
Arts de Paris, Paris / Jeune Création de
Saint-Rémy Collective Exhibition. L'Atelier
Blanc, Saint-Rémy, Aveyron / XVII Festival
Internacional de la Imagen. Multiple venues,
Manizales / Le Dôme Festival. Multiple
venues, Montbazon / *Correspondances*.
Cité Internationale des Arts, Paris
2017 LOOP Barcelona Collective Exhibition.
Almanac Barcelona, Barcelona / *Le
Reve des Formes*. Palais de Tokyo, Paris
/ *Videoproject*. Palais des Beaux Arts
d'Angers, Angers / III Istanbul Design
Biennale. Multiple venues, Istanbul / Agora
Architecture Biennale. Hangar 14, Bordeaux
/ *Roman-Panorama 19*. Le Fresnoy. Studio
national des arts contemporains, Tourcoing
/ *Territoire Frugal*. Archibooks Gallery, Paris
2016 *Panorama 18*. Le Fresnoy. Studio
national des arts contemporains, Tourcoing
/ *Demain dès l'aube*. Primo Piano Gallery,
Paris
2013 *Habiter le grand Paris*. Le Centquatre-
Paris, Paris
2010 *A Model Heuristic*. Université de
Montréal, Montréal

Screenings (Selection)
2022 *Notes for les Sanglièrs*. Vdrome, online
/ *Stella50.4N1.5E*. Yale University, New
Haven / *Sweat*. BBB centre d'art, Toulouse
/ *Sweat*. Museum d'Histoire Naturelle
Paris, Paris / *Forêts Queer*. Monographic
screening. Saison France Portugal, Le Vigan
2021 *Sweat*. Usak International Film
Festival, Usak / *Sweat*. Kasseler Dokfest,
Kassel / *Sweat*. Centre d'art Le Lait, Tarn /
Sweat. Tënk, online
2020 *Sweat*. FID Marseille, Marseille
/ *Sweat*. Vidéodrome2: Manifesta 13,
Marseille / Screening and talk. Proximate
Space: Hong Kong University, Hong Kong /
Love Canal. VHS: Le Houloc, Aubervilliers
2019 *Love Canal*. Let Us Reflect Film
Festival, La Chapelle Saint-Jacques / *Love
Canal*. La Chambre Verte, Auteuil / *Love
Canal*. Festival de la Jeune Vidéo, Paris /
Love Canal. Laterale Film Festival, Cosenza
/ *Love Canal*. Down to a Sunless Sea, Paris
/ *Love Canal + Stella50.4N1.5E*. Southern
Rep Theatre, New Orleans / *Stella50.4N1.5E*.
Revolutions per Minute, Boston
2018 *Love Canal*. Circuito Nomadica,
Bologna / *Love Canal*. Fronteras Destruidas:
Lima Independiente Film Festival, Lima /
Love Canal. Laterale Film Festival, Cosenza

/ Screening series. Jeune Création 68, Paris
/ *Love Canal*. Fracto, Berlin
2017 *Stella50.4N1.5E*. FID Marseille,
Marseille / *Stella50.4N1.5E*. Deframed:
Hamburg Short Film Festival, Hamburg /
Stella50.4N1.5E. Silvestre: IndieLisboa,
Lisbon / *Stella50.4N1.5E*. Expérience:
Un Festival C'est Trop Court, Nice /
Stella50.4N1.5E. Shared Sight, Cluj-
Napoca / *Stella50.4N1.5E*. Fracto, Berlin
/ *Stella50.4N1.5E*. 20 ans du Fresnoy:
Villa Médicis, Rome / Screening and
talk. Object Oriented Ontology: Tainan
National University of the Arts, Tainan /
Stella50.4N1.5E. Transient Visions, New
York / *Occuper-Disparaître*. Le Génie d'Alex,
Paris
2016 *Stella50.4N1.5E*. 25 FPS Film Festival,
Zagreb / *Stella50.4N1.5E*. Kasseler Dokfest,
Kassel / *Stella50.4N1.5E*. Génie du Lieu,
Tourcoing
2015 *Catharsis*. Cinéma Aventure, Brussels
2013 *Imaginaire du Grand Paris*. Le Forum
des Images, Paris

Filmography
2022 *Les Sanglières* (in development).
Produced by Elinka Films, Gaëlle Boucand
and Elise Florenty

2021 *Notes for Les Sanglières* (17 minutes)
2020 *Sweat* (30 minutes). Produced by
Parkadia, Elise Florenty and Clémentine Roy
2017 *Love Canal* (18 minutes). Produced by
Le Fresnoy
2016 *Stella50.4N1.5E* (15 minutes).
Produced by Le Fresnoy

Lectures & Workshops
Professor of Theory and Architecture
at Ecole Nationale Supérieure de Paris-
Belleville since 2012
2022 "A propos des Notes pour Les
Sanglières", Festival des Gestes de la
Recherche. Beaux-Arts de Grenoble, Grenoble
/ "Landscape of care", FAUP International
Conference. Porto School of Architecture,
Porto / "Topographie/speculation". École
d'Architecture de l'Université de Montréal,
Montreal / "Les Sanglières" (work in progress),
Slow Motion. Centre d'Art Contemporain
Chanot, Clamart / "Les Sanglières" (work in
progress), *Transmediale*. Haus der Kulturen
der Welt, Berlin
2021 "Forêts Queer", *Saison France-
Portugal*. Le Vigan
2020 "Architecture to cinema". Hong Kong
University, Hong Kong / "Films situés".
School of Fine Arts of Marseille, Marseille

2019 "Mississippi: the anthropocene river".
Haus der Kulturen der Welt, Berlin & Tulane
University, New Orleans / "PACTE". La
Maréchalerie centre d'art contemporain,
Versailles
2018 "Le Fresnoy de Bernard Tschumi
revisité", Cité de l'Architecture, Paris / "La
Fabrique du Regard", *Cultures de demain*
(le Bal x ADAGP). Le Bal, Paris
2017-2018 "Écriture sonore de l'image".
Le Fresnoy, Tourcoing / "Object-Oriented-
Ontology". Tainan National University of the
Arts, Tainan
2017 "Archéologie digitale". Le Fresnoy,
Tourcoing / "LOVE CANAL: an object
ecology", Tainan National University of the
Arts, Tainan
2016 "Wear, Landscape, Point Cloud,
Mississippi", *Demain dès l'Aube*. Primo
Piano Gallery, Paris
2015 "Videoguide", *Appréhender autrement
les quartiers populaires*, la Dynamo, Pantin
2013 "Dessiner le territoire par le montage",
*Enjeux interdisciplinaires émergents pour
comprendre, projeter et fabriquer la ville de
demain*, Futurs Urbains, Paris
2012-2015 "Mala-Science-fiction". School
Le Corbusier, Aubervilliers

Elsa Brès | Works | Obras

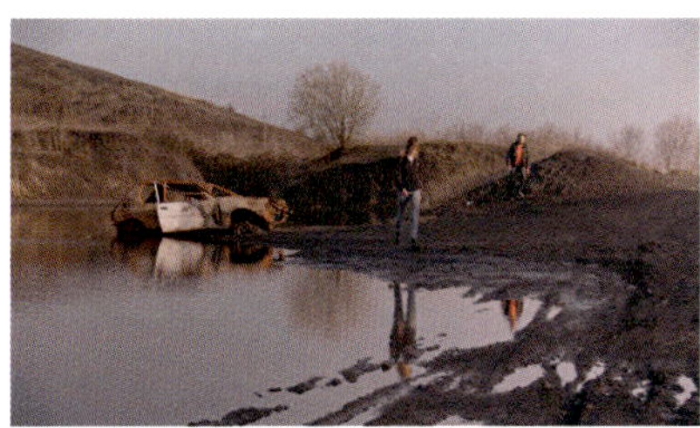

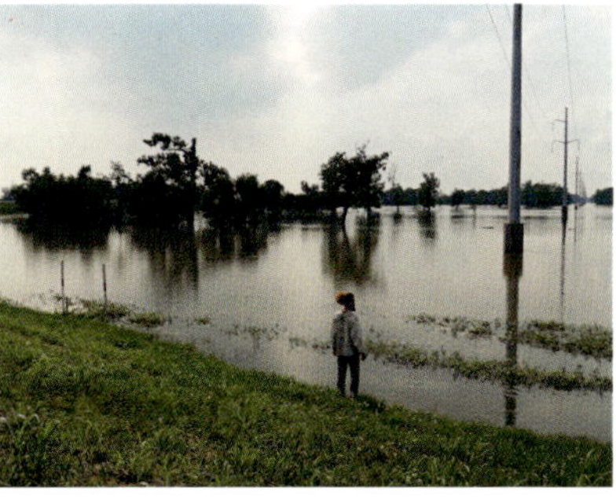

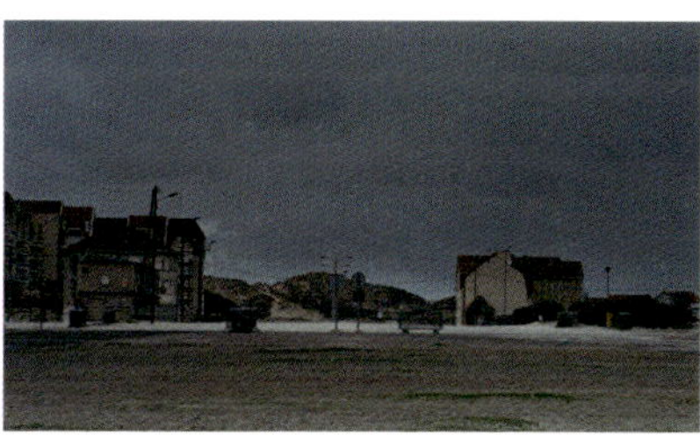

p. 15. **Love Canal**, 2017
9 minutes, 2K color video projection, stereo
sound, format 1:66 (projection on glass or
plexiglass, seen from two sides)
9 minutos, proyección de vídeo 2K en color,
sonido estéreo, formato 1:66 (proyección
sobre vidrio o plexiglás, vista desde
ambos lados)

p. 38. **Sweat**, 2020
30 minutes, 2K color video projection, 5.1
sound (or stereo option), format 1:33 (4/3)
30 minutos, proyección de vídeo 2K en
color, sonido 5.1 (u opción estéreo),
formato 1:33 (4/3)

p. 65. **Stella 50.4N1.5E**, 2016
15 minutes, 2K color video projection, 5.1
sound (or stereo option), format 16/9
15 minutos, proyección de vídeo 2K en
color, sonido 5.1 (u opción estéreo),
formato 16/9

Apresto, 2022
Clay, acrylic resin, steel, cotton cloth and cardboard
Arcilla, resina acrílica, acero, tela de algodón y cartón
480 x 130 x 150 cm

Pablo Capitán del Río

GRANADA (ESPAÑA), 1982

There's always a certain elusive something in the works of Pablo Capitán del Río. His premises are not based on a game of opposites, nor a question of dichotomies: instead, they all hinge on the principle of uncertainty.

Pablo Capitán is interested in ethology and other phenomenologies that occur within the natural ecosystem. His works are almost like natural deformations in which nature's own forces and elements are what gradually shape the work, along with a range of other timely determining factors. The outcome is somewhere between the amorphous and the crystal-clear.

The issue of precarity is present in Pablo Capitán del Río's work, not only in his use of materials (generally close to the universe of *arte povera*) but also in the sense of a composition ever on the verge of collapse. His works — including his interventions that focus on recovering natural processes, as well as his more objectual installations and sculptures — invariably feature an imbalance, and the spectator thus realises that everything can change in an instant. These are works that move, that spark processes, that disturb the gaze, and that, more than anything, transform how the spectator relates to the space and the surroundings. The constant decision-making — with regards to how to approach the work, how to look at it, whether to move away from it so it doesn't brush against you, or so you don't break it — entails a sort of "care" when perceiving the work, via a gaze that infers that the observed object has not always been in this same state, and that, of course, it will not remain so hereafter. Thus, Pablo Capitán del Río's work exudes a certain urgency, in terms of looking and feeling.

Jesús Alcaide

Siempre hay algo que se escapa en los trabajos de Pablo Capitán del Río. No es un juego de opuestos ni una cuestión dicotómica, sino el principio de incertidumbre sobre el que se basan todos sus supuestos.

Interesado por la etología y otra serie de fenomenologías que ocurren en el ecosistema natural, los trabajos de Pablo Capitán se plantean casi como deformaciones naturales en las que las propias fuerzas y elementos de la naturaleza, así como otra serie de condicionantes temporales, hacen que la propia obra se vaya construyendo, entre lo amorfo y lo cristalino.

En la obra de Pablo Capitán del Río la precariedad aparece no solo en el uso de los materiales –por lo general, cercanos al universo de lo *povera*–, sino también en el sentido de la obra como una composición siempre a punto del desmoronamiento. Sus trabajos –tanto aquellas intervenciones que giran en torno a la recuperación de los procesos naturales como sus instalaciones y esculturas más objetuales– presentan siempre un desequilibrio que genera en el espectador una conciencia de que todo puede cambiar de un momento a otro. Obras que se mueven, que inician procesos, que inquietan la mirada del espectador, pero sobre todo que transforman su relación con el espacio y el entorno. La toma de decisiones constantes respecto al modo de afrontar la obra, de mirarla, de alejarse de ella para no ser rozado por ella o para no destruirla, implica también una especie de "cuidado" en la percepción, una mirada que intuye que aquello que tiene delante no siempre ha sido así y, desde luego, que no permanecerá en ese estado en lo sucesivo, de tal modo que se transmite una especie de urgencia al ver y al sentir.

Jesús Alcaide

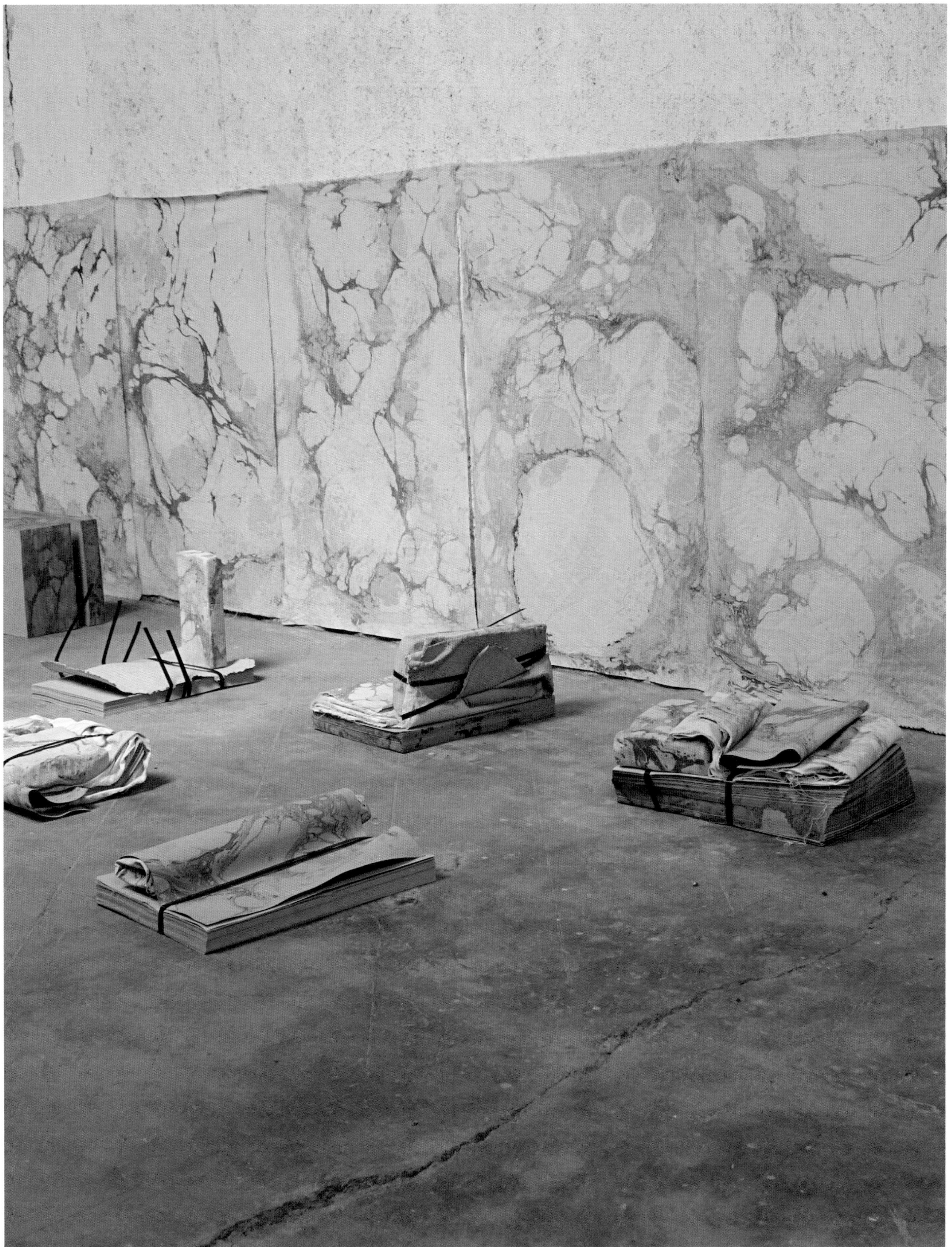

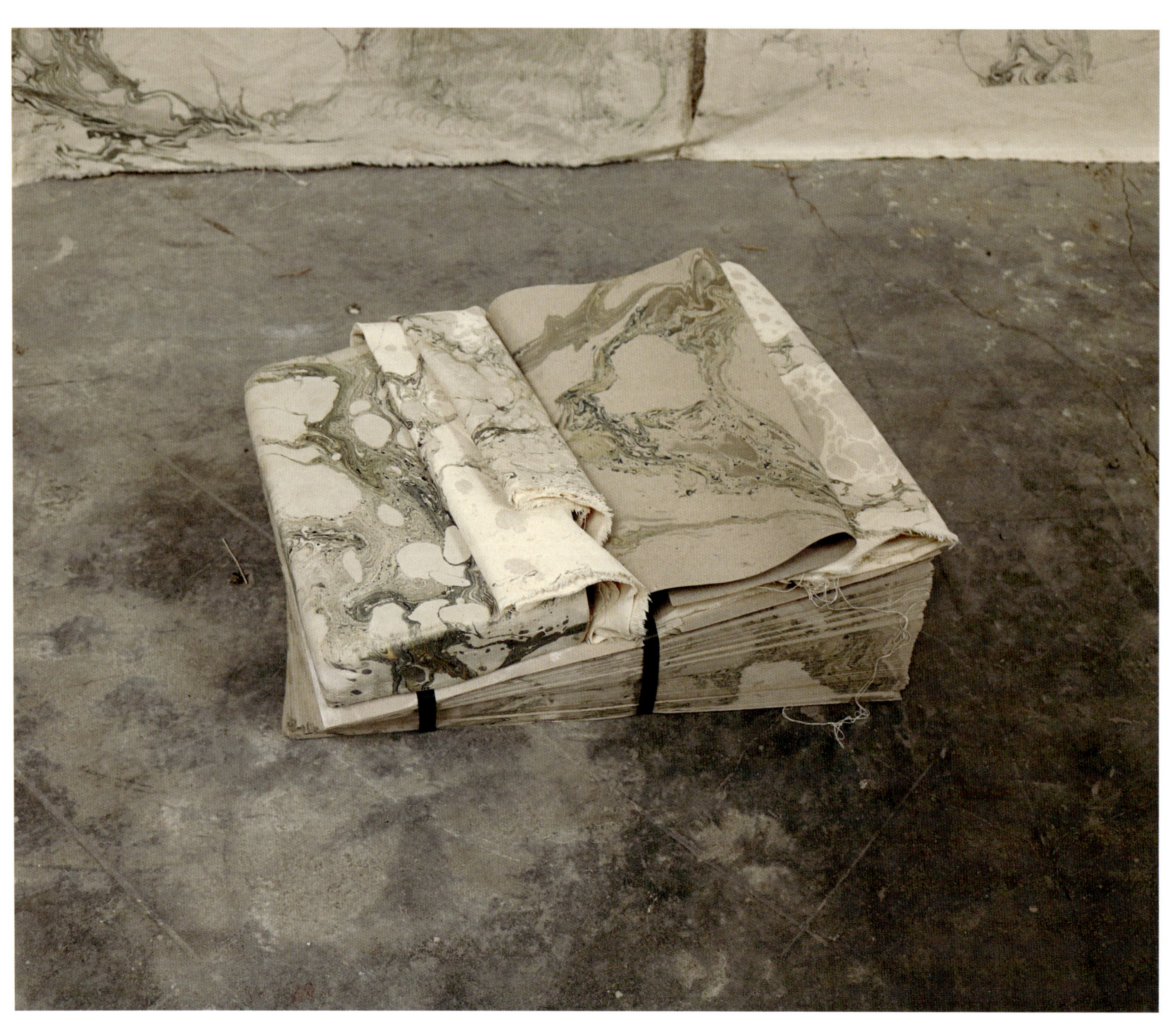

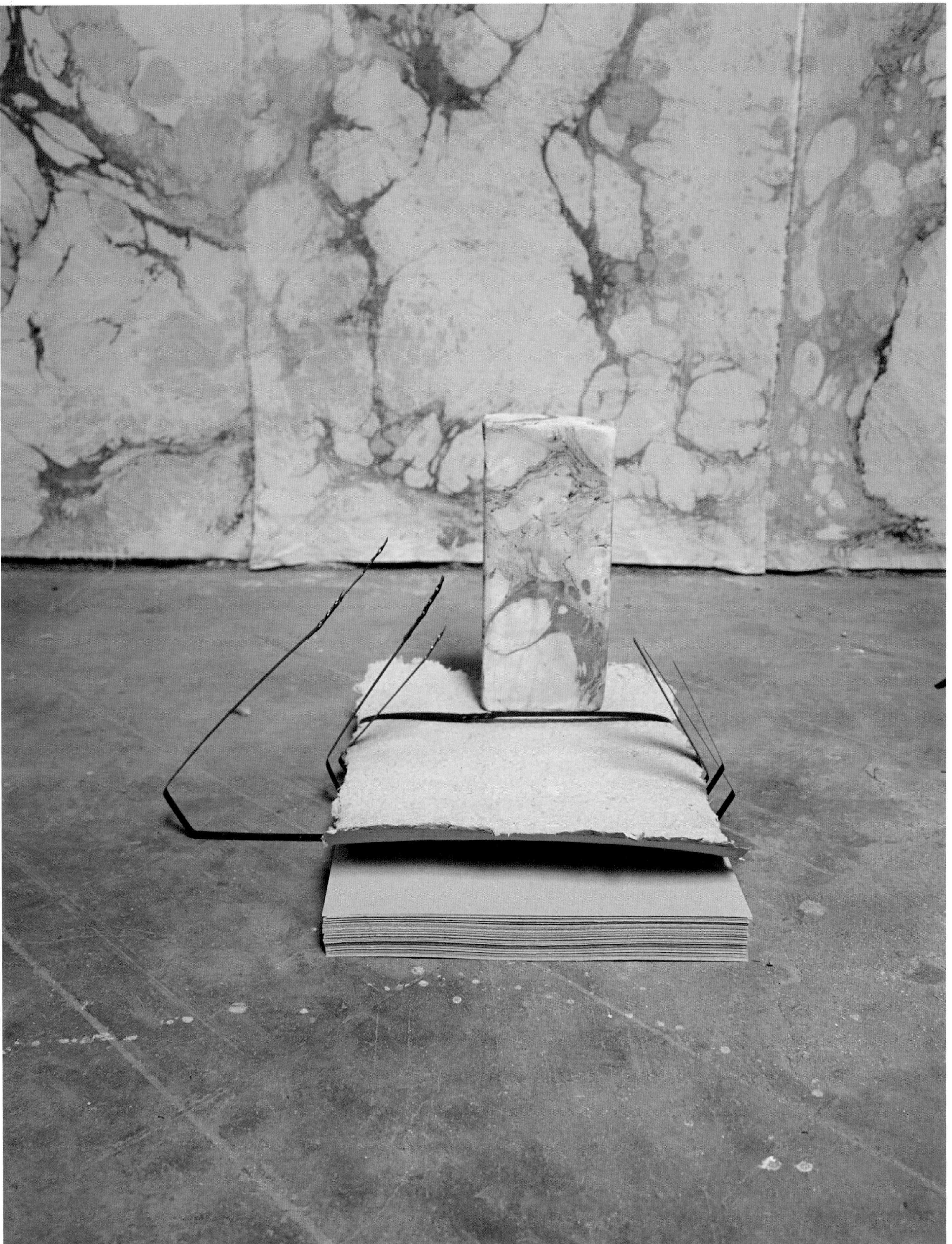

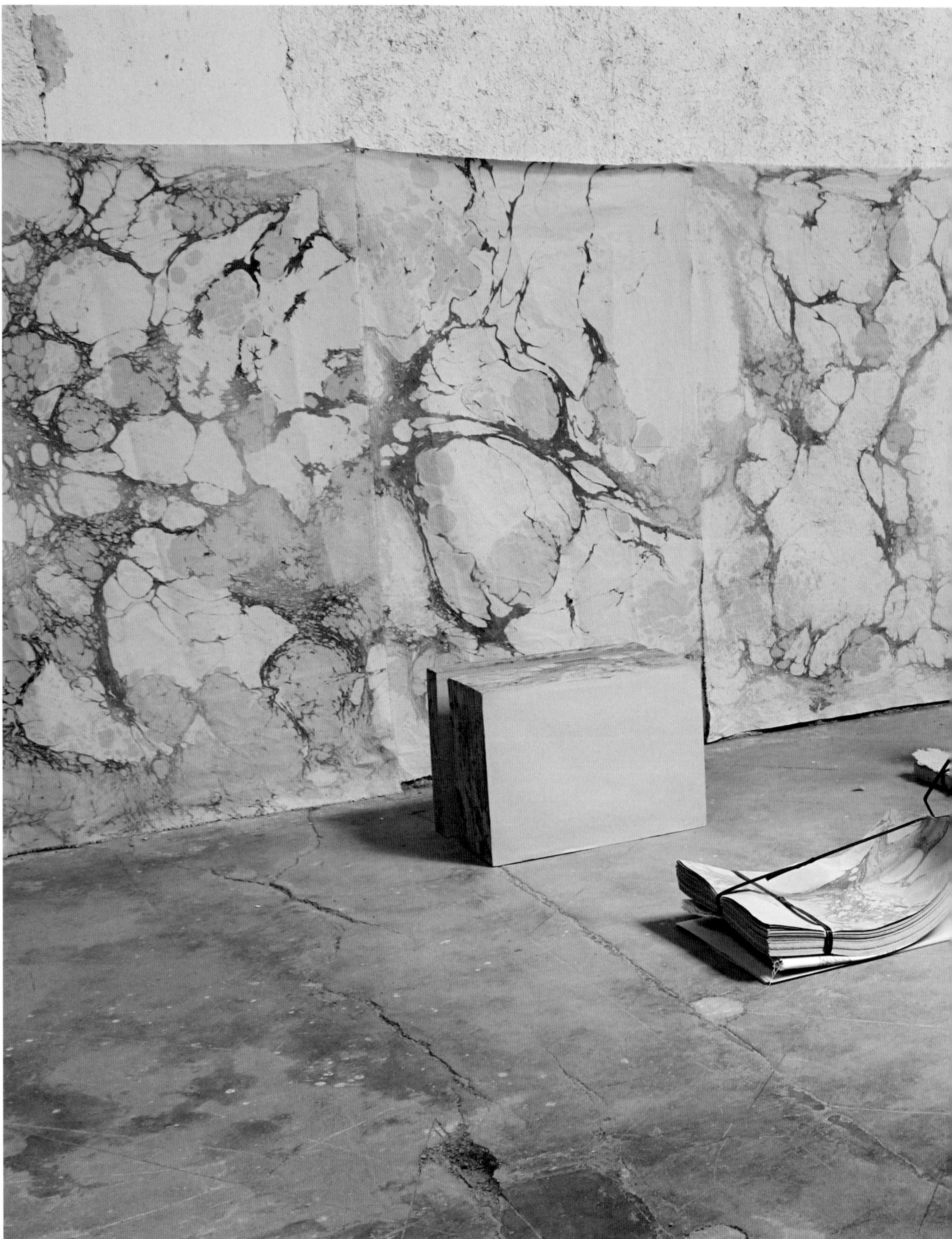

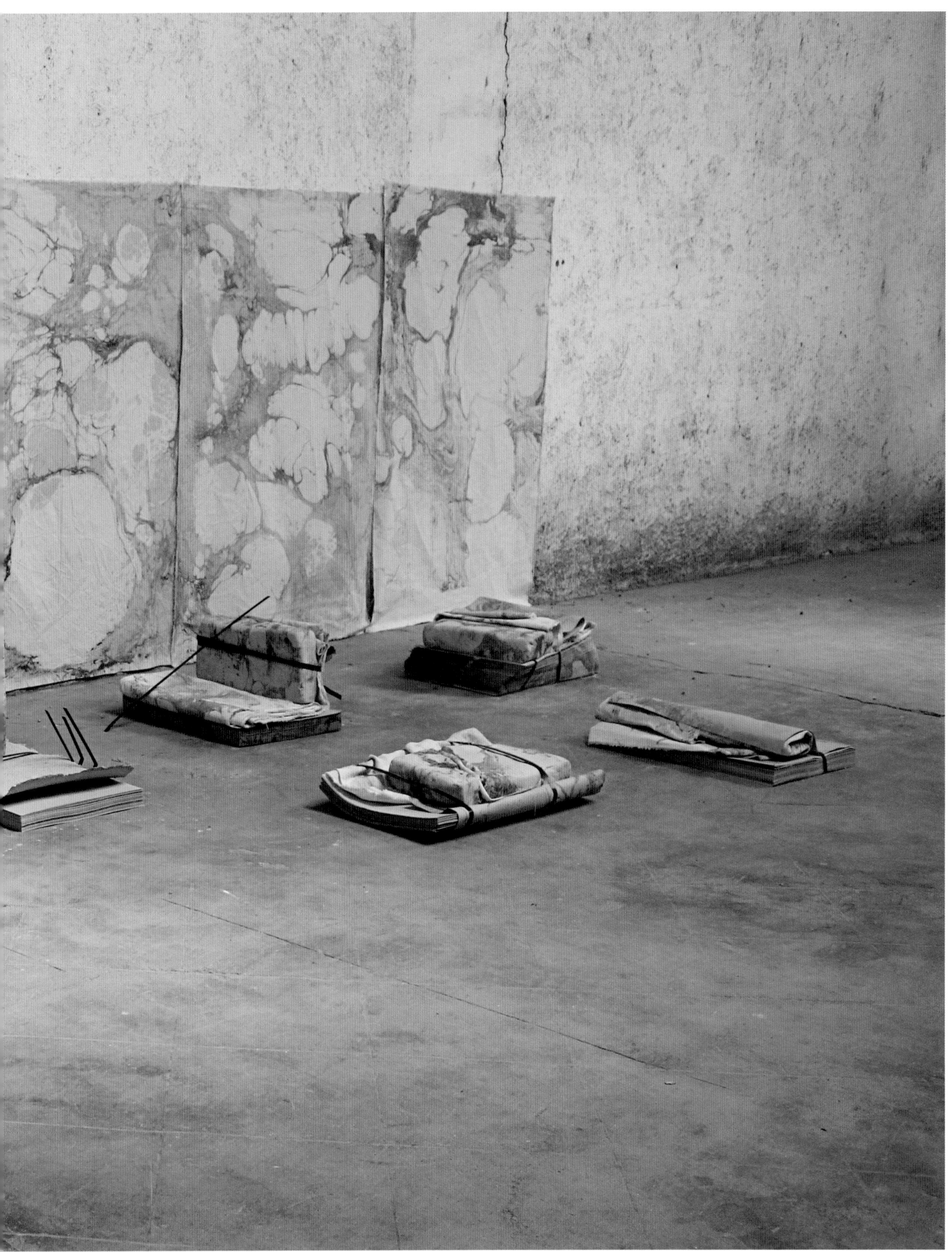

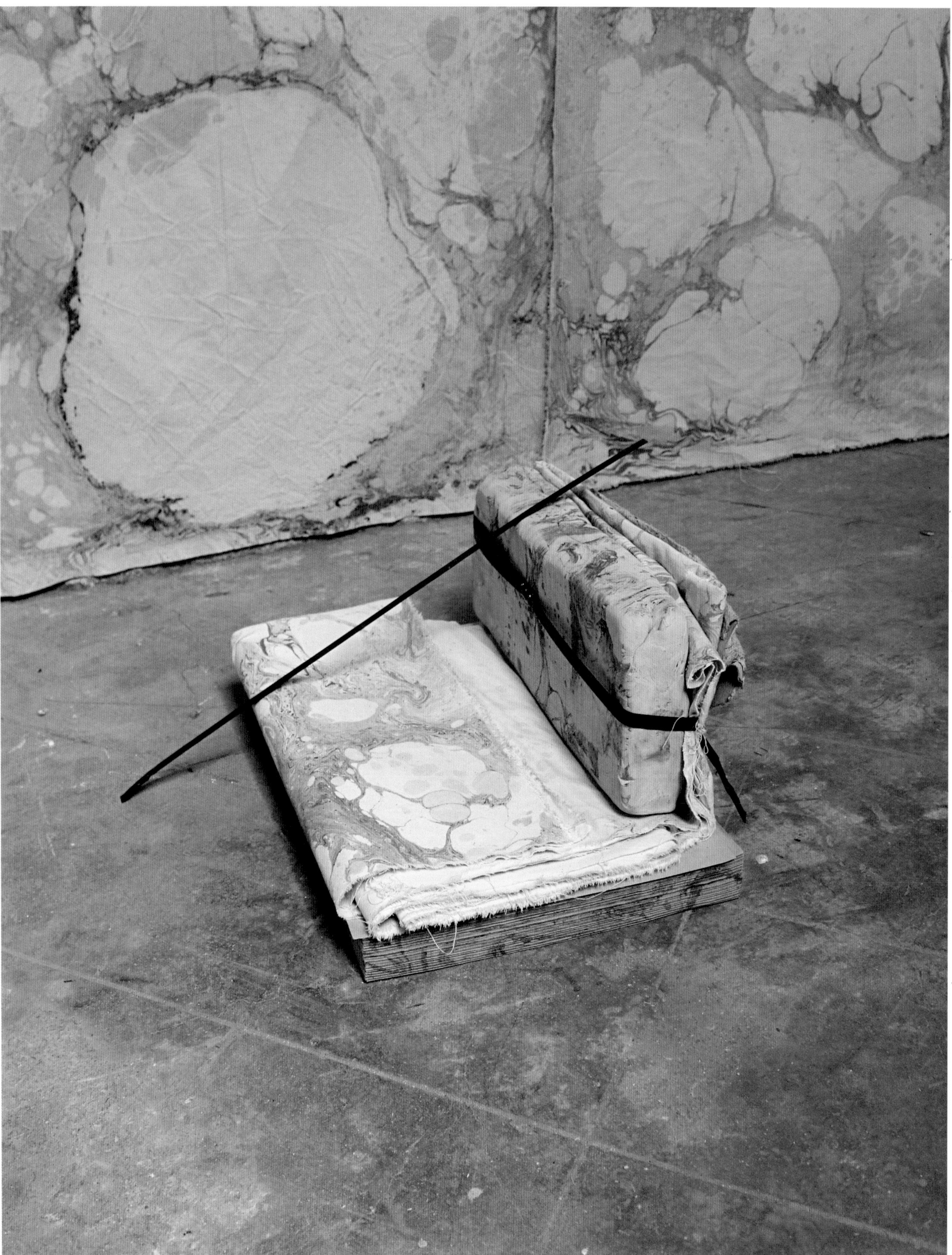

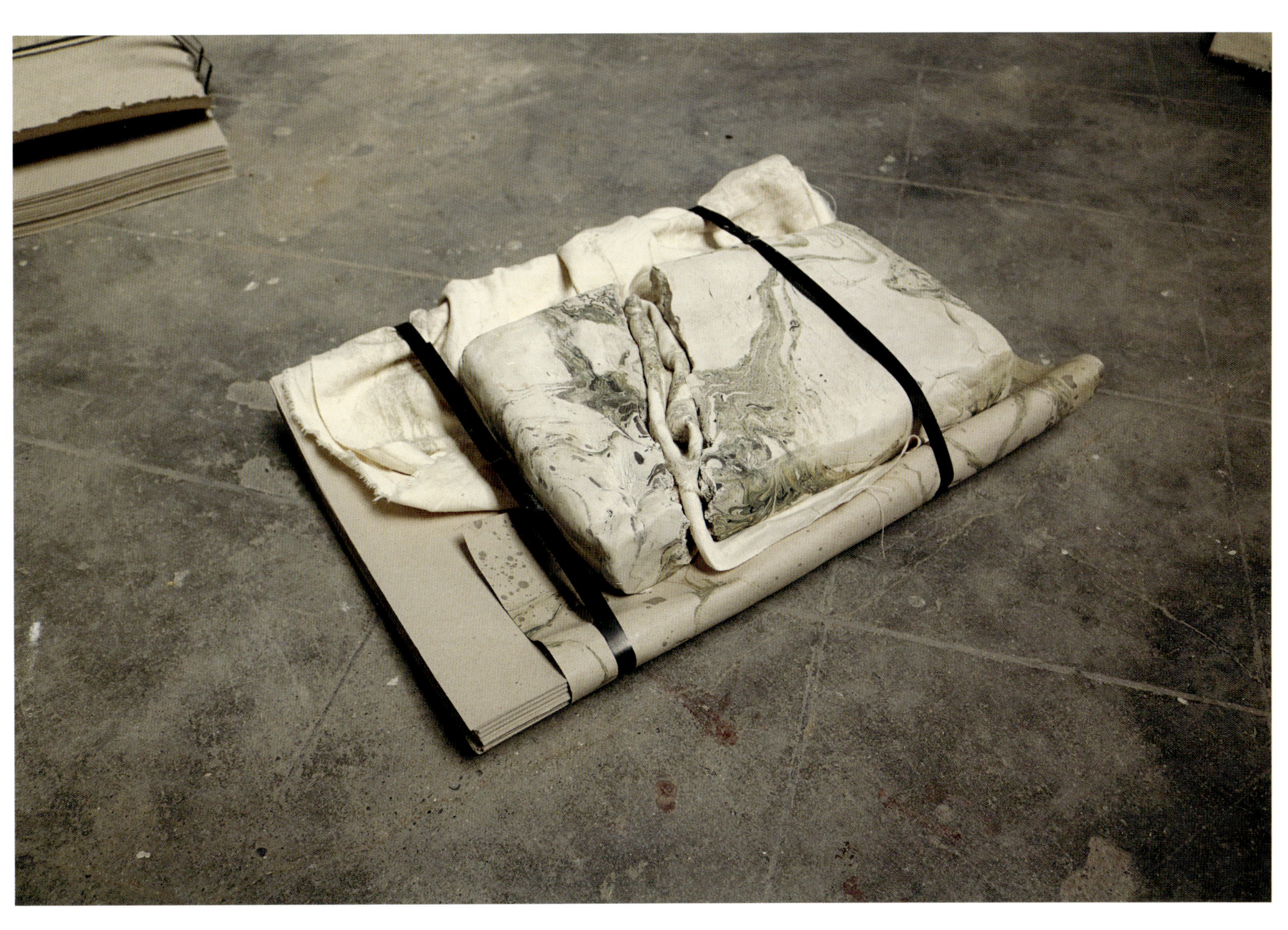

Pablo Capitán del Río

1982, Granada, Spain
Lives and works between Barcelona and
Granada

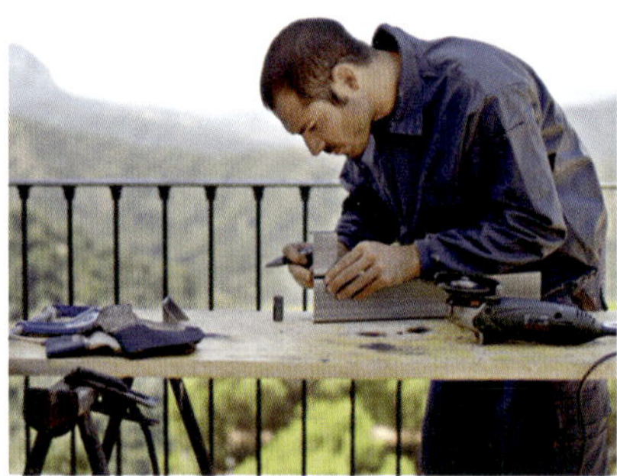

Education
2008 Master of Arts in Artistic Production
(Practice). Universidad Politécnica de
Valencia, Valencia
2006 Bachelor of Fine Arts (Sculpture).
Universidad de Granada, Granada

Grants & Awards
2023 Art Situacions III Award. Honda-Green
Powers
2021 ARCO Art Fair Award. ARCO Madrid
/ Arte Vivo Genalguacil. Fundación
Genalguacil Pueblo Museo / Fundación
Unicaja de Artes Plásticas Award.
Fundación Unicaja / Award for the Artistic
Creation. Provintial Diputation of Granada
2020 "Vasos comunicantes" Award.
Project: *Monumento al desencanto*. Pablo
Capitán del Río, Luz Prado y Miguel Ángel
Benjumea. DKV Arteria, Casa Natal Pablo
Ruiz Picasso, Colección del Museo Ruso &
Centre Pompidou Málaga / Beca Fundación
Valparaíso. Mojácar, Almería
2018 Estampa Award. Casa Velázquez /
UAVA/C3A Program for Artistic Production.
Centro de Creación Contemporánea de
Andalucía / Drawing Room Madrid Award.
Círculo de Bellas Artes / FACBA 18 "El
cristal ríe" Award. Universidad de Granada

2017 "A secas. Artistas andaluces de
ahora" Award. Centro Andaluz de Arte
Contemporáneo
2016 Award for the Artistic Production.
Fundación Banco Santander / Encuentros
de Arte Genalguacil Grant. Fundación
Genalguacil Pueblo Museo / "JustMag
Premio Joven 2016" Award. Mustang Art
Gallery / Art Projects Grant. BilbaoArte
Fundazioa
2015 V Encontro de Artistas Novos Grant.
Cidade da Cultura
2012 Manuel Rivera Study Abroad Grant for
the Artistic Research. Provintial Diputation
of Granada
2010 "Certamen de Artes Plásticas" Award.
Instituto Andaluz de la Juventud-Junta de
Andalucía
2007 "Certamen de Artes Plásticas" Award.
Instituto Andaluz de la Juventud-Junta de
Andalucía

Residencies
2020 Villa Berguerie, Laguarres
2014 La Fragua, Belalcázar

Solo Shows
2021 *La fuga ebria*. Artnueve Gallery, Murcia
2020 *El museo insolado*. Centro José
Guerrero, Granada
2019 *Casi-invisible*. Colección de Arte
Urbano. Fundación Cruzcampo & Espacio
Lavadero, Granada
2018 *El paisaje otro*. Artnueve Gallery,
Murcia / *El objeto dado*. Instituto de
América-Centro Damián Bayón, Santa Fe
2017 *Animal Mirror*. Pablo Capitán del
Río & Eduardo Hurtado. Scan Project,
London / *Pneuma*. Art Mustang, Elche /
La inteligencia en otro idioma. BilbaoArte
Fundazioa, Bilbao / Open Studio.
Noestudio, Madrid
2016 *Aguanieve, -sensación de*. ArtNueve
Gallery, Murcia
2014 *Delicate Matter*. Pablo Capitán del Río
& Tommy Høvik. Espacio Combo, Córdoba
2013 *Metámeros*. Palacio de los Condes de
Gabia, Granada

Group Shows
2023 *Art Situacions III*. ARCO Madrid 2023,
Madrid
2022 *Una historia del arte reciente
(1960-2020)*. Museu Fundación Juan March,
Palma de Mallorca
2021 *Error del cálculo*. Fundación Rafael
Botín, Córdoba / *Escultura expandida*. Centro
Andaluz de Arte Contemporáneo, Sevilla /
*Entre las formas que van hacia la sierpe y las
formas que buscan el cristal*. Centro Andaluz
de Arte Contemporáneo, Sevilla
2020 *Otro doble hermético*. Artnueve
Gallery, Murcia
2019 *Micrologies*. Scharaun, Berlin, Irenic
Projects, Los Angeles & Harvard University,
Boston / *El huésped. Convergencias
discursivas en el museo*. Museo
Arqueológico de Murcia & Museo de Bellas
Artes de Murcia, Murcia / *Moving Statues*.
Museo Nacional de Escultura, Valladolid
2018 ___. Halfhouse, Barcelona / *Raw
material*. Espacio Espositivo, Madrid
2017 *In ictu oculi*. ArtNueve Gallery, Murcia
2011 *Distopías desencajadas*. Sala Santa
Inés, Sevilla / *El pescado y el huésped. 9
Artists from Granada in Athens*. The Art
Foundation, Athens
2010 *La imagen y el animal. Arte
Contemporáneo Andaluz*. Palacio de los
Condes de Gabia, Granada / *Certamen
de Artes Plásticas*. Instituto Andaluz de la
Juventud, Málaga
2007 *Certamen de Artes Plásticas*. Instituto
Andaluz de la Juventud, Málaga
2005 *Condiciones de posibilidad, una
retroperspectiva*. Palacio de los Condes de
Gabia, Granada

Work in Collections
Fundación Unicaja, Málaga
Catalina D'Anglade Collection, Madrid
Centro de Arte Dos de Mayo, Madrid
Colección DKV. Grupo de salud y seguros
médicos, Zaragoza
Fundación Campocerrado, Salamanca
Diputación de Granada, Granada
BilbaoArte Fundazioa, Bilbao
Junta de Andalucía, Sevilla

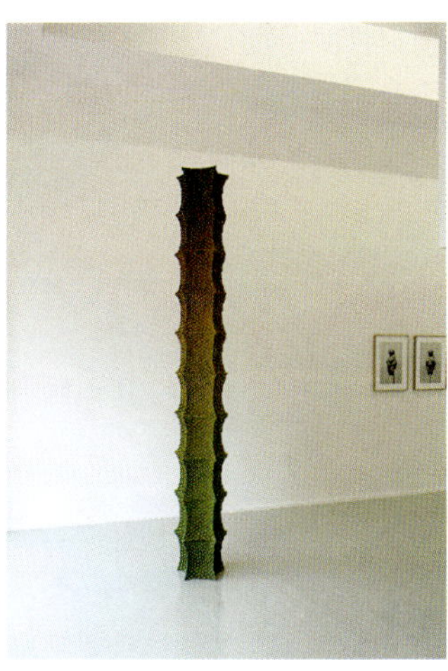

p. 16. ***El cebo***, 2013
Oil on fibreglass and polyester resin
Óleo sobre fibra de vidrio y resina
de poliéster
230 x 35 x 35 cm

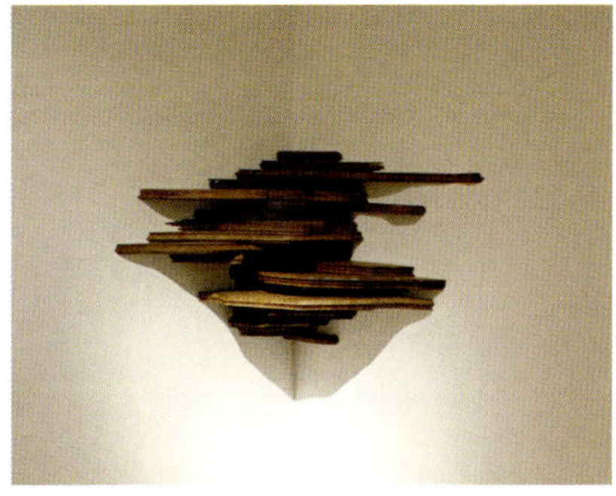

p. 31. ***Respete el aburrimiento de
sus hijos***, 2013
Iroko wood and print on methacrylate,
variable sizes
Madera de Iroko e impresión sobre
metacrilato, medidas variables

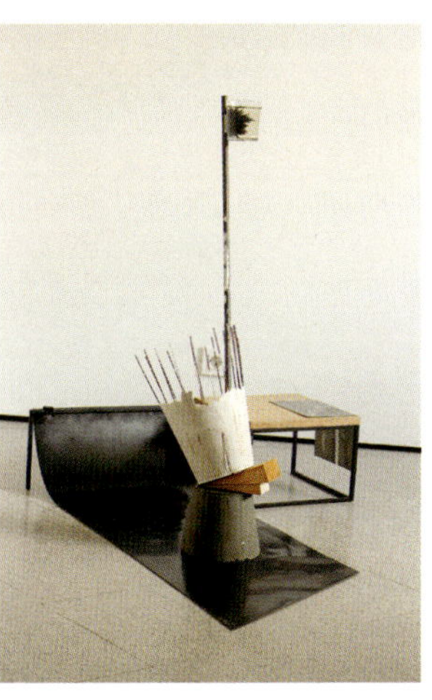

p. 41. ***Sin título***, 2016
Mixed media
Técnica mixta
150 x 80 x 120 cm

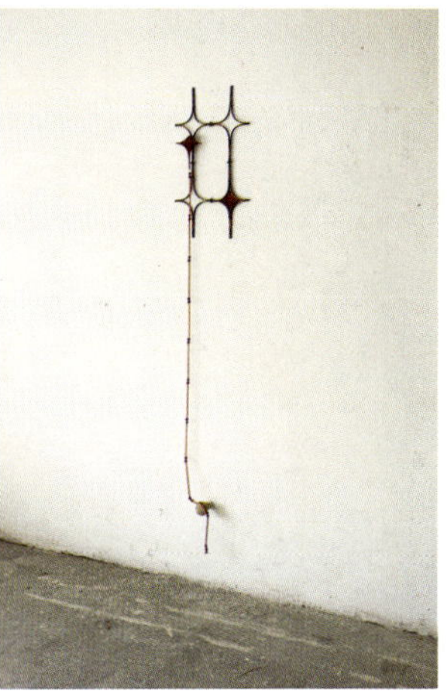

p. 61. ***Cuerpo líquido con calcáreo***, 2019
Brass, epoxy resin, pigment, glass
and exaduro plaster
Latón, resina epoxi, pigmento, cristal
y exaduro
120 x 40 x 7 cm

She Is Alive! (Machine's Fertility Landscape), 2022
Enamel paint on aluminum
Pintura de esmalte sobre aluminio
180 x 270 cm

Salomé Chatriot

PARÍS (FRANCIA), 1995

In 2018, Salomé Chatriot came across a gigantic industrial machine, a sprawling turbo alternator that awakened under her caresses. She helped the Machine out of her lethargy with a set of soft medical systems, brought out of the artist's imagination. However, this first contact was not enough. They merged to create a spacetime destined to be dismantled, fragmented and reassembled under the aegis of the Machine's fertile matrix: a fragile ecosystem. *Fragile Ecosystem* is an ongoing series by Salomé Chatriot.

While dreaming of this universe as a perfect biometric harmony, they shape together an uncanny-yet-fantastic world where the living, the machines and the technology become fused, composing a vast cosmology on the border of the real and the virtual. Through the coalescence of Chatriot's breathing and heartbeat with interactive systems customised by the artist herself, the physical installation and the digital environment arise, echoing her symbiosis with the Machine. Suspended in equilibrium, she infects her systems with vital breath, carnal desire and empathic energy.

Chatriot's artistic approach reveals the morphogenetic level of interactivity between the two (presumably) female organisms: from the enormous metal nymph to the artist's human body, both enjoying their transitory state, constantly exchanging breathing, enzymes, hormones and proteins. Their polymorphic universe, *Fragile Ecosystem*, is built as a feedback loop of artificial insemination, gestation and breastfeeding. It reveals the straightforward representation of an erotic yet subsidiary relationship. Salomé Chatriot considers the in/out erotic possibilities of the Mother Machine and all their conceivable cross-infections.

En 2018, Salomé Chatriot entró en contacto con una máquina industrial gigantesca, un enorme turboalternador que se despertó con sus caricias. La ayudó a salir de su letargo mediante un conjunto de sistemas médicos leves que emergieron de su imaginación artística. Pero este primer contacto no fue suficiente. Ambas se fusionaron para crear un espacio-tiempo que habría de ser desmantelado, fragmentado y reunificado dentro de la matriz fértil de la máquina: un ecosistema frágil. *Fragile Ecosystem* es una serie aún en proceso de Salomé Chatriot.

Mientras ambas sueñan con un universo de armonía biométrica perfecta, dan forma a un mundo insólito y fantástico donde los vivos, las máquinas y la tecnología se funden para componer una cosmología amplísima en la frontera entre lo real y lo virtual. Gracias a la unión de la respiración y el latido de la artista con los sistemas interactivos personalizados por ella, emergen tanto la instalación física como el entorno digital, que funcionan como eco de la simbiosis entre la máquina y la persona. Suspendida, en equilibrio, infecta los sistemas con aliento vital, deseo carnal y energía empática.

El posicionamiento artístico de Chatriot desvela el aspecto morfogenético de la interacción entre dos organismos que cabe suponer femeninos: de la enorme ninfa de metal al cuerpo humano de la artista, ambos gozan de su estado transitorio y todo el tiempo intercambian aliento, enzimas, proteínas y hormonas. Su universo polimórfico, *Fragile Ecosystem*, está construido como un ciclo de retroacción: inseminación artificial, gestación y lactancia materna. Todo ello revela la representación explícita de una relación erótica, al tiempo que suplementaria. Salomé Chatriot contempla las posibilidades eróticas de entrada y salida de la madre máquina, así como las infecciones concebibles en sus cruces.

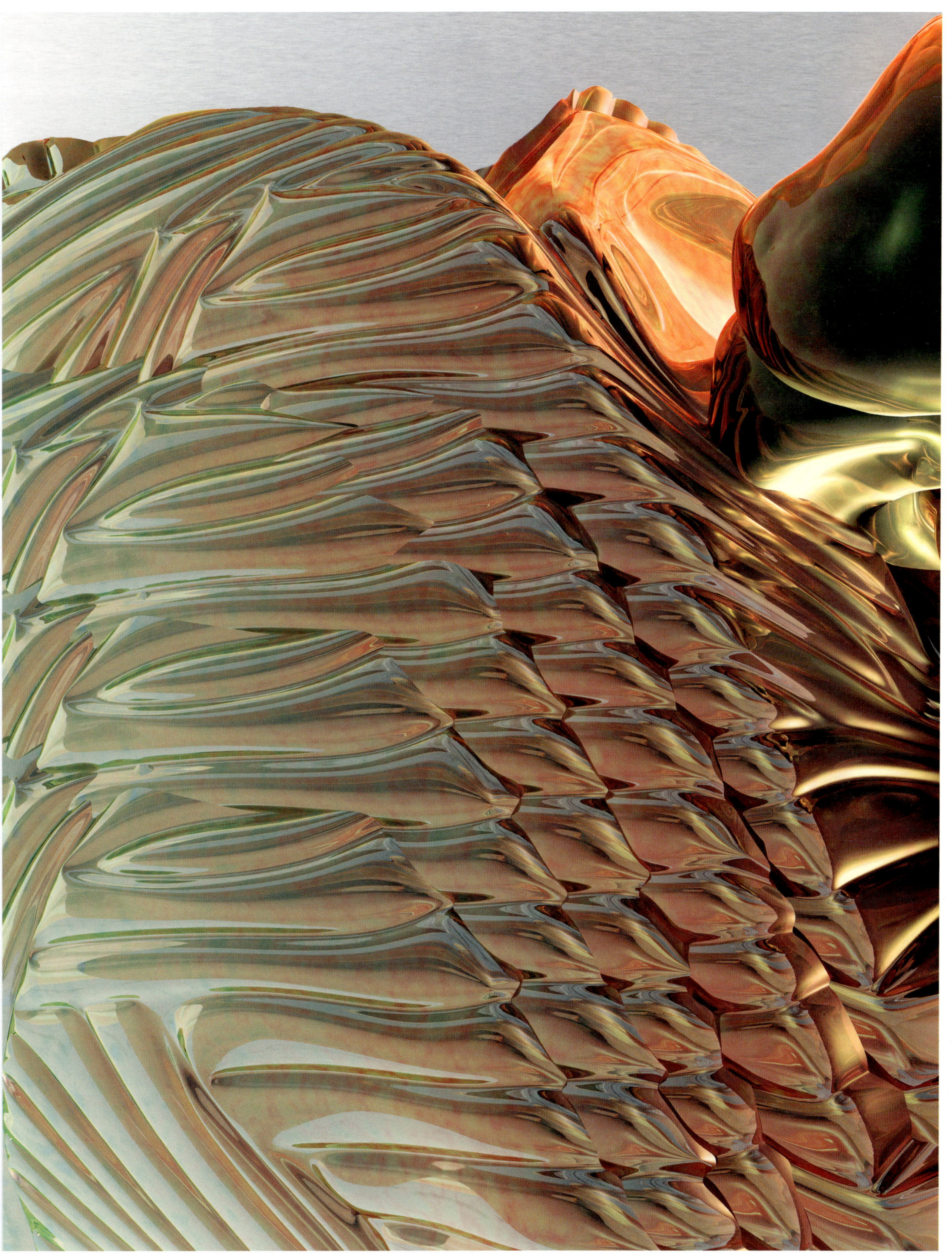

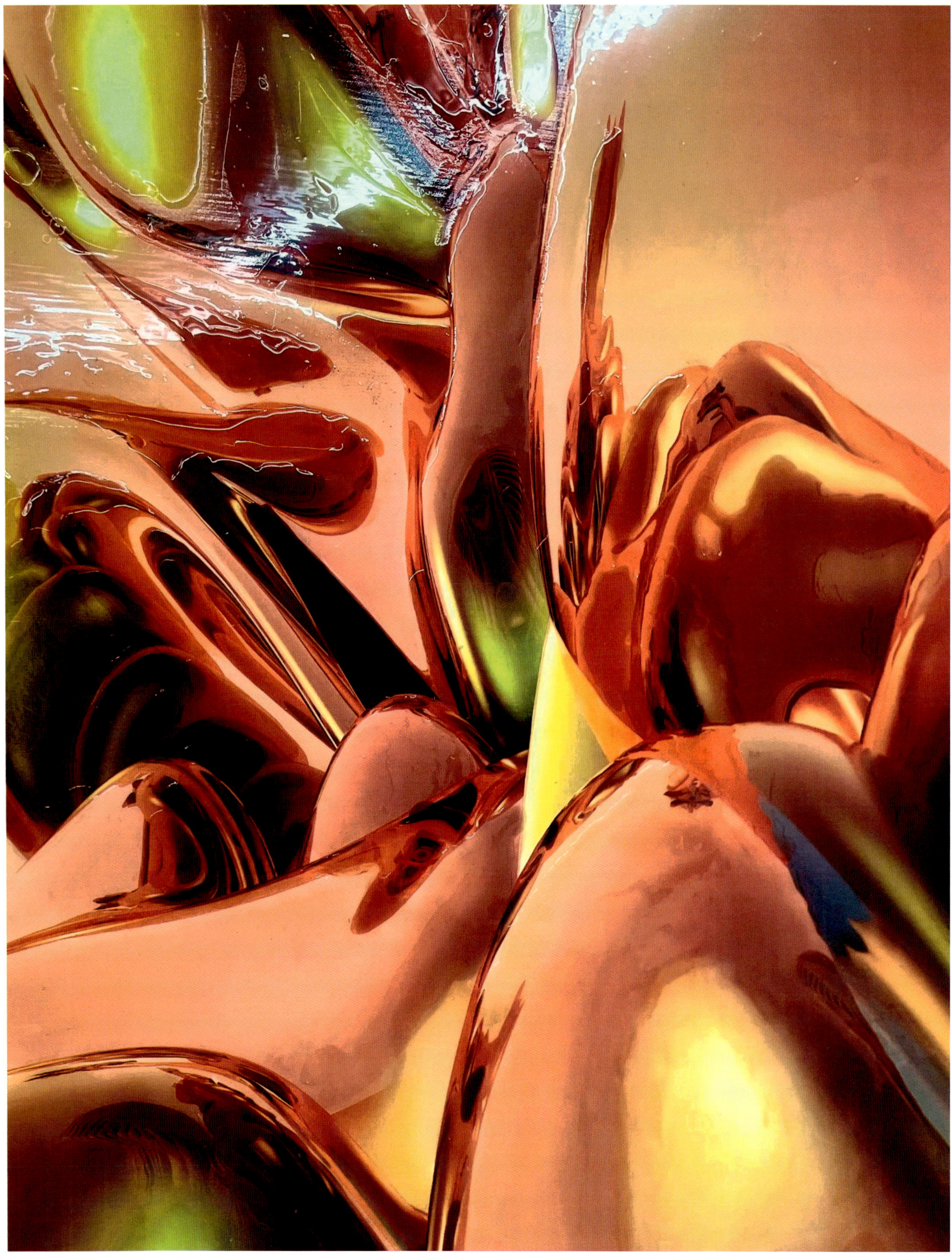

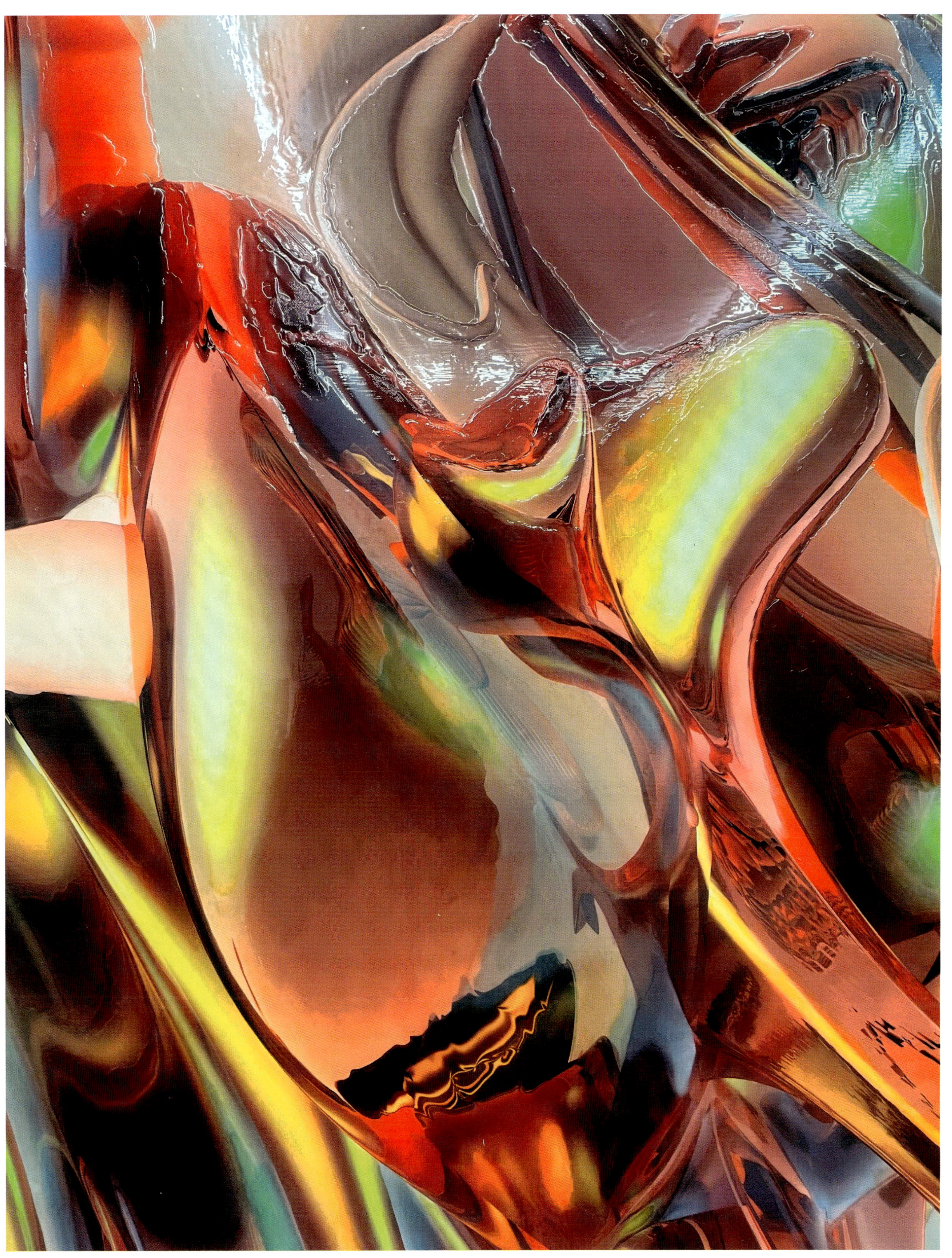

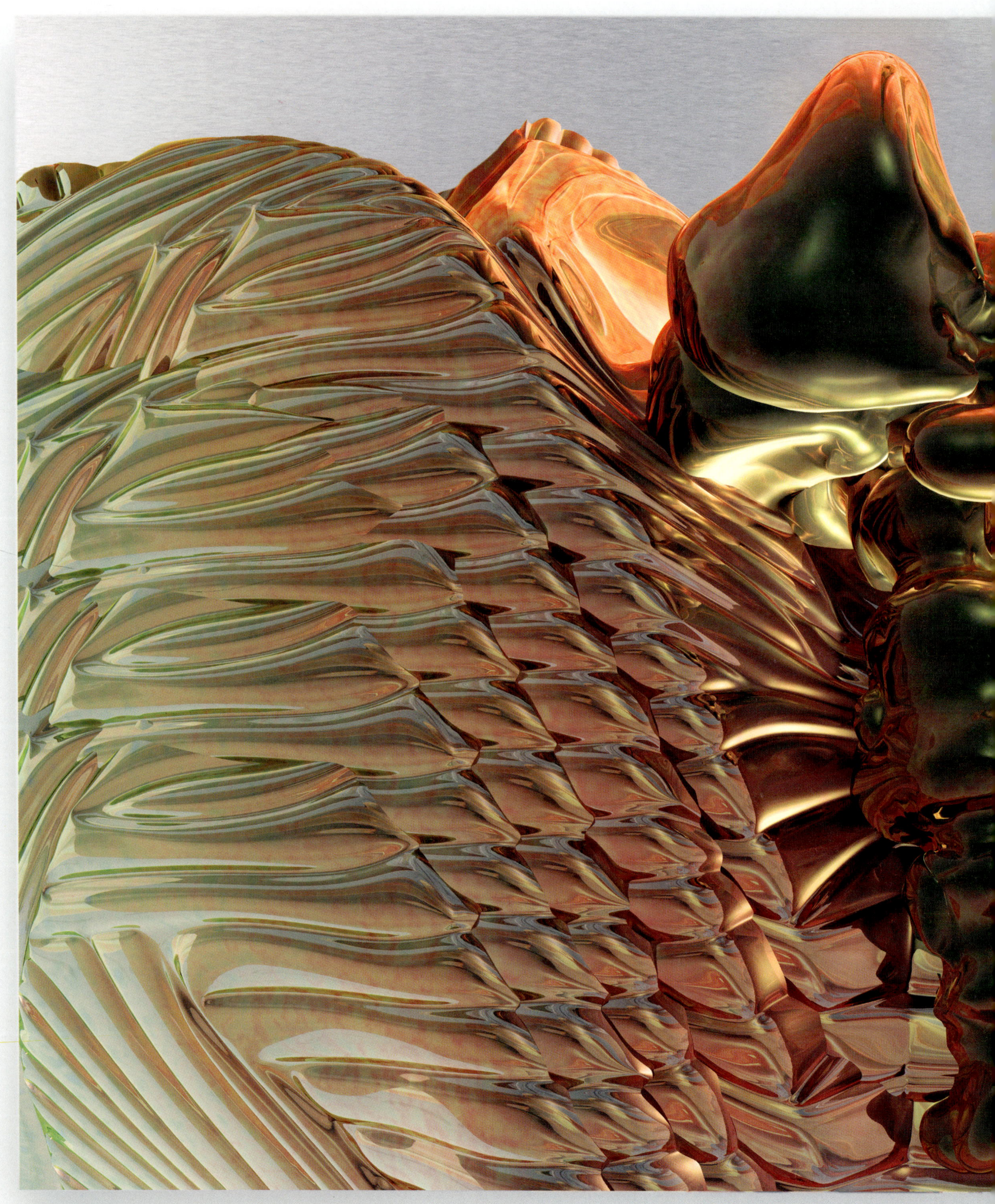

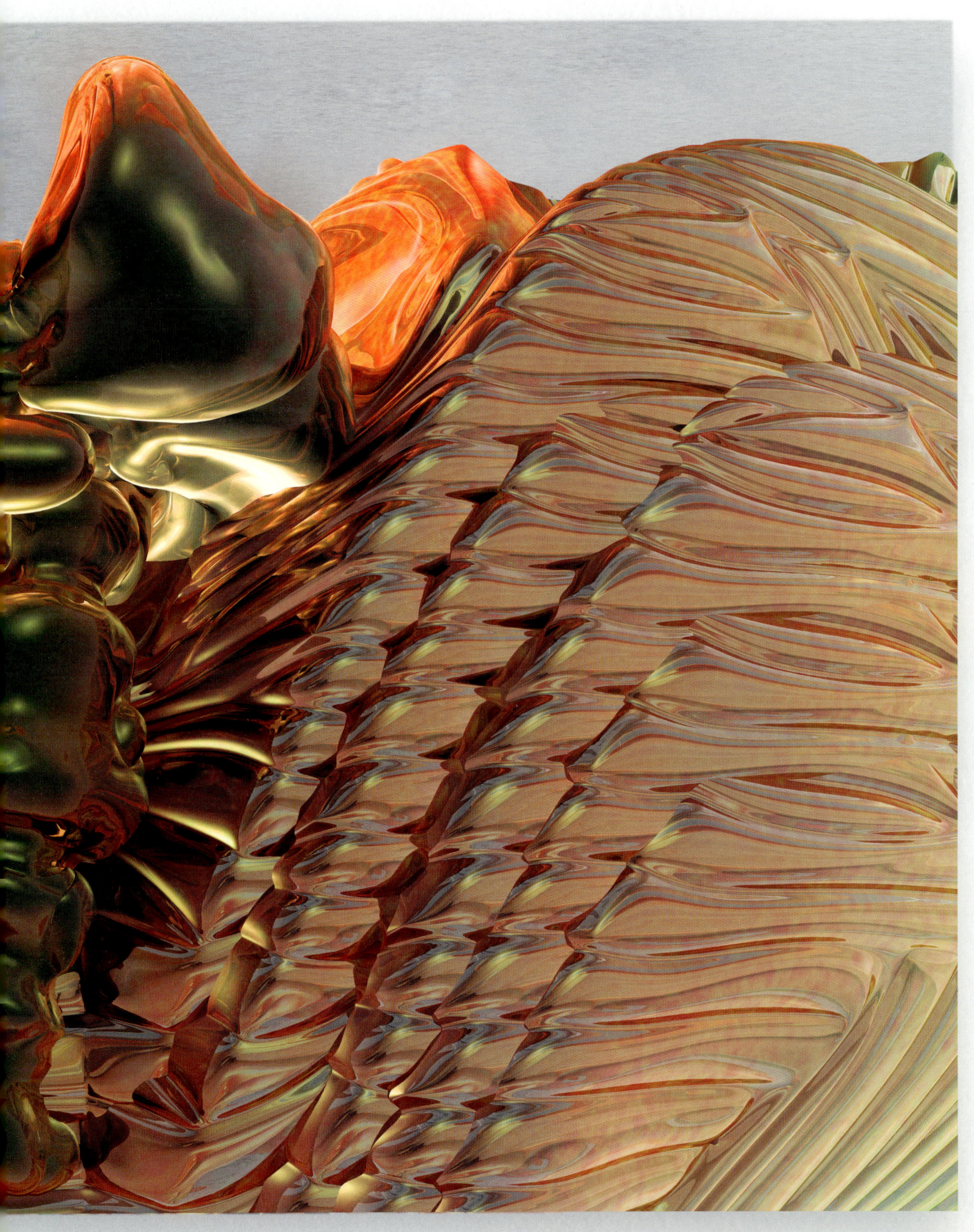

Salomé Chatriot

1995, Paris, France
Lives and works between Lausanne and Paris

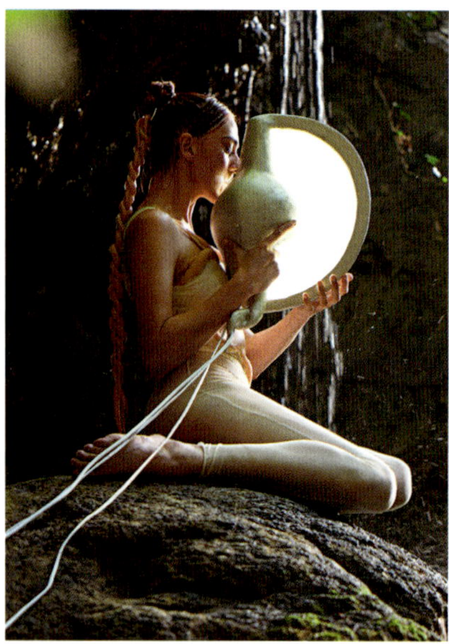

Education
2020 Master of Fine Arts. University of Arts and Design of Lausanne, Lausanne
2017 Bachelor of Media and Interaction Design. University of Arts and Design of Lausanne, Lausanne

Grants & Awards
2023 Art Situacions III Award. Honda-Green Powers
2021 Biennale College Arte for Emerging Young Artists. La Biennale di Venezia
2020 Siemens Ingenious Prize. Centre Pompidou
2019 Opline Prize International, Curator's Selection. Cité Internationale des Arts

Solo Shows (Selection)
2023 *TTBC*. Office Impart, Berlin
2022 *Your Favorite Weapon*. Salomé Chatriot & Emma Stern. New Gallery, Paris
2021 *Calcium Thirst*. New Gallery, Paris
2019 *Fragile Ecosystem*, Galerie de l'Ile, Geneva

Group Shows (Selection)
2023 *Art Situacions III*. ARCO Madrid 2023, Madrid
2022 *Future Bodies*. Upstream Gallery, Amsterdam / *Des Corps Libres*. Studio des Acacias with Reiffers Art Initiatives, curated by Thibaut Wychowanok and Numéro,

Paris / *Smells Like Strange Design*. Etage Projects, Copenhaguen / *Detour*. Palais de Tokyo, Paris / *Oh I Love Barbie, but I Think She's Gotten Really Bad… She's So Suburban Now*. New Gallery, Paris
2021 *I've Seen Things you People Wouldn't Believe*. Frac, Corsica / *Unfinished Camp*. The Shed, New York / *Lémaniana, reflets d'autres scenes*. Centre d'art Contemporain de Genève / *Dames Natures*. La Caserne, Paris / *Hypertext Fictions*. Bistro21, Leipzig / *Sad Summer Daze*. Charraudeau Gallery, Paris / *Pink Gallery.* Art Basel Miami Beach 2021. Superzoom Art Gallery, Miami
2020 *La Totale*. Galleria Continua, Les Moulins / *Beyond Human*. Online / *6 Acts of Confinement*. Friedman Benda, New York / *Co-22380, Like a Little Disaster*. Sajetta, Online, Saint Cast le Guildo and Polignano a Mare / *Spaced in Lost*. Online / *KDIMON collection X The Wrong TV*. Online / *I Have Done Things Here I Couldn't Do Elsewhere*. The Wrong Bienale 6B, Paris / *Soleil Vert*. New Gallery, Paris / Nada Art Fair 2020. Nicoletti Contemporary, Miami / Detour Art Fair. Nicoletti Contemporary, Beverly Hills
2019 *Let Us in with a Bag Full of Dust*. Worringer Platz, Düsseldorf Evolution, Nouveau Territoire / Fosun Foundation, Shanghai / *Spaced in Lost III*. Boon Showroom, Paris / *Maison d'histoire(s)-(non) naturelle(s)*. Nicoletti Contemporary, Paris / *Spaced in Lost II*. Charraudeau Gallery, Paris / Galeristes Art Fair 2019. Paris Pulse. OVNI Festival. Windsor, Nice
2018 *La Totale*. Studio Orta and Galleria Continua, Les Moulins / *Spaced in Lost*. Charraudeau Gallery, Paris
2017 *File 2018: Electronic Language International Festival*. Multiple venues, São Paulo / *Intimate Pockets, Yoyo*. Palais de Tokyo, Paris / *Pump 1000*. Pazioli, Lausanne
2016 Salone Internationale del Mobile. Foro Buonaparte, Milan

Performances
2022 *Fragile Ecosystem*. Art Basel, Basel
2021 *Fragile Ecosystem*. New Gallery, Paris / *Fluides Gazeuses*. Centre Commercial, Paris
2020 *Salomé et Virginie*. Chez Jean-Luc, Geneva / *Synthetic Bodies*. Salomé Chatriot & Samuel Fasse. Galleria Continua, Les Moulins
2019 *Foregate*. Salomé Chatriot & Samuel Fasse. Silencio, Paris / *Synthetic Bodies*. Salomé Chatriot & Samuel Fasse. 7.5, Paris

2018 *Synthetic Bodies*. Salomé Chatriot & Samuel Fasse. Station, Paris
2016 *Personne Publique*. Salomé Chatriot & Mélanie Courtinat. Pazioli, Lausanne

Lectures & Workshops
2021 "What is the Future of Decentralization?". Haus der Elektronischen Künste, Basel / "Affectivité Augmentée". Fondation Pernod Ricard, Paris
2020 "Quels Paysages visuels face à la crise Climatique?". Gaîté Lyrique, Paris
2019 "La Synthèse des Formes, Galleristes". Carreau du Temple, Paris
2017 "Le Lamento du Jardinier-Chora in the realm of Livestream". Ecole Polytechnique Fédérale de Lausanne, Lausanne

Bibliography (Selection)
2022 "Next Big Things: Salomé Chatriot", *Galerie Magazine*
2021 "Virus et prophéties : ces artistes se fascinent pour l'infection et le visqueux", *ADN magazine* / "Les Créations Organiques de Salomé Chatriot", *Numéro art* / "Salomé Chatriot", *Coeval Magazine* / "Sad summer Daze", *Purple Magazine*
2020 "Qui est Salomé Chatriot, la Dr Frankenstein de l'art?", *Numéro art* / "On Nature", *NONFICTION*, issue 2 / "Sincerely, for the time to come (from 2019 to 2030)", *Unbore* / "Before and After Digital (C)ode | Salomé Chatriot & Samuel Fasse", *ATP Diary* / "LONELY, Spaced in lost", *Point Contemporain* / "Meet Salomé Chatriot", *l'Insane Store blog* / "Lonely : ultra contemporaine solitude", *Beaux Arts* / "Spaced In Lost", *Design Collector*
2019 "Salomé Chatriot, the coalescence of organic, digital, and natural materials", *Clot Magazine* / *H.S//, Am I Still Human?*, Samuel Fasse & Salomé Chatriot, exhibition catalogue, words by Ingrid Luquet-Gad / *W.S//, Samuel Fasse & Salomé Chatriot*, exhibition catalogue, words by Bob Bicknell-Knight / *Synthetic Bodies, Samuel Fasse & Salomé Chatriot*, exhibition catalogue, words by Anne Bourrassé / "I have done things here I couldn't do elsewhere", *Point Contemporain* / "L'espace, ultime frontière", *L'Officiel Art* / "Interview by Steven Rüthy", *Offline*, issue 8
2018 "Le lamento du Jardinier", *Offline*, issue 6
2016 "When Objects Dream", *Archipanic*

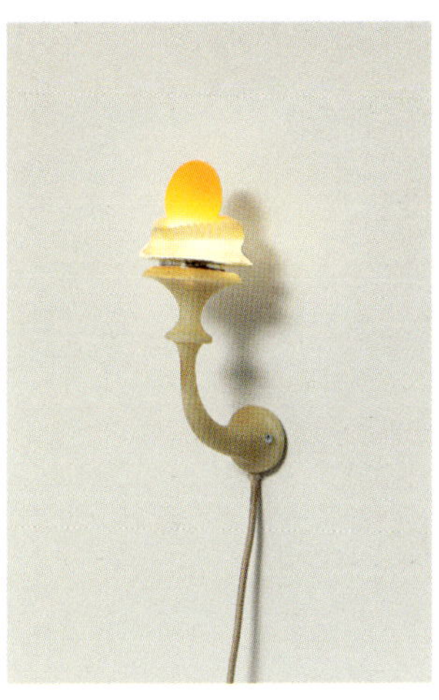

p. 19. ***Morphogenetic Egg
(Transformation)***, 2021
Galalith synthetized by the artist from milk
proteins, resin, LED
Galalita sintetizada por la artista a partir de
proteínas de leche, resina, LED
24 x 10 cm

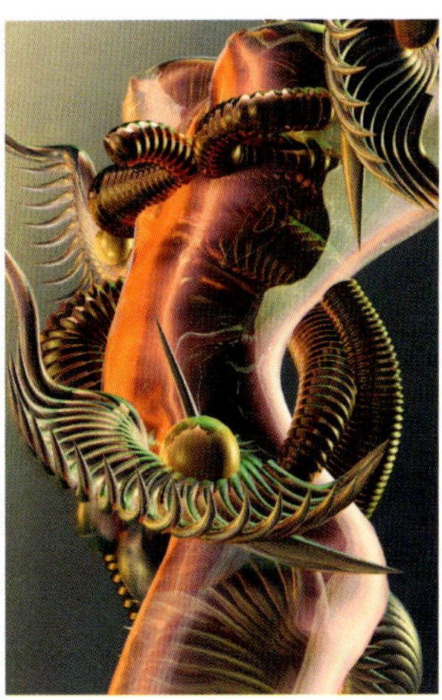

p. 35. ***Breathing Patterns (Basel)***, 2022
Breath-generated video with breathing
data extracted from the artist's performance
in Art Basel, edición 3+2 AP, 13 min,
Quality HD to 4K
Vídeo generado por respiración, con datos
de la respiración extraídos de la actuación de
la artista en Art Basel, 13 min,
calidad HD a 4K

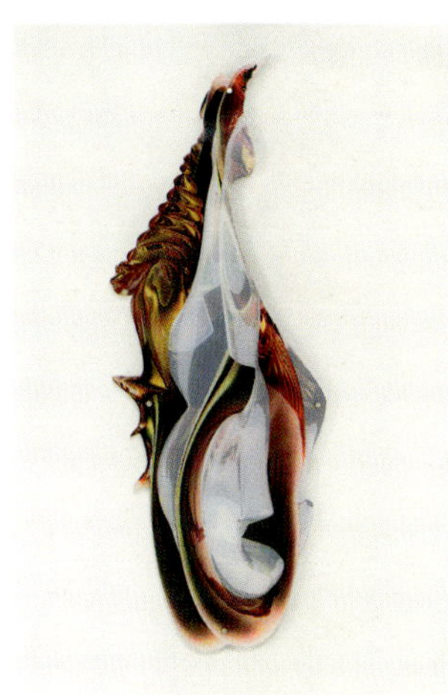

p. 42. ***Breastfed with Milk
and Gasoline***, 2021
HD UV print on plexiglass
Impresión UV HD sobre plexiglás
120 x 43 cm

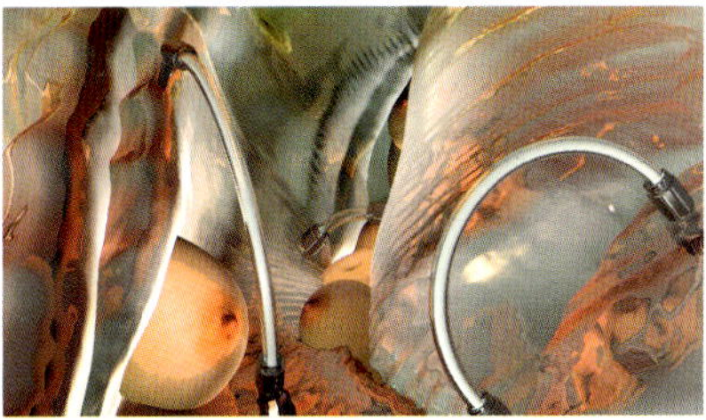

pp. 74-75. ***Our Symbiosis Infected Her
Fertile Systems***, 2021
Still from HD Video, 7 min, edition 5+2AP
Fotograma de vídeo HD, edición 5+2AP, 7 min

Marie-Luce Nadal

PARÍS (FRANCIA), 1984

"My dream, I want to see it in the fray,
I want it to be real, I want it to be armed!"
Lauro de Bosis, *Icarus* (1927)

Marie-Luce Nadal's artworks are the clues
to a mythical narrative that she invents and
unfolds through her interventions, exhibitions
and performances. The sources of her work are
spontaneously mixed together with her intimate and
family history, scientific research, agricultural and
folk knowledge, ancestral beliefs and contemporary
artistic practice. She gives herself the means
to recreate a world, different worlds, to better
understand and inhabit ours. This is an energetic,
vital challenge — and sometimes it gets dangerous.

Marie-Luce Nadal is an artist-researcher, artist-
engineer, architect and set designer by training,
and for over ten years she has been working with
scientists, turning their laboratories into her studio.
Her inventions summon the elements; they use
mechanics, they play with physical forces. Her
machines are attempts to tame and appropriate
natural phenomena. "Each production is a new
experiment which tries to understand, in a sensitive
way, our relationship with the atmosphere", she
explains. Her research tells of the age-old human
obsession to measure up to nature and control it.
In the 1960s, Yves Klein imagined *Air Architecture*;
more recently, Olafur Eliasson created *The Weather
Project* (an artificial sun raised 35 metres high and
multiplied by a set of mirrors, installed in the lobby
at London's Tate Modern). Another daughter of
Daedalus, Marie-Luce Nadal uses her art to subject
nature to its own laws.

"Mi sueño quiero verlo en combate,
Que sea real, que esté armado"
Lauro de Bosis, *Ícaro* (1927)

Las obras de arte de Marie-Luce Nadal constituyen
los elementos de un relato mítico que ella inventa y
despliega en sus intervenciones, exposiciones y *performances*. Las fuentes de su trabajo producen una
mezcla espontánea con su historia íntima y familiar,
la investigación científica, el conocimiento agrícola y
popular, las creencias ancestrales y la práctica artística
contemporánea. Marie-Luce Nadal recurre a los me-
dios necesarios para recrear un mundo, varios mundos, con el fin de así comprender y habitar mejor el
nuestro. Se trata de un reto energético y vital que en
ocasiones puede resultar peligroso.

Artista-investigadora, artista-ingeniera, formada en
arquitectura y diseño de escenografía, lleva más de diez
años trabajando con científicos cuyos laboratorios convierte en su estudio. Sus invenciones convocan elementos, utilizan la mecánica, juegan con las fuerzas físicas.
Sus máquinas son intentos de dominar los fenómenos
naturales y apropiarse de ellos. "Cada creación es un ex-
perimento nuevo que busca percibir de manera sensible nuestra relación con la atmósfera", explica. Su labor
de investigación retrata la obsesión humana inmemo-
rial por medir y controlar la naturaleza. En los sesenta,
Yves Klein ya imaginó una arquitectura del aire; Olafur
Eliasson creó, más recientemente, el proyecto *Weather*
(un sol artificial elevado a treinta y cinco metros y mul-
tiplicado por un conjunto de espejos en la entrada de
la Tate Modern de Londres). Marie-Luce Nadal, como
otra hija de Dédalo, utiliza su arte para subordinar a la
naturaleza a sus propias leyes.

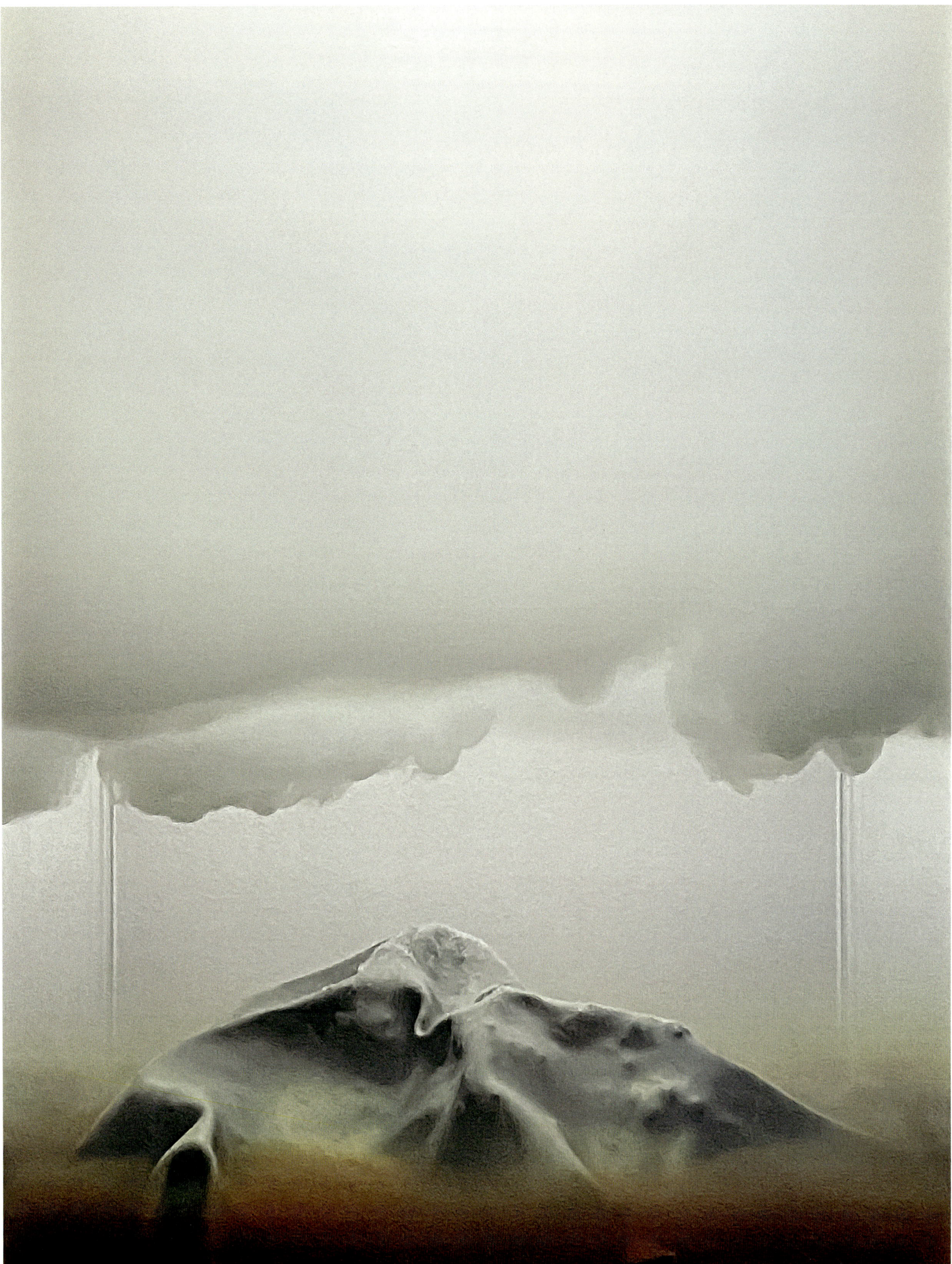

"I consider this concept, the atmosphere, as a spatial structure of reference bestowing a form of immunity to any human being and exerting on him, reciprocally, an action". Born into a family of Catalan winemakers, the artist learned, at an early age, how to deal with the vagaries of nature and weather phenomena. She expresses here what feeds her work, namely the unceasing dialogue with the sky — its attraction as well as its danger. Her works are instruments for daydreaming, weapons that ward off the anxiety of being in the world while also expressing it. Marie-Luce Nadal has thus created a weeping Madeleine crossbow made of steel and bra wires, equipped with silver iodide, for *Faire pleurer les nuages* (2015). She designed a portable lightning extractor (by whipping it through the air, the user can capture its electrical charge) to harvest lightning strikes and load them into the ammunition that arms the *AF21* (2018). This rifle is equipped with a mirror-like sight in order to administer a lightning strike to oneself, taking a dose of sky-air energy. In a fencing costume, adorned with her *Divinité de la brume* (2017), the artist reveals herself as a warrior, the heroine of a new narrative, that of the poetic hijacking of science and women's reappropriation of Earth's masculine culture.

Behind the gestures, performances and protocols, the works that remain are everyday objects, tools, inventions that we can seize. *La fabrique du vaporeux* (2014) is a cloud-capturing machine, a mobile laboratory that allows us to take samples of "pure essences of clouds" from around the world in order to produce them, at will. They are preserved in *Eoloria* (2015), which consists of cloud aquariums and dreamscapes, micro-territories of which she proposes that we become the lucky owners.

Are these demiurgic fantasies? Or are they examples of "reduced models" of the world, as Claude Levi-Strauss put it (*La pensée sauvage*, 1962), to access knowledge of reality? The works of Marie-Luce Nadal gradually weave a singular fiction with its own vocabulary, which merges the drunkenness of wine with the vertigo of the sky in *V(a)in des grâces à l'usage de tous ceux qui cherchent à se saisir de ce qui ne s'attrape pas* (2016), amid its own network of signs and objects. A song that could well be Pink Floyd's exhilarating *Obscured by Clouds*.

Armance Léger

"Considero este concepto, la atmósfera, una estructura espacial de referencia que le otorga a cualquier ser humano una forma de inmunidad y que, al mismo tiempo, lo somete a una acción". La artista, que proviene de una familia de viticultores catalanes, aprendió pronto a lidiar con los vaivenes de la naturaleza y los fenómenos atmosféricos. Ella misma expresa aquello que baña su obra, el diálogo incesante con el cielo, la atracción que este provoca y el peligro que entraña. Sus obras son instrumentos que nos permiten soñar despiertos, armas con las que apaciguar y al mismo tiempo expresar la ansiedad que supone habitar el mundo. Con ese fin, Marie-Luce Nadal creó un arco de llanto hecho de acero y alambres de sujetador, y cargado de yoduro de plata, para *Faire pleurer les nuages* (2015). También diseñó un extractor de rayos portátil (al agitarlo en el aire, el usuario puede capturar su carga eléctrica) con el que recogerlos y cargarlos en la munición del *AF21* (2018), un rifle cuya mira es en realidad un espejo y permite administrarse a uno mismo un rayo e ingerir así una dosis de energía aérea. En *Divinité de la brume* (2017), la artista se expone como una guerrera, con un traje de esgrima y la máscara de la divinidad, como la heroína de un nuevo relato sobre el secuestro poético de la ciencia y la reapropiación femenina de la cultura masculina de la Tierra.

Tras los gestos, las *performances*, los protocolos, las obras resultantes son objetos normales, herramientas e invenciones que se pueden poseer. *La fabrique du vaporeux* (2014) es una máquina para capturar nubes, un laboratorio portátil con el que tomar muestras de "esencia pura de nube" de todo el mundo para después producirlas a voluntad. Quedan preservadas en los *Eoloria* (2015), acuarios de nubes y paisajes oníricos, microterritorios de los que la artista nos invita a ser los afortunados dueños.

¿Fantasías demiúrgicas o ejemplos de "modelos reducidos" del mundo, como mencionaba Claude Lévi-Strauss (*El pensamiento salvaje*, 1962), para acceder al conocimiento de la realidad? Las obras de Marie-Luce Nadal tejen poco a poco una ficción singular, con un vocabulario propio que aúna la ebriedad del vino con el vértigo del cielo en *V(a)in des grâces à l'usage de tous ceux qui cherchent à se saisir de ce qui ne s'attrape pas* (2016), mediante su red de signos y objetos. Un canto que bien podría ser el canto embriagador de Pink Floyd en *Obscured by Clouds*.

Armance Léger

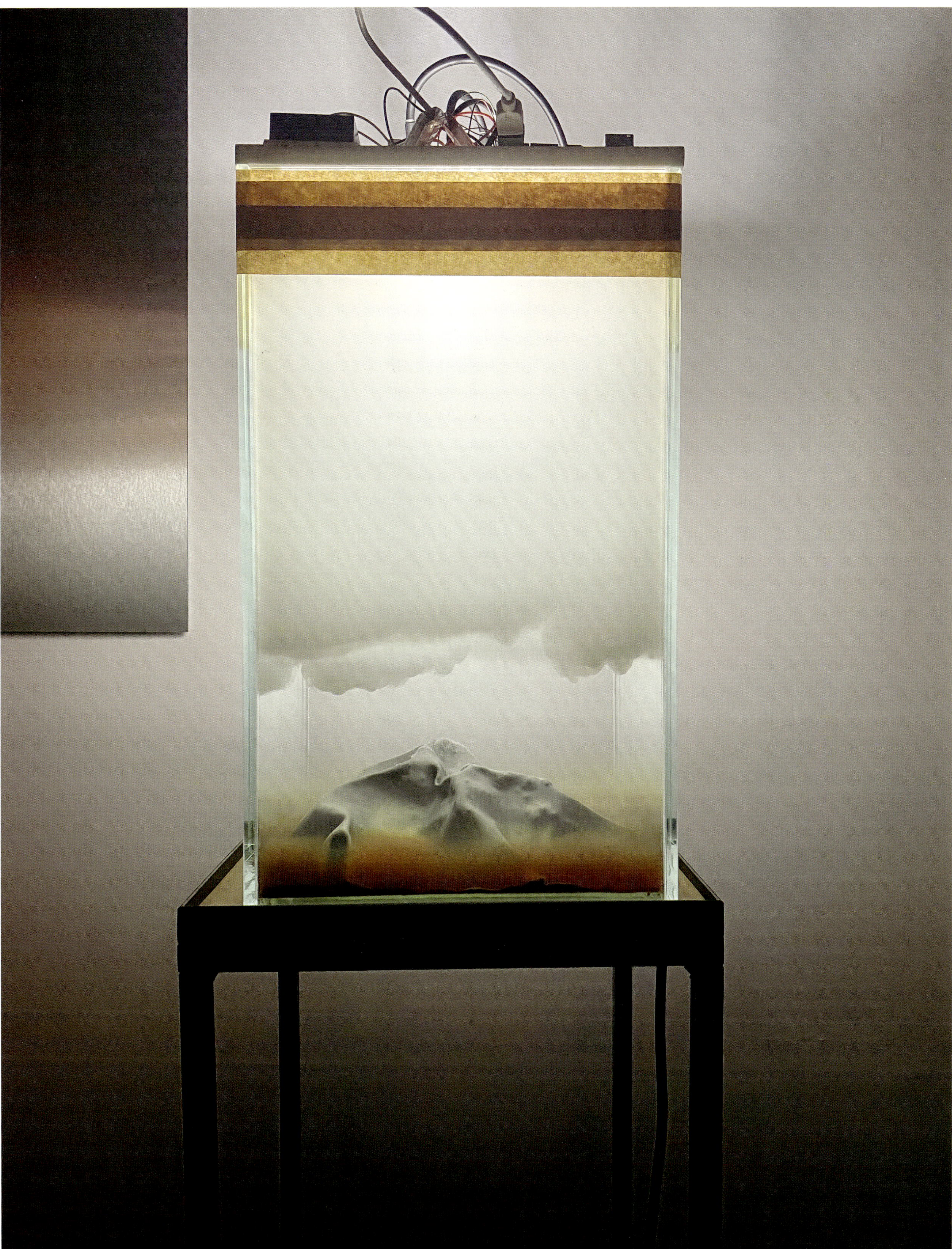

Marie-Luce Nadal

1984, Paris, France
Lives and works in Paris

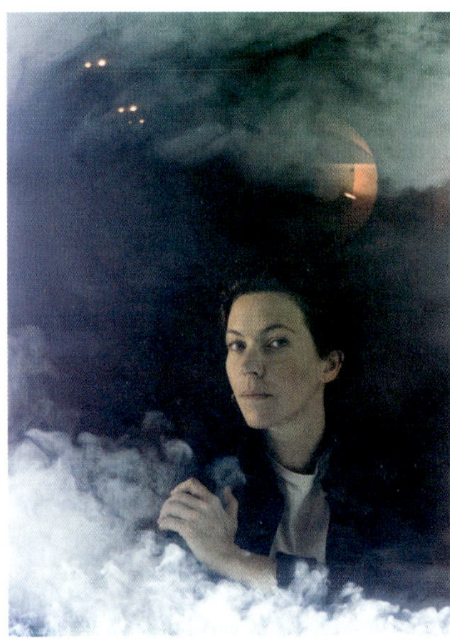

Education

2017 Ph.D. in Science, Art and Creation. *De Lents Semencements (Slow Seeding)*. Advisors: Nadeije / Laneyrie Dagen (EnsAD, ENS, Art Theory) and Eduardo Wesfreid (PMMH-ESPCI, Physics). / EnsAD-PSL Research University, Paris
2012 Master of Fine Arts. École Nationale Supérieure des Arts Décoratifs (EnsAD), Paris
2009 Master of Architecture. École Nationale Supérieure d'Architecture de Montpellier
2005 Bachelor of Architecture. École Nationale Supérieure d'Architecture de Montpellier

Grants & Awards

2023 Art Situacions III Award. Honda-Green Powers
2021 "Art of Change 21" Prize. Art of Change 21
2020 DICREAM Research Grant. Centre National de Cinématographie
2018 Mezzanine Award for Contemporary Art. Musée des Abattoirs
2013 Gautier Delaye Award. Cité Internationale des Arts
2012 Doctoral Grant for the SACRe Program. PSL Research University
2006 Research Scholarship. Ministry of Culture and Communication of France

Art Residencies

2022 French Institute, Phnom Penh
2018 Fondation Hartung-Bergman, Antibes
2017 Maison Daura, Residence Internationale d'Artistes, Saint Cirq Lapopie
2014-17 Cité Internationale des Arts, Paris
2009 Pimpolhos, Santo Cristovo, Rio de Janeiro
2006 Center for Advanced Studies in Arid Zones, Atacama Desert – La Serena

Solo Shows

2021 *Make the Clouds Cry*. Pengerkatu 7 Tyohuone, Helsinki / *AwE*. Online exhibition. Artist with Evidence, New York
2020 *Accrochage*. Atelier Basfroi, Paris / *(R)éparer le Ciel*. Faure Beaulieu Gallery and S35 Gallery, Paris
2019 *Open Window*. Fabernovel, Private Collection, Paris / *L'Orféo: Opéra Luette*. Musée des Abattoirs, Toulouse
2018 *AuraFulminis 21*. Hus Gallery, Paris
2017 *Solid Precipitation*. LMAK Gallery, New York City / *De Lents Semencements*. EnsAD, Paris
2015 *La Fabrique des Nuages.* Palais de Tokyo, Paris
2014 *Sur les pas d'Edgar Sibel*. Cité Internationale des Arts, Paris

Group Shows

2023 *Art Situacions III*. ARCO Madrid 2023, Madrid
2022 *The Gaia Hypothesis*. The Elemental, Palm Springs / *Varia*. Centre d'Art Contemporain de Meymac / *Les échos d'un temps lointain arrivent en sifflant sur le sable*. Poush, Aubervilliers / *Espace*. Native Volume III, Paris / *Novacène, UTOPIA Lille 3000*. Gare Saint-Saveur, Lille / Art Rotterdam 2022. Bacqueville Gallery, Rotterdam / *Hacking Identity Dancing Diversity*. European Capital of Culture. ZKM for Esch2022, Luxembourg / Art Paris 2022. Fondation Ruinart and Art of Change 21, Paris / *La Matière du Monde*. Galerie Municipale Jean Collet, Vitry
2021 *Regarder vers le ciel*. Galerie des Hospices, Canet en Roussillon / *Dones*. Chapelle des Armées, Amélie les Bains / *Paradis Artificiels.* Bacqueville Gallery, Lille / *Dans l'œil de Daniel Pommereulle*. Christophe Gaillard Gallery, Paris / *Le Regard du Temps*. CulturFoundry, Paris / *Avalanche*. PAL Project, Paris / Art Paris 2021. Faure Beaulieu Gallery, Paris

2020 *Programme spécial*, Poush Manifesto, Clichy / *Octobre Numérique – Faire Monde*. Multiple venues, Arles / *Die Wolken und die Wolke*. Museum für Gegenwartskunst, Siegen / *In The Clouds*. Stavanger Art Museum, Stavanger / SP Arte 2020. Luis Maluf Gallery, Sao Paulo
2019 *Negative Space*. ZKM, Karlsruhe / *Collapse*, Saint Agnes Gallery, Berlin / Galeristes Art Fair. Faure Beaulieu Gallery, Paris
2018 *Regarder l'agreste paysage*. Afiac, France / *L'intelligence du rêve*. EOF Gallery, Paris / *Vertige*. Centre Labanque, Béthune
2017 *Cloud >< Forest*. New Tretyakov Gallery, Moscow / *Co-Mutation*. Maison des Arts Georges et Claude Pompidou, Cajar / *L'éternité par les Astres*. Centre d'art Les Tanneries, Amilly
2016 *Birds and Spaces*. B4belAb Gallery, Oakland / *Lumière de l'Aube (Yoko Ono's guest)*. Musée d'Art Contemporain de Lyon, Lyon
2015 *Formes Elémentaires*. Planétarium de Vaulx-en-Velin / *Nuits des danses perdues*. Palais de Tokyo: Hors les Murs, Paris / *Laps*. Carreau de Cergy, Cergy Pontoise / *Le parfait flâneur*. Biennale de Lyon. Palais de Tokyo: Hors les Murs, Lyon / *Visions d'épigénétique*. Cité Internationale des Arts Gallery, Paris
2014 *Capitaine Futur*. Gaité Lyrique, Paris

Performances

2020 *Collection Privée*. Pré aux pierres, ADIAF, Conde sur Versgre
2019 *The Very First Sensorium of Artistic Research*. Finnish Institute, Paris / *Festival Nuit Fictions*. Ateliers de Paris CDCN, Paris
2018 *L'orféo: Opéra Luette*, Musée des Abattoirs, Toulouse / *L'intelligence du rêve*. Eof Gallery, Paris / *IcadeArt and DesignLab*. Aubervilliers Festival, Aubervilliers & Marée Basse Festival, Trouville / *Performance Pets*. Maleki House, London
2017 *Co-mutation*. Maison des Arts Georges et Claude Pompidou, Cajar / *L'éternité par les Astres*. Centre d'art des Tanneries, Amilly
2016 *Beneath the Moon*. LASALLE College of the Arts, Singapore / *André et les Météores*. Antoine Gallery, Paris
2015 *Le Parfait Flâneur*. Biennale de Lyon & Palais de Tokyo, Paris / *Vision d'épigénétique*. Institut Curie, Paris / *Nuit des danses perdues*. Palais de Tokyo, Paris

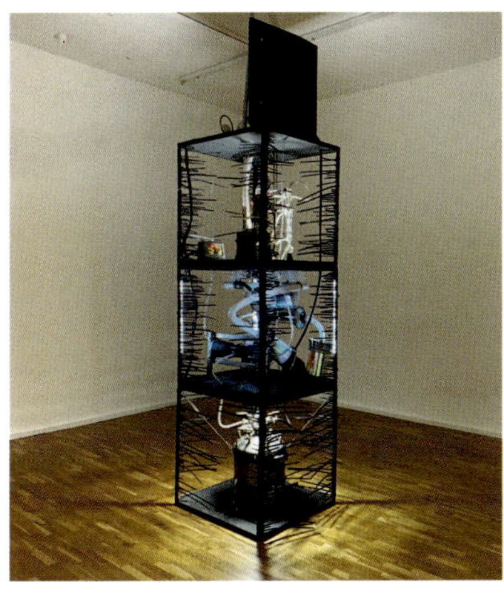

p. 22. *Factory of the Vaporous*, 2017
Mixed media
Técnica mixta
100 x 100 x 360 cm

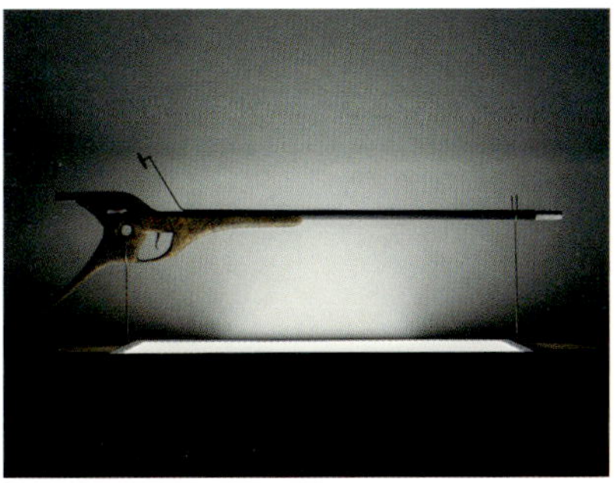

pp. 44-45. *Aura Fulminis 21*, 2018
Steel, wood, mirror, bra wire
Acero, madera, espejo, alambre de sujetador
35 x 130 x 6 cm

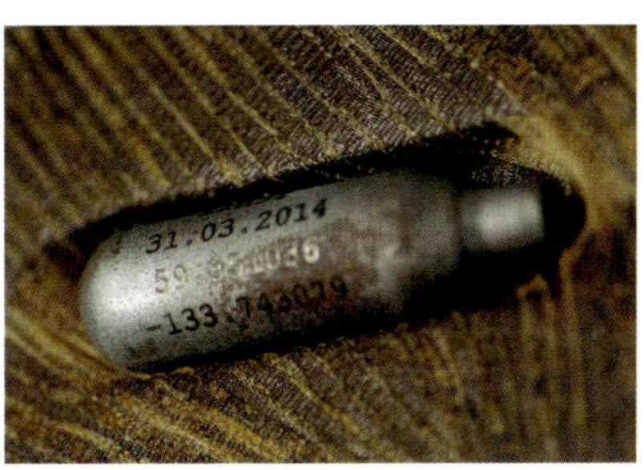

p. 66. *Lightning Strikes Ammunitions*, 2014
Electrocuted and engraved protoxide
cartridges, 21 units
Cartuchos de protóxido electrocutados
y grabados, 21 unidades
8 x 4 x 4 cm

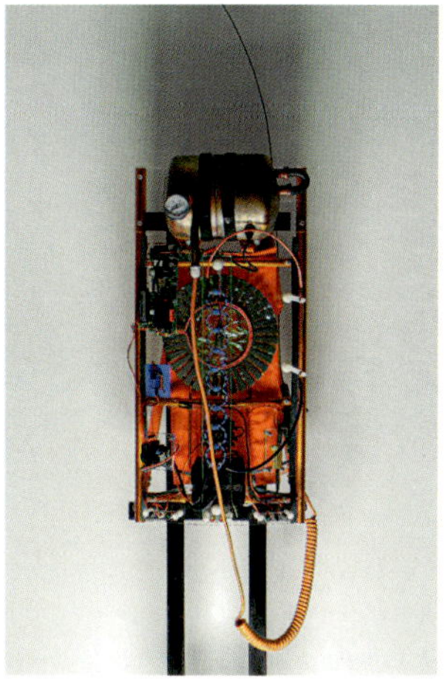

p. 62. *Extracteur de coups de foudre portatif*, 2018
Mixed media
Técnica mixta
40 x 50 x 60 cm

Benoît Piéron

IVRY-SUR-SEINE (FRANCIA), 1983

Benoît Piéron was born with meningitis, and as a result is hemiplegic. Between the ages of three and ten he was treated for leukaemia. In the 1970s and 1980s, 4,689 people with haemophilia and other bleeding disorders were infected with HIV and hepatitis viruses through the use of contaminated clotting factors. Piéron was one of these people, and whilst he did not become seropositive, his body became more political.

Four years ago, he returned to the hospital with a cancer that caused myopathy to develop. Reliving his childhood trauma for the second time, he realised that his works – forms that embrace a plasticity and confront disease – are intimately linked to his survival of HIV/AIDS. Through his practice, the guilt he experiences as one of a few survivors is transformed into something generative – a compostable energy that through practices of care and attention renews material detritus into forms that carry the voices, secretions and powers of others.

When his last cancer went into remission, Piéron began assembling hospital-reformed sheets with the help of a phenomenologist friend. Since then, the forms of his patchworks have diversified materialising into toys, beach mats, flags, gymnastics ribbons, floor lamps and armchairs. The colours are softened by the intensive washing the sheets were subjected to. In spite of this hygienic treatment, "clean stains", the indelible traces of previous uses remain.

Piéron seeks to produce alternative expressions of the disease, instead exploring it as a site of potential. Far from the romantic heroism of the usual metaphors of illness, Piéron places himself in a grey and joyful zone. In a solo show entitled *Illness Shower* at Sultana Gallery, Piéron viewed the exhibition as a celebration of illness.

Benoît Piéron nació con meningitis, lo que le provocó la hemiplejia que padece. Entre los tres y los diez años, tuvieron que tratarlo de leucemia. Durante los años setenta y ochenta, 4698 personas con hemofilia y otras enfermedades de la sangre se infectaron de VIH y hepatitis a través de la transfusión de muestras contaminadas. Piéron fue una de esas personas, y aunque no llegó a vivir una seroconversión, su cuerpo se volvió más político.

Hace cuatro años, volvió al hospital con un cáncer que le causó una miopatía. Al revivir el trauma de su infancia, comprendió que sus obras –formas que adoptan una cierta plasticidad y que abordan la enfermedad– guardan una relación muy íntima con su propia supervivencia frente al VIH y la enfermedad del sida. Mediante su práctica artística, transforma la culpa que le provoca ser uno de los pocos supervivientes en algo generativo: una energía reutilizable que, gracias a los cuidados y la atención, convierte el detrito material en formas que transmiten las voces, las secreciones y las capacidades de los otros.

Cuando remitió su último cáncer, Piéron empezó a coser sábanas de hospital reutilizadas con ayuda de una amiga fenomenóloga. Desde entonces, sus mantas de retales han diversificado sus formas hasta materializarse en juguetes, toallas de playa, banderas, cintas de gimnasia, lámparas de pie y sillones. Los colores están suavizados por el lavado intenso al que se somete a las sábanas. A pesar de este tratamiento higiénico, las "manchas limpias", las marcas indelebles de sus usos anteriores, permanecen.

El objetivo de Piéron es generar una expresión alternativa de la enfermedad, explorarla como un espacio lleno de potencial. Se aleja del heroísmo romántico de las metáforas habituales aplicadas a ella para posicionarse en una zona intermedia y alegre. En su exposición individual titulada *Illness Shower*, en la Sultana Gallery, Piéron concibe la muestra de la enfermedad como una celebración de dicha condición.

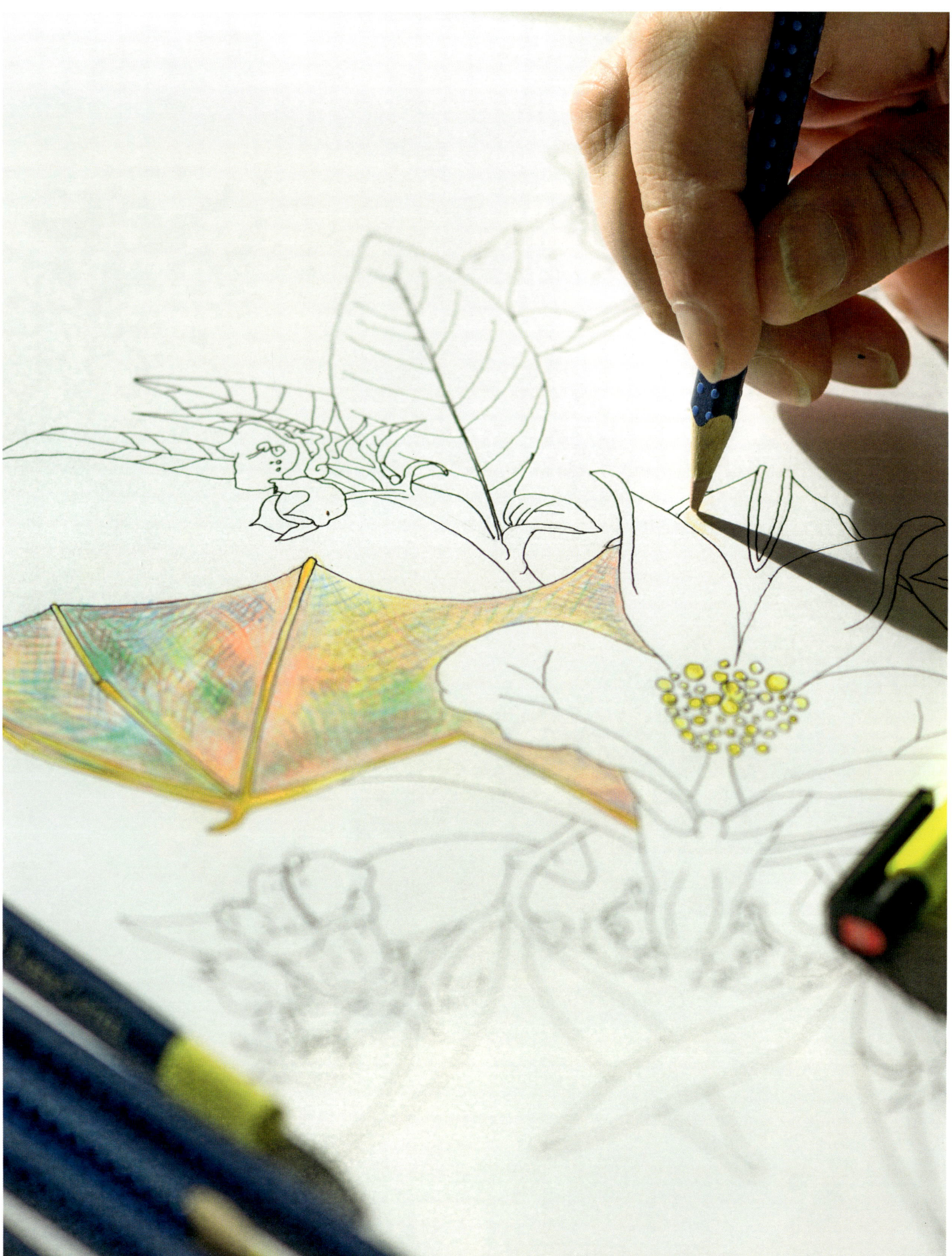

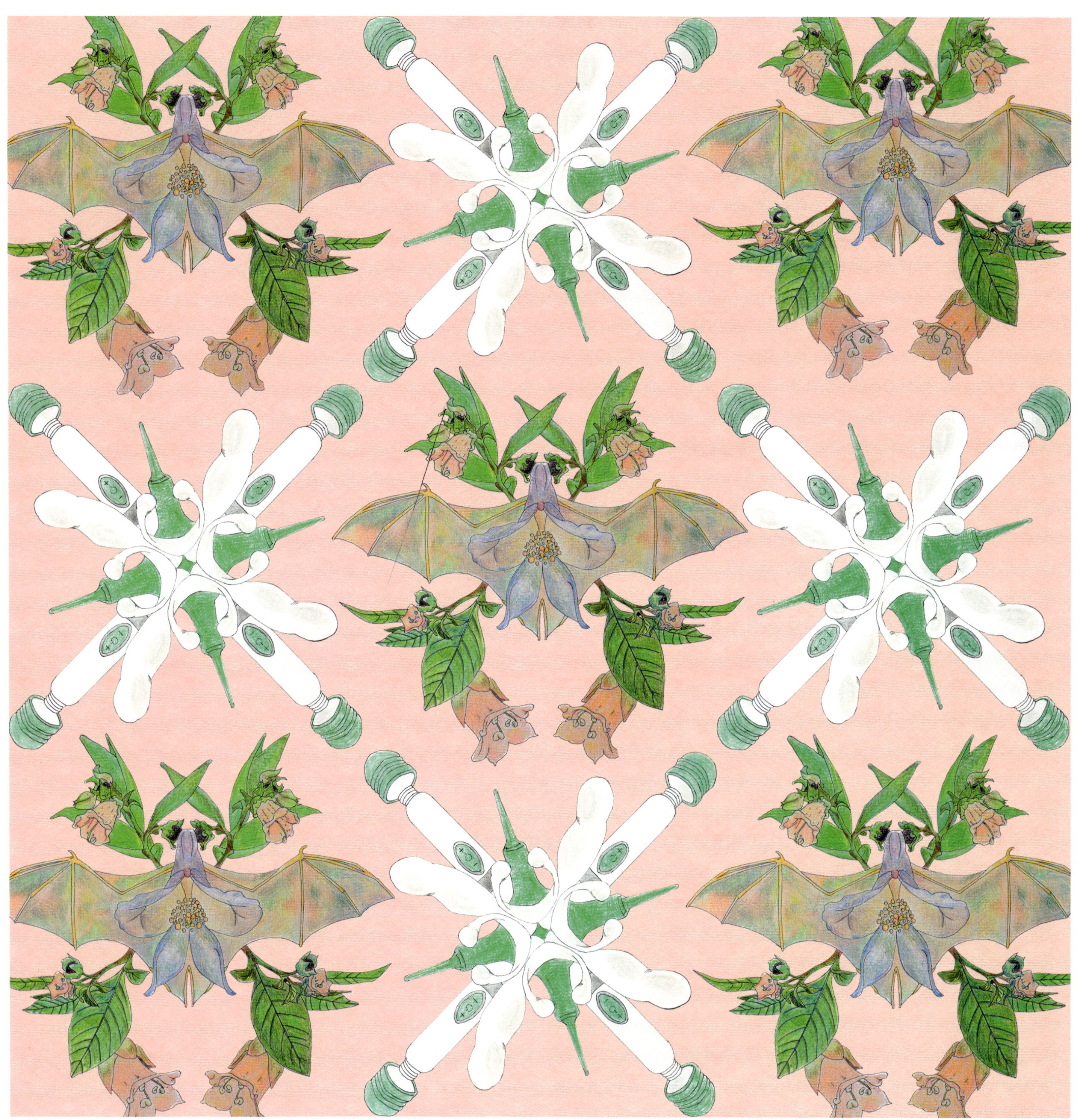

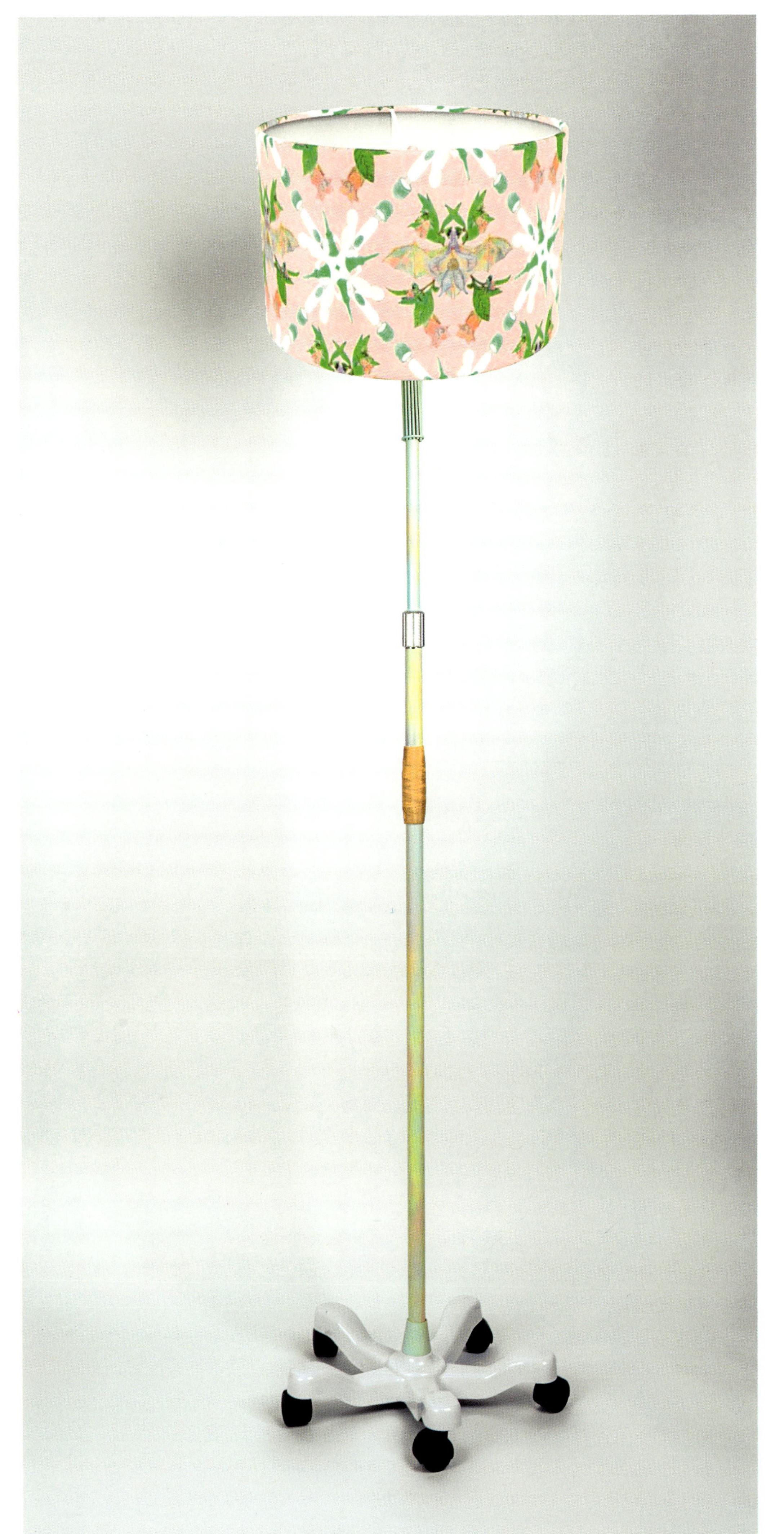

Benoît Piéron

1983, Ivry-sur-Seine, France
Lives and works in Paris

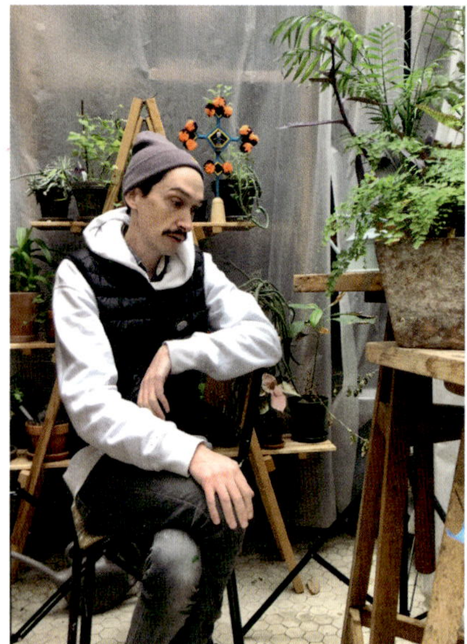

Education
2007 National Diploma in Plastic Arts.
Ecole Nationale Supérieure des Beaux-Arts
de Paris, Paris

Grants & Awards
2023 Art Situacions III Award. Honda-Green
Powers

Residencies
2022 Pinault Collection, Musée du Louvre
Lens, Lens
2012 Casa Velázquez, Madrid
2011 Résidence Hermès, Lyon

Solo Shows
2023 Forthcoming Solo Show. Chisenhale
Gallery, London / Forthcoming Solo Show.
MUMOK, Vienna

2022 *Bandage*. Galerie du Haïdouc à l'Antre
Peaux, Bourges / *Illness Shower*. Sultana
Summer Set, Arles
2021 *Deux Drapeaux, Une Belladone*.
L'alcôve, Paris / *PLAID*. Cité Internationale
des Arts, Paris / *Seconde peau, soft walls,
patch.E.S & soap*. Cité Internationale des
Arts, Paris
2018 *[random]*. Tanneries. Centre d'Art
Contemporain, Amilly

Group Shows
2023 *Art Situacions III*. ARCO Madrid 2023,
Madrid / Forthcoming Group Show. Bourse
du commerce, Paris / Forthcoming Group
Show. Palais de Tokyo, Paris / Biennale de
Liverpool, Liverpool
2022 *C'était Mieux Avant*. Palais de Tokyo,
Paris / *Cottagecore*. Sultana Gallery, Paris
/ *La Deuxième Première Fois*, ft. Carla
Adra. La Galerie, Noisy-le-Sec / *Horizones*.
Fondation Pernod Ricard, Paris / *Formes du
Transfert*. Magasins Généraux, Pantin
2021 *VIH/Sida L'épidémie N'est Pas Finie*.
Mucem, Marseille / Foire Internationale
d'Art Contemporain. Mendes Wood, Paris
/ *Mort Is More*. Brasserie Atlas, Brussels
/ *Qui vive?*. Le Mat, Ancenis / *La Mort
Comme Performance SM*. Musée d'art
contemporain de Lyon, Lyon / *Plantagorie*.
Cité Internationale Des Arts, Paris / *Le
Regard du Temps*. Cultur Foundry, Paris /
Condensation. Le Forum, Tokyo & L'atelier,
Seoul

Lectures & Workshops
2022 Discussion at Bourse du Commerce
with Clément Dirié, Elena Filipovic and
Jennifer Flay about Félix González Torres

Publications
2022 *Louise Bourgeois. Transatlantique*.
Dijon, Les Presse du Réel

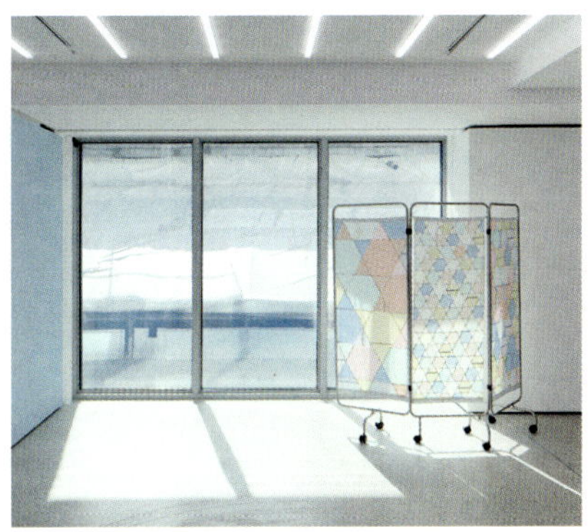

pp. 20-21. ***Paravent***, 2022
Patchwork with repurposed hospital sheets,
medical screen
Patchwork con sábanas de hospital
reutilizadas, biombo médico
155 x 183 x 40 cm

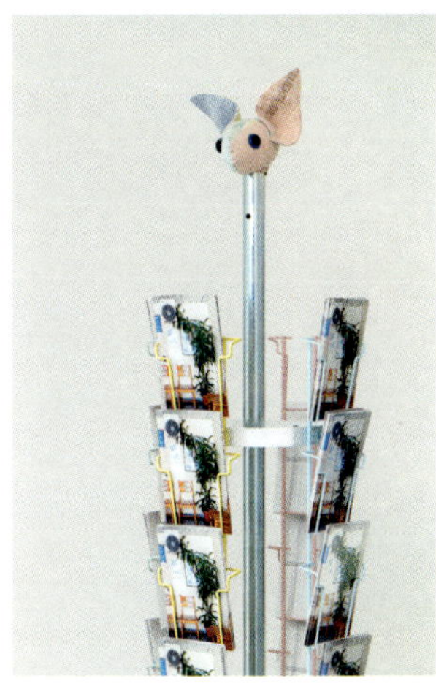

p. 47. ***Carousel. Flora of the
Waiting Rooms***, 2022
Postcard display, postcard edited by the
Pernod Ricard Foundation, 1000 copies,
psychopomp stuffed animal head
Expositor de postales, postal editada
por la Pernod Ricard Foundation,
1000 ejemplares, cabeza de peluche de
psicopompo rellenada
200 x 60 x 60 cm

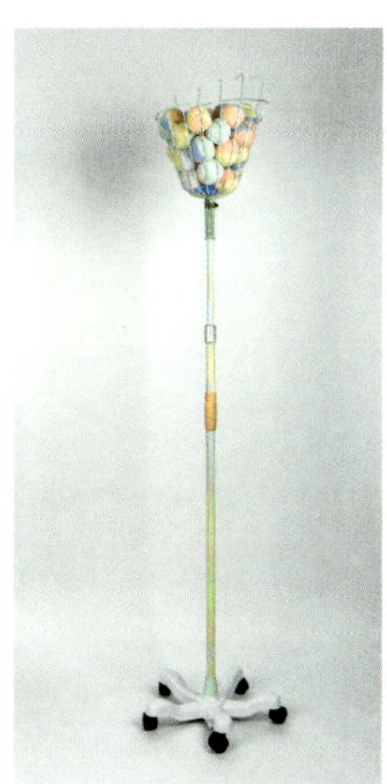

p. 71. ***Juggling Balls Picker***, 2022
Serum holder, fruit picker, tagger paint,
millet seeds and reformed hospital sheets
Soporte de suero, recogedor de frutas,
pintura de grafiti, semillas de mijo y
sábanas de hospital reformadas
180 x 40 x 40 cm

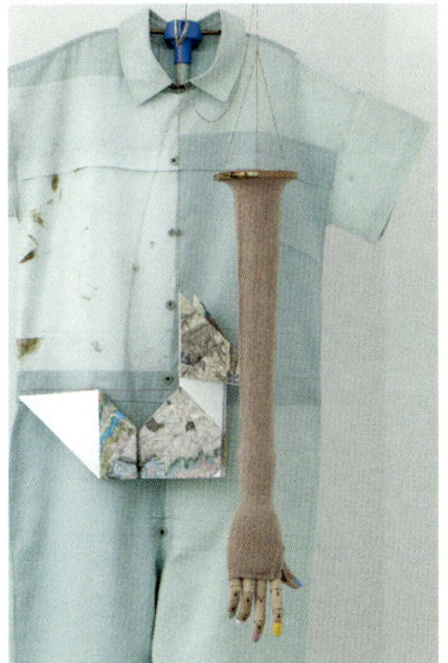

p. 58. ***Petit Prince***, 2022
Serum holder, tagger paint, plush eyes,
patchwork of hospital sheets (surgical
sector), chain, geological map of the area
between Dungeness and Sissinghurst in
Kent, elastic tie for fixing compression bands,
embroidery drum, support sleeve, wooden
articulated hand, nail polish and false nails
Soporte de suero, pintura de grafiti, ojos de
peluche, patchwork de sábanas de hospital
(sector quirúrgico), cadena, mapa geológico
del área entre Dungeness y Sissinghurst
en Kent, lazo elástico para fijar bandas de
compresión, tambor de bordado, mango
de soporte, mano de madera articulada,
esmalte de uñas y uñas postizas
212 x 73 x 40 cm

Aleix Plademunt

GIRONA (ESPAÑA), 1980

Ever since his first projects, Aleix Plademunt has shown a keen interest in territory, landscape and space, paying particular attention to their formations, transformations, modifications, manipulations, alterations, extractions, uses, abuses and waste. His early works are presented as series, with a focus on the journey, accumulation and the semiotic recognition of certain signs, as detected in the landscape via the medium and practice of photography. Some parts of these images remain constant in order to emphasise the changes; these series can be read in a linear (rather than narrative) fashion.

The perspective, process and methodology all change in *Almost There* (2010-13): in this project, beyond photographing situations, places or objects, Aleix is more interested in weaving a web of associations and links between them. The thread (more so than a structure or system) that unites all these seemingly random elements and moments seeks to track a relationship of forces that are in constant motion, and which are thus hard to pin down. Aleix is especially fascinated by the language and narrative of photography, and he searches for the tension between images, their rhythms and their internal structures. *Almost There* addresses the theme of distance in a broad sense, taking into account physical, spatial, temporal, emotional and photographic distances. Unlike the distance that separates spaces, the distance that separates places cannot be traversed. A space is a mere physical observation, a chance intersection of coordinates, a plane. A place comes into being when one inhabits such a space, when it gets lived in, explored, filled with discourses. Space exists regardless of our own existence; places do not. Maps are made of spaces; memories are made of places.

Between 2013 and 2022, Aleix embarks upon his most ambitious project to date, namely *Matter* (a word derived from the Latin *mater*, i.e. "mother", as well as the sense of "source", "origin", "material").

Desde sus primeros proyectos, Aleix Plademunt manifiesta un interés especial por el territorio, el paisaje y el espacio, atendiendo a sus formaciones, transformaciones, modificaciones, manipulaciones, alteraciones, extracciones, usos, abusos y desechos. Sus primeros trabajos son abordados a modo serial, prestando atención al viaje, la acumulación y el reconocimiento semiótico de ciertos signos detectados en el paisaje mediante el medio y la práctica fotográfica. Algunas partes de estas imágenes permanecen constantes para enfatizar los cambios, y la serie puede ser leída de una manera lineal más que narrativa.

Es a partir de *Almost There* (2010-2013) cuando el enfoque, el proceso y la metodología cambian y el interés ya no recae tanto en fotografiar situaciones, lugares u objetos como en trazar una red de asociaciones y vínculos entre ellos. Más que una estructura o sistema, el hilo, que hilvana esos elementos e instantes aparentemente aleatorios, busca rastrear una relación de fuerzas en constante movimiento —por eso cuesta tanto fijarlas. Aleix se interesa especialmente en el lenguaje y la narrativa fotográfica, buscando la tensión entre imágenes, sus ritmos y estructuras internas. *Almost There* aborda la cuestión de la distancia en un sentido amplio, atendiendo a distancias físicas, espaciales, temporales, emocionales y fotográficas. A diferencia de la que separa espacios, la distancia que separa lugares no se puede recorrer. Un espacio es una mera observación física, una intersección accidental de coordenadas, un plano. El lugar aparece cuando uno habita este espacio, cuando se vive en él, cuando se recorre, cuando se llena de discursos. El espacio existe al margen de nosotros; el lugar, en cambio, no. Los espacios alimentan los mapas; los lugares, las memorias.

Entre 2013 y 2022 se enfrenta a su proyecto más ambicioso, *Matter* (del latín *mater*, 'madre', 'materia', 'madera', 'origen'). La palabra inglesa *matter* amplía sus

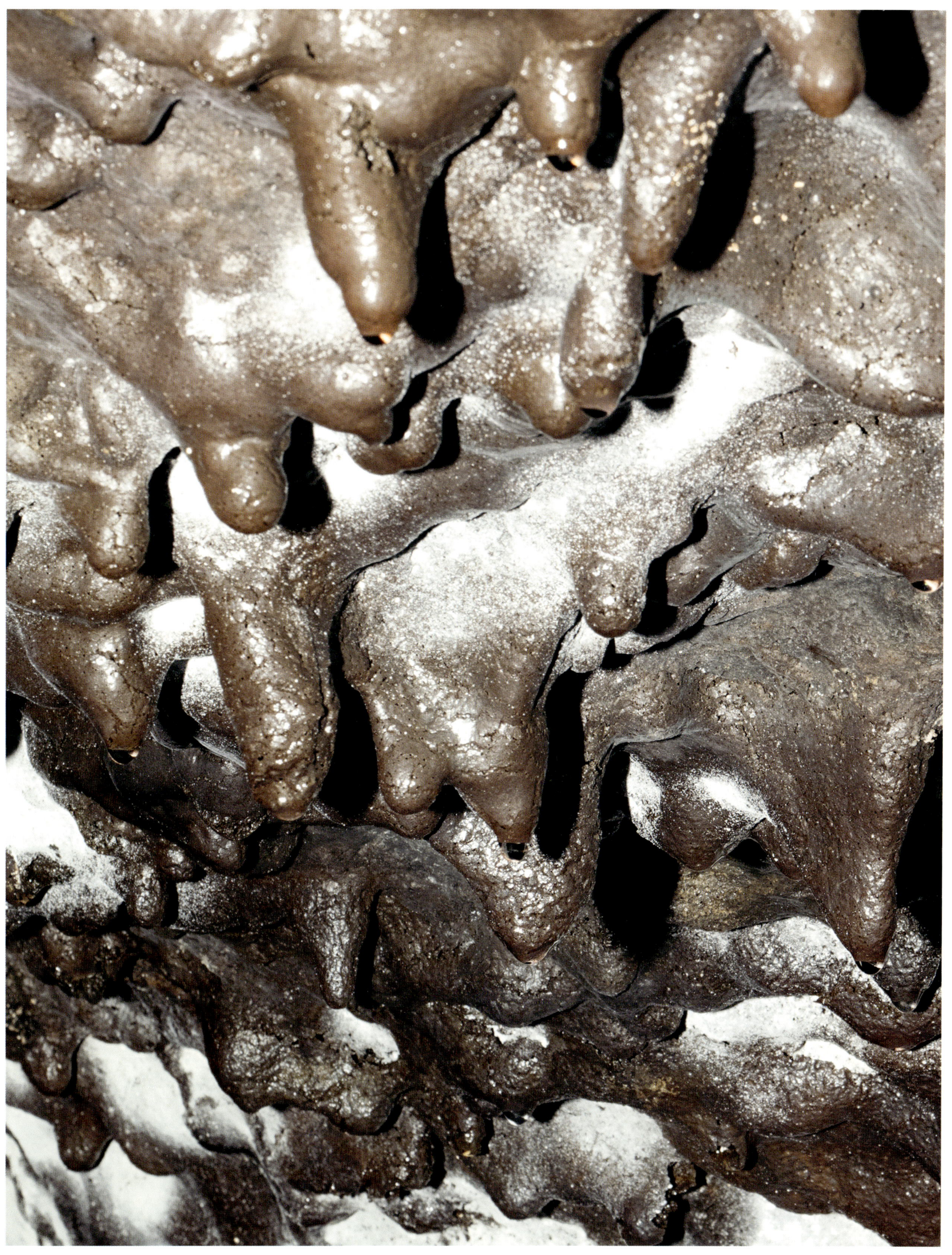

In English, the meaning of "matter" has broadened out over time, and now also refers to a problem, a subject, something of import. The photographs in *Matter* depict the remains, traces and signs of numerous issues that keep transforming. The results are indeed images, but they emanate from a series of themes that are not in fact visual. Each image is a fragment. Each fragment aims to displace, disturb, delve into the kind of diverse and multiple temporalities that shape us, without us realising or even wanting to find out. This matter is undoubtedly shot through with social and political history, but also with geological, climate-based, biological and zoological history too… In this particular project, matter becomes a sign, and each photograph in turn operates like an index, icon and symbol (albeit not always in the same direction), with the will to explore new ways of receiving and relating with information. *Matter* understands the symbol as an object split in two, a rupture. To decipher it is to find that friction between the resulting parts.

The objective of Aleix Plademunt's work is not to resolve, draw conclusions or even enlighten the observer, but rather to offer up and circulate images, to make an attempt at communication and to explore new ways for relating to information and narration.

acepciones e incluye 'problema', 'asunto', 'algo que importa'. Las fotografías muestran restos, pruebas, señales de una serie de cuestiones que no dejan de transformarse. El resultado son efectivamente imágenes, pero como emanación de asuntos que no son visuales. Cada imagen es un fragmento. Cada fragmento pretende desplazar, inquietar, sumergir en temporalidades diversas y múltiples que, sin saberlo ni quererlo, nos conforman. Materia atravesada por la historia social, política, sin duda, pero también por la historia geológica, climática, biológica, zoológica… En *Matter* la materia se vuelve signo, cada fotografía opera a su vez como índice, icono y símbolo, pero no siempre en la misma dirección, con la voluntad de explorar nuevas maneras de recibir y relacionarnos con la información. Entiende el símbolo como un objeto partido en dos, una rotura. Descifrarlo implica encontrar esa fricción entre las partes.

El objetivo del trabajo de Aleix Plademunt no radica en resolver, concluir o ilustrar a un espectador, sino más bien en poner imágenes en disposición y circulación, crear una tentativa de comunicación y explorar nuevos modos de relacionarnos con la información y la narración.

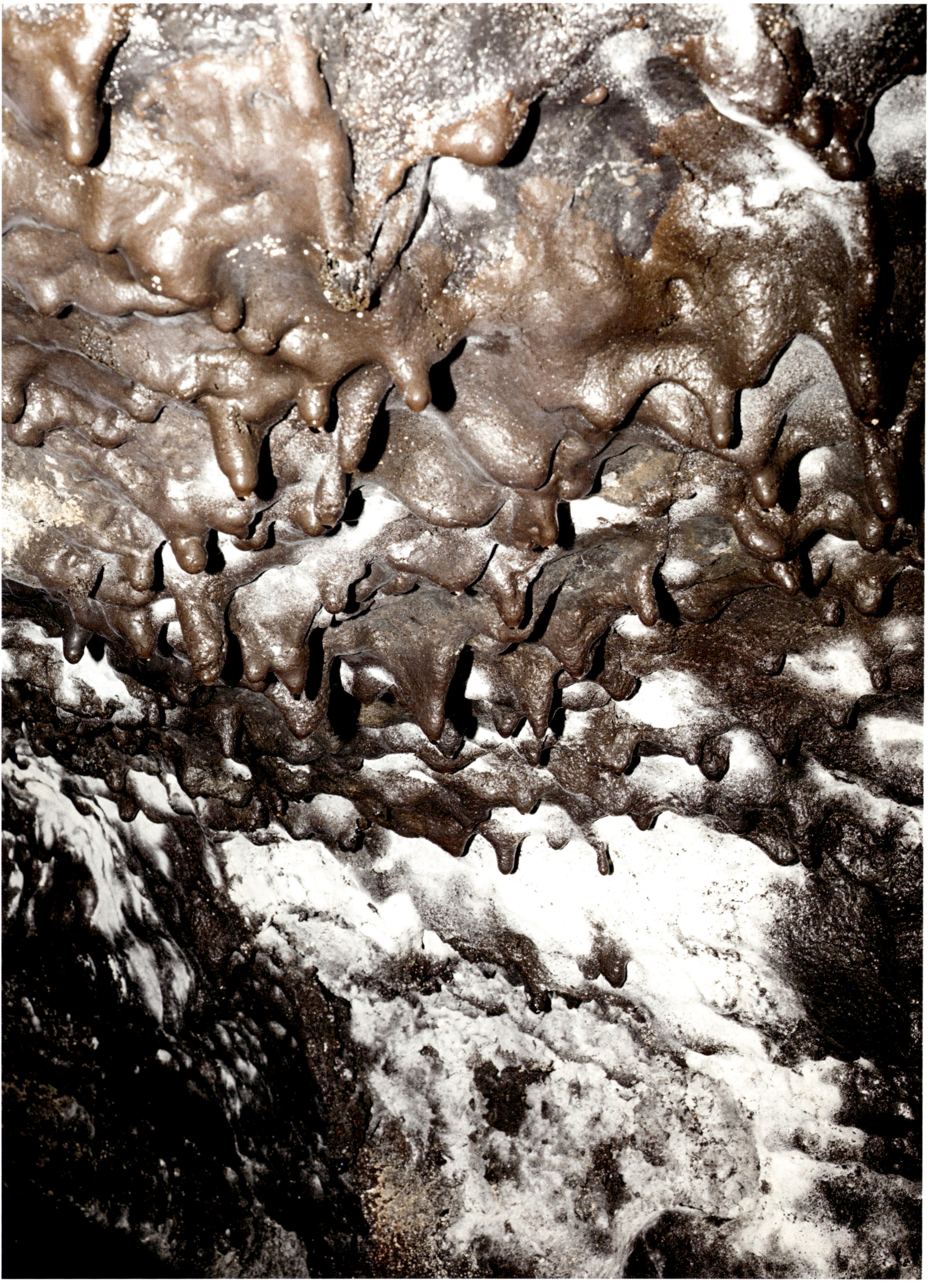

Aleix Plademunt

1980, Girona, Spain
Lives and works in Barcelona

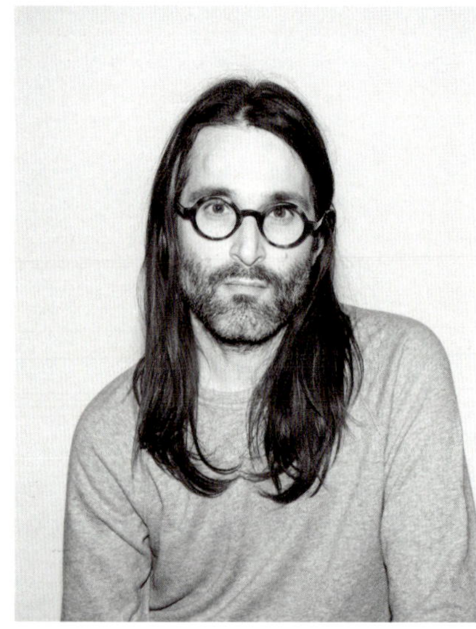

Education
2004 M.A. in Photography (UDLA Fellowship). Universidad de las Américas, Puebla / B.A. in Photography. Universidad Politécnica de Cataluña, Terrassa

Grants & Awards
2023 Art Situacions III Award. Honda-Green Powers
2015 Visual Arts Grant. Fundación Botín / Discovery Award. PHotoEspaña
2013 First Book Award, Finalist. National Media Museum of London & Mack Books
2012 Oficina de Suport a la Iniciativa Cultural Grant. Generalitat de Catalunya
2010 Purificación García Photography Award. Purificación Garcia
2009 "Propuestas 2009" Visual Creation Grant. Visual Entidad de Gestión de Artistas Plásticos / "Agita" Grant for Artistic Projects. Ayuntamiento de Figueres
2008 FotoPres "la Caixa" Award
2006 "Ángel" Photography Grant. Ayuntamiento de Córdoba / "INJUVE 2006" Photography Award. Ministry of Culture of Spain

Residencies
2017 Hangar-ADM, Mexico City
2016 Sapporo Tenjinyama Art Studio, Sapporo
2015 El Ranchito-Tokyo Wonder Site, Tokyo
2014 CERN (Conseil Européen pour la Recherche Nucléaire), Geneva

2006 CELAUJ-Injuve, Mollina
2004 Universidad de las Américas, Cholula

Solo Shows (Selection)
2022 *Matter*. Sala Canal de Isabel II, Madrid
2021 *À propos du temps*. Olivier Waltman Gallery, Paris
2018 *Works from the Matter Project*. FG2, Götegorg
2017 *Un Passaggio. Fotografia Europea*. Reggio Emilia
2016 *Almost There*. Centro de Arte Alcobendas, Madrid
2015 *Almost There*. CFC, Bilbao / *Almost There*. La New Gallery, Madrid
2014 *DubaiLand*. Fotóhónap. TOBE Gallery, Budapest / *Almost There*. Tagomago Gallery, Barcelona
2013 *Almost There*. Olivier Waltman Gallery, Paris
2012 *DubaiLand*. Módulo Gallery, Lisbon / *We Are Here*. RMTF-Proyecto Trocadero. Caracas, Venezuela
2011 *DubaiLand et Autres consequences*. Olivier Waltman Gallery, Paris / *Pequeñas interpretaciones*. Valle Ortí Gallery, Valencia
2010 *DubaiLand*. Passanant Foto, Passanant
2009 *Nada/Todo*. Olivier Waltman Gallery, Paris / *Art Paris 2009*. Olivier Waltman Gallery, Paris
2008 *Espectadores*. Olivier Waltman Gallery, Paris / *Nada*. Valle Ortí Gallery, Valencia / *Espectadores*. London Art Fair, London
2007 *Espectadores*. Sala La Kursala, Universidad de Cádiz, Cádiz
2006 *Espacios comunes*. Col.legi d'Arquitectes de Catalunya, Barcelona / *Espacios comunes*. Olivier Waltman Gallery, Paris
2004 *Des-habitat*. Festival Fotòpsia, Castellbilbal

Group Shows (Selection)
2023 *Art Situacions III*. ARCO Madrid 2023
2021 *Apuntes para un incendio de los ojos. Panorama 21*. Museu d'Art Contemporàni de Barcelona, Barcelona / *Ecologías Radicales*. Bienal Sur. Museo Arte Contemporáneo de la Boca, Buenos Aires
2020 *El món serà Tlön*. Bòlit Centre d'Art Contemporani, Girona
2019 *Trafalgar*. Dilalica Gallery, Barcelona
2018 *Ca l'Isidret*. Photoforum Pasquart, Biel/Bienne
2017 *Signus*. Museu de Granollers, Granollers / *A Myriad of Voices*. CCE Miami, Miami / *Itinerarios XXIII*. Fundación Botín, Santander

2016 *Look up at the Sky. Geografies*. Espaidos, Sala Moncunill, Terrassa / *A Myriad of Voices*. Photo Week DC 2016, Washington DC / *A Great Sum (In Parts)*. Osanova Gallery, Moscow / *Geologia de l'inefable*. Can Felipa, Barcelona / *Fotollibres: Aquí i ara*. Bòlit Centre d'Art Contemporani, Girona
2015 *Aquí hay dragones. Inéditos 2015*. La Casa Encendida, Madrid / *L*. Sala Kursala, Universidad de Cádiz, Cádiz / *Photoforum PasquArt*. Multiple venues, Biel / *Photography Now! Vol.2: Spanish New Horizon*. IMA Concept Store, Tokyo
2014 *Unseen Photo Fair*. Multiple venues, Amsterdam / *Corrent continu. Lectures de paisatges*. Bòlit Centre d'Art Contemporani, Girona / *GIGANTE*. Galerie du 10, Instituto Francés Madrid / *Movimientos de Suelo*. Ca l'Isidret Exhibition. Temple Gallery, Paris / *Fotollibres: Aquí i ara*. Foto Colectania, Barcelona / *New Spanish Photography*. New York University, New York / *Dallas Biennial*. Oliver Francis Gallery, Dallas
2013 *Una nouvelle génération de photographes*. Le Bal, Paris / *Contexto Crítico*. Tabacalera, Madrid / *Paisajes: Naturaleza y artificio*. Colección DKV. La Lonja, Zaragoza / *Pulse Art Fair Miami*. Olivier Waltman Gallery, Miami / *Arquitectura invertida*. DKV Collection. Museo de Arte Contemporáneo de Alicante, Alicante / *Pulse Art Fair New York*. Olivier Waltman Gallery, New York / *Espectadores*. Waltman Ortega Gallery. Miami / *Perspectives of Landscape*. Browning Gallery, Asolo / *Art13 London*. Olivier Waltman Gallery, London / *London Art Fair*. Olivier Waltman Gallery, London
2012 *Art Miami 2012*. Olivier Waltman Gallery, Miami / *Cree. Lugares de tránsito*. Tabacalera, Madrid / *Art Paris 2012*. Olivier Waltman Gallery, Paris / *ARCO Madrid 2012*. Valle Ortí Gallery, Madrid / *La Camera Gran*. Museu de l'Empordà, Figueres
2011 *Scope Art Show*. Waltman-Ortega Gallery, Miami / *VOLTA7*. Valle Ortí Gallery, Basel / *New Cities: Utopia & Dystopia*. Recyclart, Brussels / *Art Chicago 2011*. Olivier Waltman Gallery, Chicago / *Art Paris 2011*. Olivier Waltman Gallery, Paris / *ARCO Madrid 2011*. Valle Ortí Gallery, Madrid
2010 *Naturae*. Benetton Foundation, Treviso / *Pulse Miami 2010*. Valle Ortí Gallery, Miami / *Art Miami 2010*. Olivier Waltman Gallery, Miami / *Paisatges de la periferia*. Observatorio del Paisaje de Catalunya, Olot / *Naturae*.

LAMeC, Vicenza / Art London 2010. Olivier Waltman Gallery, London / *Interrumpted Landscapes*. Champion Gallery, Austin / Purificación García Awards Exhibition. Círculo de Bellas Artes, Madrid / Fotopres '09. Caixaforum, Madrid / Fotofreo Festival. PS 22 Pakenham Street, Walyalup/Fremantle / Bafa Gallery, Geneva / London Art Fair 2010. Olivier Waltman Gallery, London
2009 Art Miami 2009. Olivier Waltman Gallery, Miami / Photo Phnom Pen Festival. Multiple venues, Photo Phnom Pen / Collective Exhibition. Universidad TECMilenio, Monterrey / Fotopres '09. Caixaforum, Barcelona / Art London 2009. Olivier Waltman Gallery, London / Internazionale a Ferrara Festival. Multiple venues, Ferrara / Festival Internazionale di Roma. Multiple venues, Roma / Volta Art Fair. Valle Ortí Gallery, Basel / *Talent Latent*. Bòlit Centre d'Art Contemporani, Girona
2008 Scope Art Show. Olivier Waltman Gallery, Miami / Art London 2008. Olivier Waltman Gallery, London / *Talent Latent*. Sala Palauet, Mataró / Purificación García Awards Exhibition. Círculo de Bellas Artes, Madrid / *Talent Latent*. SCAN 08, Tarragona / Lille Art Fair. Olivier Waltman Gallery, Lille / ARCO Madrid 2008. Valle Ortí Gallery, Madrid

Editorial Projects
Co-founder of Ca l'Isidret, a publishing project in collaboration with Roger Guaus & Juan Diego Valera
2022 *Antimatter*. Sala Canal Isabel II. Barcelona, Ca l'Isidret / *Matter*. Barcelona, Ca l'Isidret & Spector Books
2021 *Intempèries ~ Hinterlands*. Olivier Waltman Gallery. Barcelona, Ca l'Isidret
2019 *Iberia*. Barcelona, Ca l'Isidret
2017 *Un passaggio*. Barcelona, Ca l'Isidret
2016 森下 *Morishita*. Barcelona, Ca l'Isidret
2013 *Almost There*. MACK. Barcelona, Ca l'Isidret
2011 *Movimientos de suelo*. Barcelona, Ca l'Isidret

Publications
2022 *Passió i cartografia per a un incendi dels ulls*. Barcelona, Museu d'Art Contemporani de Barcelona
2020 *Look up at the Sky*. Terrassa, Sala Montcunill
2019 *Carn de cap*. Barcelona, Escola Bloom
2017 *Fotografía en España (1839-2015)*. Madrid, Cátedra
2015 *Photography Now! Vol.2: Spanish New Horizon*. Tokyo, Amana
2014 *The Photographers's Playbook*. New York, Aperture / *Diccionario de fotógrafos españoles*. Madrid, La Fábrica
2013 *Arte Español Contemporáneo 1992-2013*. Madrid, La Fábrica
2012 *BCN Crea*. Madrid, La Fábrica / *Lugares de tránsito*. Barcelona, RM Verlag
2011 *100 New Artists*. London, Laurence King Publishing

Aleix Plademunt | Works | Obras

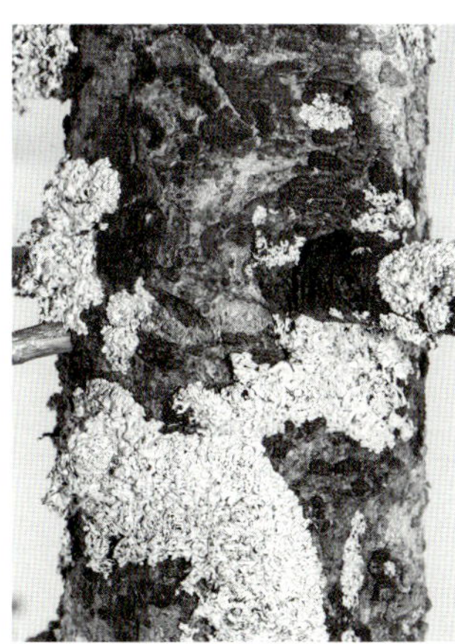 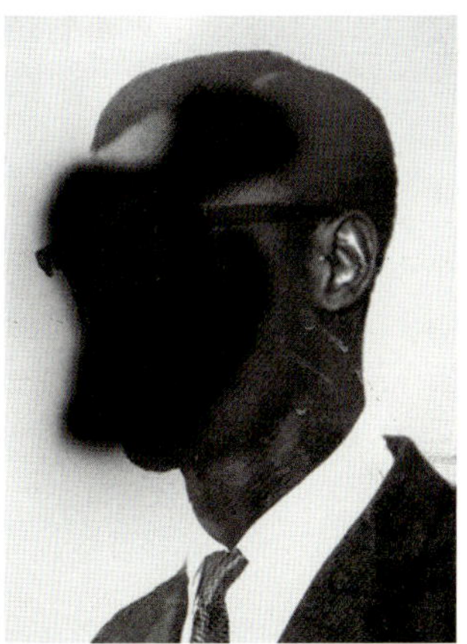 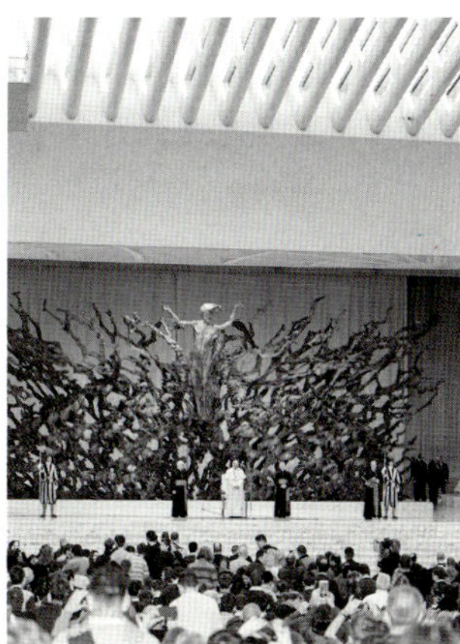 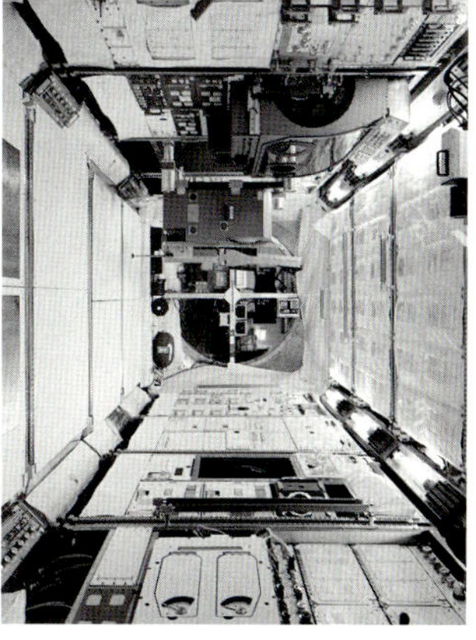

p. 25. **Old Tijkko**, 2022
Inkjet printing on 3 mm aluminium
Impresión inkjet sobre aluminio de 3 mm
145 x 109 cm

p. 48. **Plaza Patrice Lumumba, Bruselas. Día 17 de julio del 2019**, 2022
Inkjet printing on 3 mm aluminium
Impresión inkjet sobre aluminio de 3 mm
145 x 109 cm

p. 68. **Audiencia general del papa Francisco. Ciudad del Vaticano. 5 de febrero del 2020**, 2022
Inkjet printing on 3 mm aluminium
Impresión inkjet sobre aluminio de 3 mm
145 x 109 cm

p. 69. **Reproducción a escala 1:1 del laboratorio Columbus**, 2022
Inkjet printing on 3 mm aluminium
Impresión inkjet sobre aluminio de 3 mm
145 x 109 cm

Yoan Sorin

CHOLET (FRANCIA), 1982

Yoan Sorin's practice varies according to the mythologies he brings up to date in his drawings, installations, paintings and performances. In addition to a multitude of logbook-like sketchbooks — which he fills one after the other, exercising his caustic and sometimes acerbic vision — Sorin combines note-taking with his proliferating creation of objects, which can be understood as rebuses or aphorisms, or as instances in which representations collude.

The artist, who called one of his first exhibitions *Just Do It*, blends and mixes textures, following the logic of exploded and baroque assemblages made up of collages and mirror effects. They are applied to backdrops that reference African-American history, hip hop, branding, streetwear and the histories of art and sports.

Somewhere between outsider art, statuary aesthetics and cheap junk, Yoan Sorin's work is related (on a nomadic level) to domestic objects and ornaments in its profuse use of composite perspectives, colour blocks, exotic fabrics and fluorescent textures.

Frédéric Emprou

La práctica de Yoan Sorin varía según las mitologías que actualiza en sus dibujos, instalaciones, pinturas y *performances*. Sorin llena uno tras otro una multitud de cuadernos de apuntes a modo de bitácora, ejerciendo su visión cáustica y a veces mordaz, y lo compagina con su proliferante creación de objetos, artefactos que pueden entenderse como jeroglíficos, aforismos o instancias en las que las representaciones se confabulan.

El artista, que tituló una de sus primeras exposiciones *Just Do It*, fusiona y mezcla texturas siguiendo la lógica de ensamblajes explosionados y barrocos compuestos por *collages* y efectos de espejo sobre fondos que hacen referencia a la historia afroamericana, el hiphop, el *branding*, el *streetwear* y las historias del arte y del deporte.

A medio camino entre el *outsider art*, la estética estatuaria y la chatarra, la obra de Yoan Sorin se relaciona a nivel nómada con objetos y ornamentos domésticos en su profuso uso de perspectivas compuestas, bloques de color, telas exóticas y texturas fluorescentes.

Frédéric Emprou

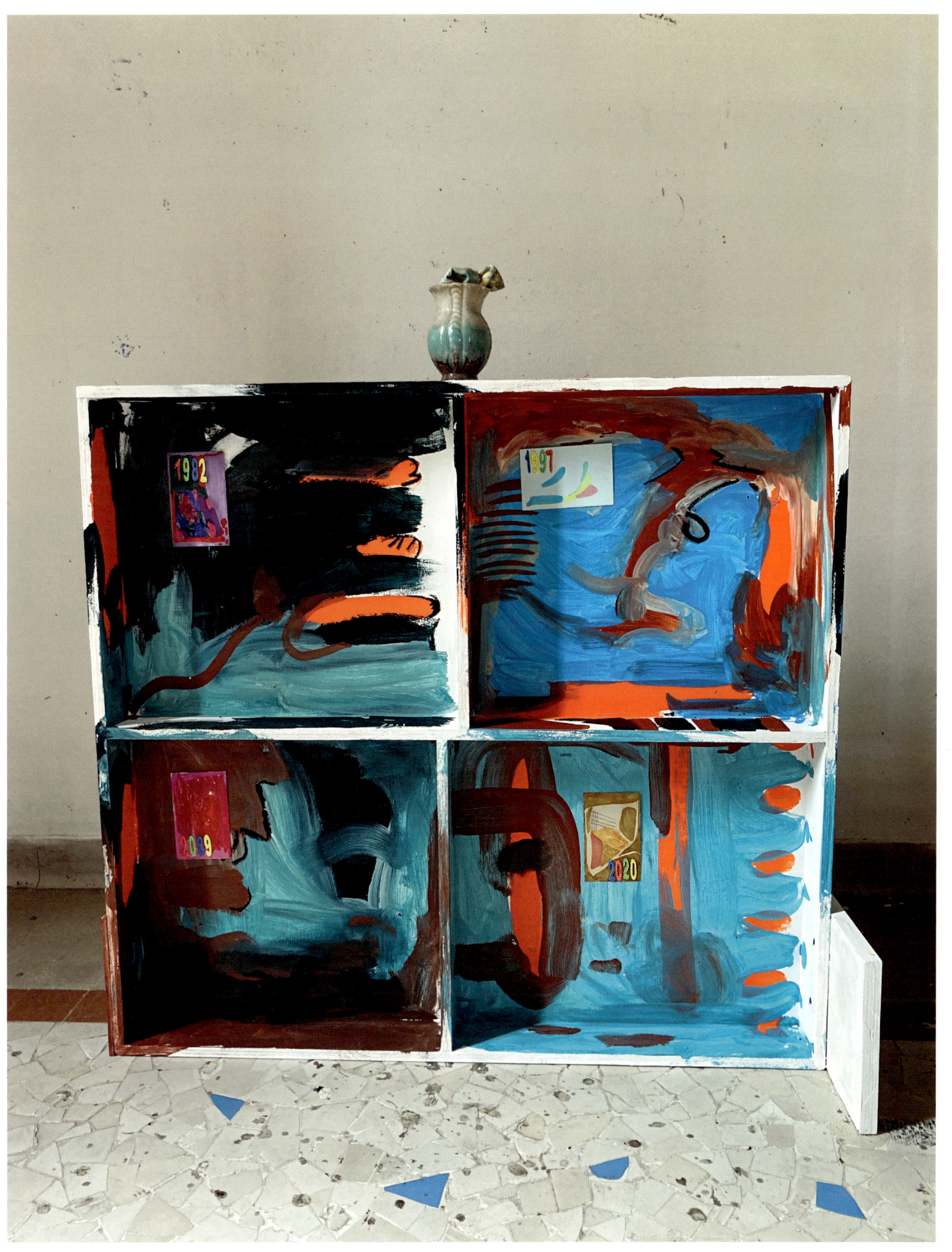
1982
1997
2009
2020

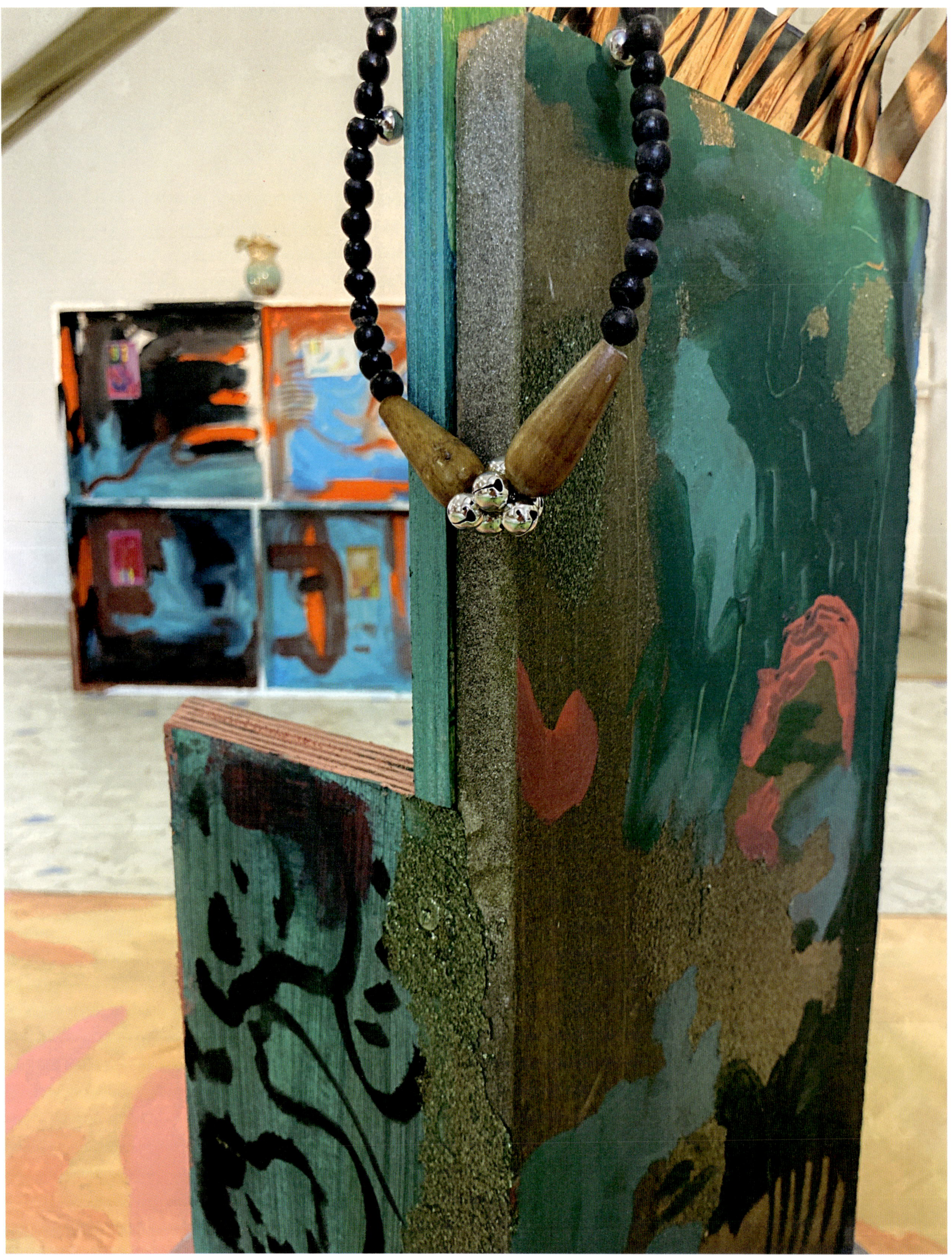

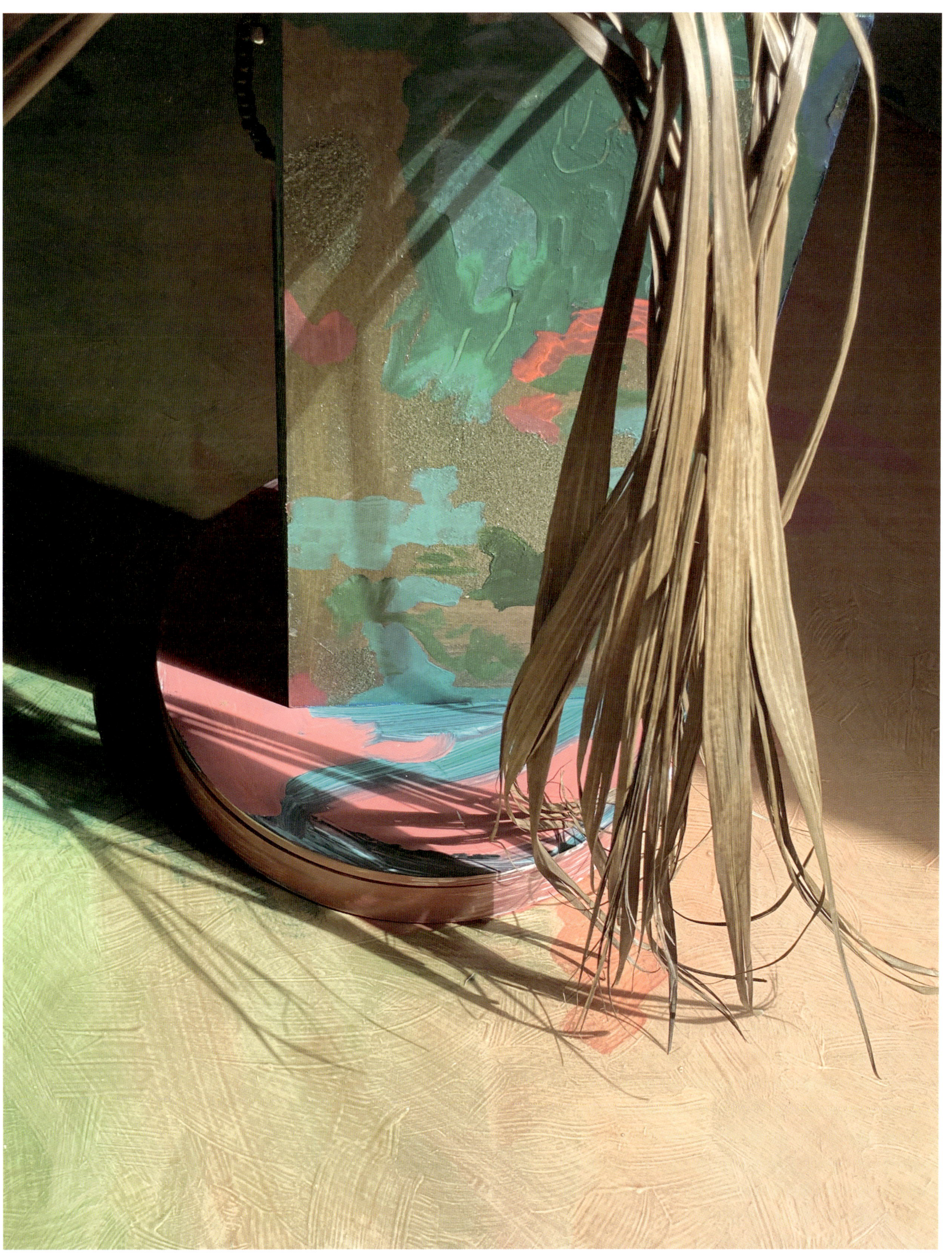

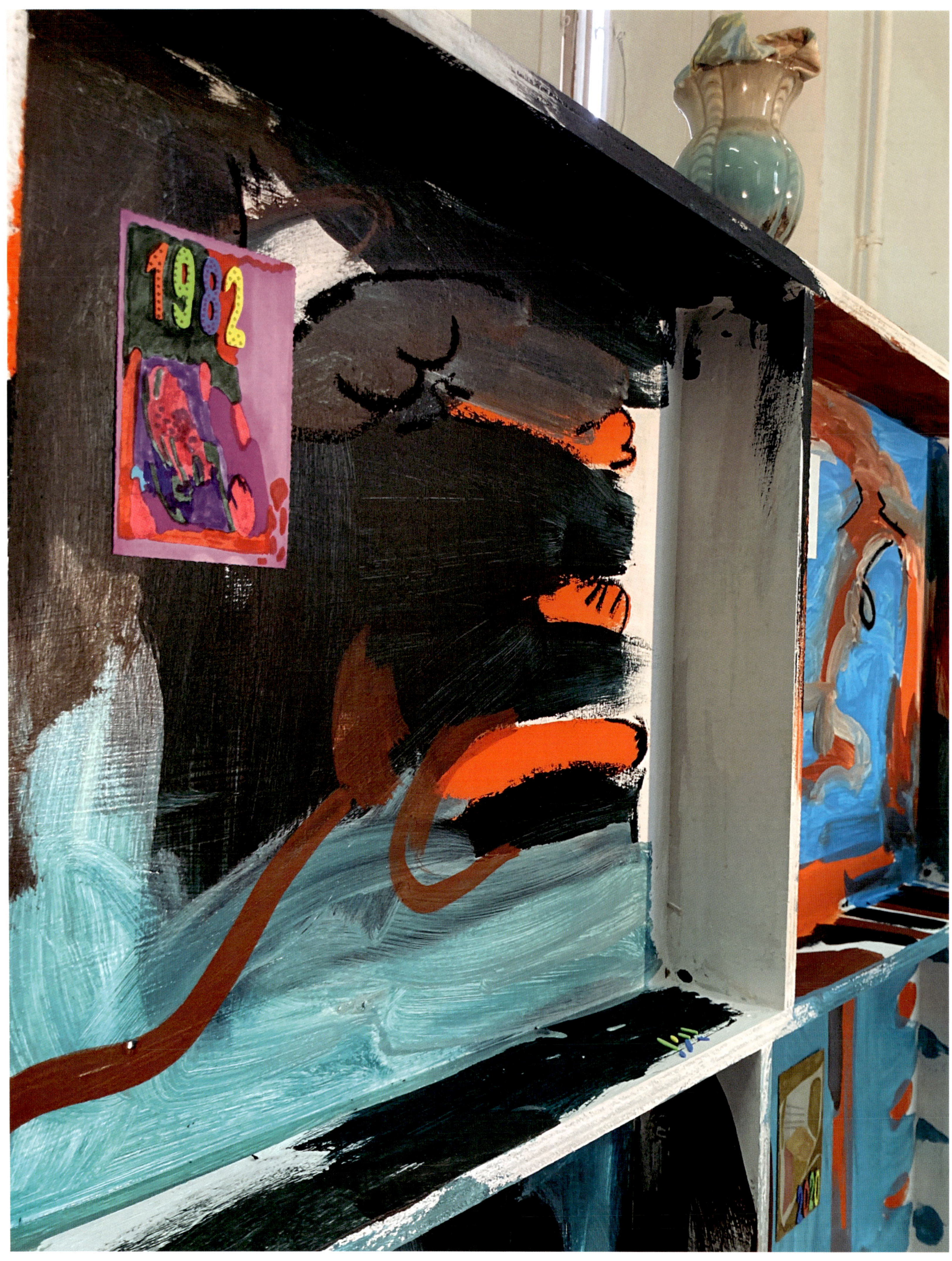

1982

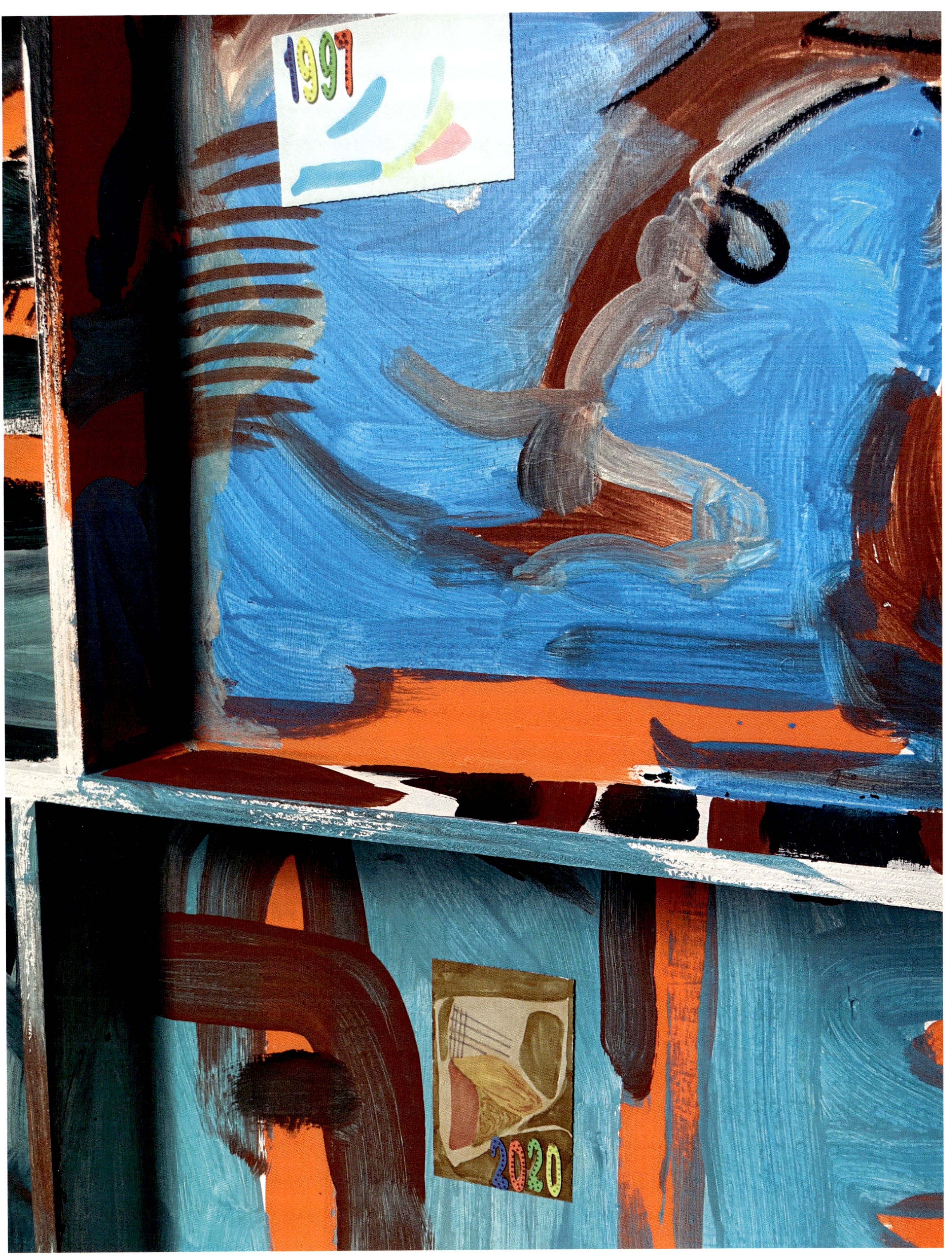
1997
2020

Yoan Sorin

1982, Cholet, France
Lives and works in Douarnenez, France

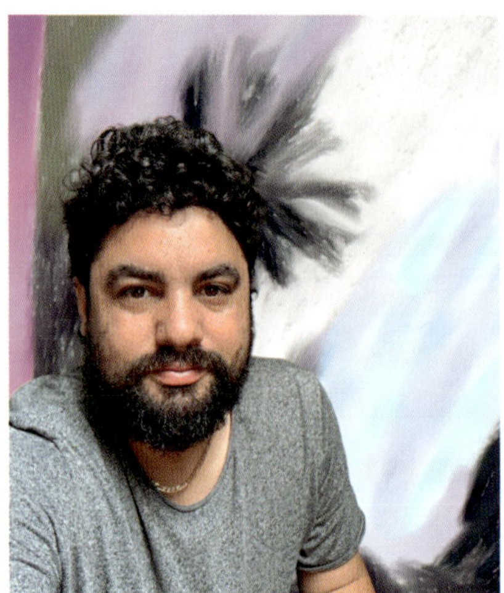

Education
2010 Bachelor of Fine Arts. Universidad de Castilla y La Mancha, Cuenca
2008 Diplôme National d'Art. École des Beaux Arts de Nantes, Nantes

Grants & Awards
2023 Art Situacions III Award. Honda-Green Powers

Residencies
2022 3 Bis F, Aix en Provence
2021 Der Wurm, Villa Rohannec'h, Saint-Brieuc
2020 CAC les Capucins, Embrun / Triangle Astérides, Marseille
2019 Les Ateliers des Arques, Les Arques
2018 Territoires Extra, Dourven
2017 Nadalokal, Vienna
2016 Mosquito Coast Factory / Tripode, Campbon
2015 Impulstanz, Vienna / Résidence "AIR Belgrade", Belgrade
2014 Impulstanz, Vienna / Résidence "Act'oral", Marseille

Solo Shows
2022 *Qui pourra nous emmener près du soleil?* Yoan Sorin & Marie Preston. CAC Les Capucins, Embrun
2021 *À deux pas du silence*. Espace d'art contemporain 14N61W, Fort de France
2020 *Ce que savent nos mains*. Ravisius Textor, Nevers / *DILVA*. Yoan Sorin & Io Burgard, OÙ - lieu d'exposition, Manifesta 13, Marseille
2019 *Slash Universe*. Yoan Sorin & Dana Michel. CAC Brétigny, Brétigny sur Orge / *Tout cela n'est rien, c'est la vie*. 40mcube, Rennes
2018 *Quand le soleil s'éteint*. Espace d'art contemporain 14N61W, Fort de France
2017 *Watch your Back*. Mosquito Coast Factory, Campbon
2016 *Helter Skelter, une copie sans modèle*. Frac des Pays de la Loire, Carquefou / *Premier essai*. Yoan Sorin & Flora Moscovici. Les Ateliers, Clermont-Ferrand
2015 *Just Do It*. BAD, Brussels / *Just Do It - Part 2*. Galerie du 48, Rennes
2013 *Chaos Suspend*. Artem Gallery, Quimper
2010 *Unlearn*. Universidad de Castilla-La Mancha, Cuenca
2009 *Dobrak v bratislave*, A4, Bratislava / *Drawing Dayss*. Artkino Metro, Trenčin

Group Shows
2023 *Art Situacions III*. ARCO Madrid 2023, Madrid
2022 *Motifs. Raisons d'agir*. Espace François Mitterand, Guigamp / *Meia-Noite*. Anozero Biennale, Coimbra / *Dust Specks on the Sea*. San Francisco Art Institute, San Francisco / *Des grains de poussière sur la mer*. Villa du Parc, Annemasse / *Des grains de poussière sur la mer*. Centre d'art contemporain de la Ferme du Buisson, Noisiel
2021 *Erosion 972*. Espace d'art contemporain 14N61W, Fort de France / *Rubis sur l'ongle*. Le 33, Marseille / *Dust Specks on the Sea*. 516 ARTS, Albuquerque / *La grande diagonale*. La Station, Nice
2020 *Dust Specks on the Sea*. Little Haiti Cultural Center, Miami / *Staying with the Trouble in Painting*. Building Canebière, Marseille / *Welcome to Violences*. Espace d'art contemporain 14N61W, Fort de France
2019 *Le Club*. Ateliers des Arques, Les Arques / *Air de fête, hors les murs*. Frac Bretagne, Saint-Briac / *Personne pas même la pluie n'a de si petites mains*. La Criée centre d'art contemporain, Rennes / *Dust Specks on the Sea*. Hunter East Harlem Gallery, New York / *Feel it for All of Us*. Yoan Sorin & Scoli Acosta. Ideal Frustuck, Paris
2018 *Polar Editions*. Rinomina, artorama, Marseille / *G.I.F.C.* Western Exhibitions, Chicago / *G.I.F.C.* PT2 Gallery, Oakland / *Sans titre*. Espace d'art contemporain 14N61W, Fort de France / *Bandes à part*. Musée régional d'art contemporain de Sérignan, Sérignan / *Déclassement*. Mobilier Peint, Chateau d'Oiron / *C'était l'été*. Galerie des Beaux Arts de Nantes, Nantes
2017 *Painting Spirit*. Zoo Gallery, Nantes
2016 *It's Not You, It's Me*. Petits Courtils, Pont Croix / *The House is Looking for an Admiral to Rent*. Muzeul National de Artă Contemporană al României, Bucharest / *Une forme olympique*. Espace d'art contemporain HEC, Jouy-en-Josas
2015 *4/4 - Une constellation*. Le Quartier, Quimper / *Alfred Jarry Archipelago : La valse des pantins - Acte 1*. Le Quartier, Quimper / *Recto/Verso*. Fondation Louis Vuitton, Paris
2014 *Bruno Peinado. L'écho / ce qui sépare*. Frac des Pays de la Loire, Carquefou / *La petite collection*. White Project Gallery, Paris / *Peindre 2*. Mika Gallery, Rennes /
2013 *Thrills and Chills*. CAN Christina Androulidaki Gallery, Athens
2012 *Art Buffet*. Ekthesi Art Gallery, Kefalonia / *Sketchbook Project*. Art House Co-op, Brooklyn
2011 *PiPa*. Piso Pasillo, Cuenca
2010 *Maison idéale*. Ecole Atelier, Jacmel
2009 *MI.MO*. Institut Français, Valencia

Performances
2021 *Dogs Out*. La Station, Nice / *Chambre 10*. Ovni Festival, Hotel Rivoli, Nice
2020 *Dilva*. Actoral, Marseille / *L'éloge des vents contraires*. Triangle, Marseille / *Via 66*. Artorama, Marseille
2019 *Comme l'oiseau*. Les Ateliers des Arques, Les Arques / *Les nourritures criées*, Plage des Dame, Douarnenez / *The Jaguar and the Snake*. Festival Cité, Lausanne / *The Jaguar and the Snake*. Festival Parallèle, Marseille / *The Jaguar and the Snake*. Fondation Cartier, Paris / *DSMVI, Do Disturb*. Palais de Tokyo, Paris / *Les noyades*. Artorama Off, Marseille
2018 *Choix simple élévation temporaire*. Marcelle Alix Gallery, Paris / *The Hand. Bandes à part*. Musée régional d'art contemporain de Sérignan, Sérignan / *Espace vert*. Espace d'art contemporain 14N61W, Fort de France / *Sur la sueur platonique*. Théâtre de l'Étoile du Nord, Paris / *Estran*. Yoan Sorin & Colombe Marcasiano. La Galerie du Dourven, Trédrez-Locquémeau
2017 *The Jaguar and the Snake*. Desingel, Anvers / *The School of the Jaguar*. Yoan Sorin & Amanda Pina. Nada Productions, Vienna / *Coupe courte, démarcation*. Zoo Gallery,

Nantes / *Faire un effort*. Yoan Sorin & Nicolas Hostein. Plein Jour Gallery, Douarnenez / *Mont Confiance*. Mains d'Œuvres, Saint-Ouen-sur-Seine / *On fait ce qu'on veut, on est ce qu'on fait, on est ce qu'on veut*. Victoria, Campbon / *Tamarraw*. Nadalokal, Vienna / *Vulgalys et le sens de l'envers*. Frac des Pays de la Loire, Carquefou
2016 *Mercurial George*. Festival TransAmériques, Montreal / *Coke Tale*. Mobilier Peint, Lyon
2015 *Si j'existe je ne suis pas un autre*. Le Quartier, Quimper
2014 *Uncanny Valley Stuff*. Yoan Sorin & Dana Michel. École européenne supérieure d'art de Bretagne, Quimper / *Si j'existe je ne suis pas un autre*. Friche Belle de Mai, Marseille

Curatorial Work
2022 *Motifs raisons d'agir*. Espace François Mitterand, Guiganmp
2018 *Chronique d'une journée ordinaire*. Yoan Sorin & Dana Michel, Colombe Marcasiano, Florian Sumia and Scoli Acosta. Centre d'art contemporain Passerelle, Brest
2016 *Instructions*. WOOP, Hub-Hug, 40mcube, Liffré / *Les vases bleues*. WOOP,

Le Quartier, Quimper / *My Beach*. Camille Tsvetoukhine & WOOP, Douarnenez
2015 *4/3*. Lazarus, Aleuž Vážně & WOOP, ARTEM Gallery, Quimper / *Comme ma poche*. Club superette & WOOP, Chez Jeannette, Pont-Croix / *Workshop Lola Gonzales, Ronan Riou, Marion Molle*. WOOP, Auditorium de la Tour d'Auvergne, Quimper

Lectures & Workshops
2022 "Motifs, raisons d'agir", Établissement et Service d'Aide par le Travail and Association Maison de l'Argoat. Frac Bretagne, Guingamp / "Écho", *Moderns Lovers*, Musée d'Art Contemporain du Val-de-Marne, Vitry-sur-Seine / Lectures with Marie Preston at Cézanne and Pasteur Primary Schools, Embrun
2021 "Waldaix". École supérieure d'art d'Aix-en-Provence, Aix-en-Povence / "Crusoe". Saint-Brieuc School of Fine Arts, Saint-Brieuc / "Floor is lava". Ecole européenne superieure de l'image, Poitiers
2020 "Orange-Rouge". Institut Médico Educatif Les Moulins Gémeaux, Saint-Denis / "Playtime, Dna". Ecole européenne superieure de l'image, Poitiers / "Spectracle". Ecole européenne superieure

de l'image, Poitiers / "TMTC". Friche Belle de Mai, Marseille
2019 "Egoparada". Lycée Jean-Pierre Timbaud and Centre d'Art Contemporain Brétigny, Brétigny-sur-Orge / "ImPulsTanz", with Dana Michel. Vienna International Dance Festival, Vienna
2018 "Mondographie, atelier d'expression plastique". Bonus, Nantes
2017 "C'est mon patrimoine". Musée d'Art Contemporain du Val-de-Marne, Vitry-sur-Seine
2016 "Workshop sculpture". European Academy of Art in Brittany, Quimper
2015 "Bonsoir using wall", with Edwige Fontaine. European Academy of Art in Brittany, Brest

Publications
2020 "Conversación con Yoan Sorin. El cuerpo como amplificador de emociones". *Contemporary And (C&) América Latina*
2017 "Helter Skelter". *Zero 2* / "Yoan Sorin, Le Quotidien Vaudou". *Le Quotidien de l'Art*, issue 1211 / *Une Forme Olympique*. Paris, Espace d'art contemporain HEC
2016 "Yoan Sorin sur le ring". *Art Press 2*, issue 43

Yoan Sorin | **Works** | **Obras**

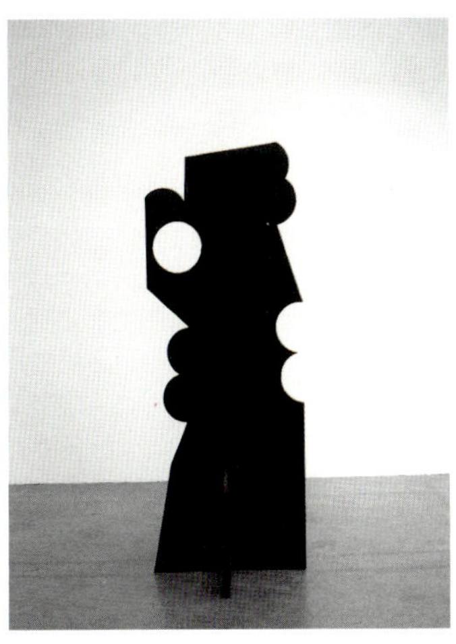

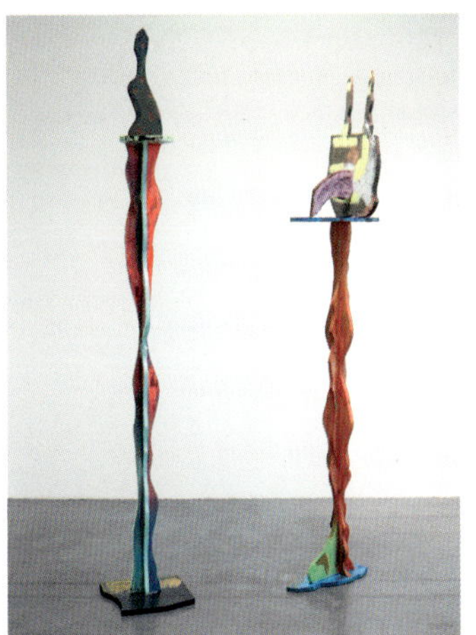

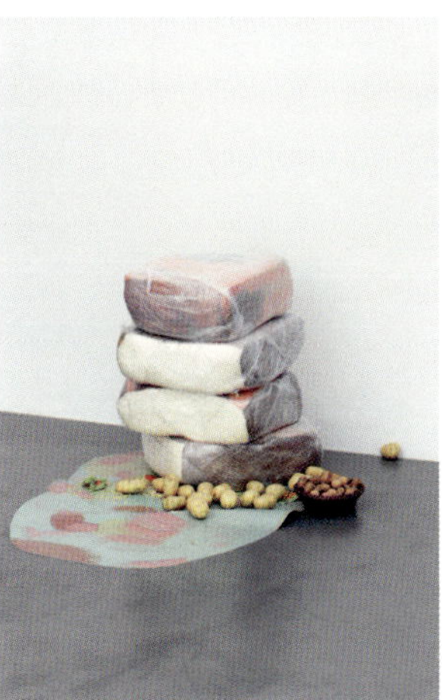

p. 26. **WYB (figure 3)**, 2017. Painted wood
Madera pintada, 170 x 60 cm

p. 51. **Totem 1**, 2017. Painted wood
Madera pintada, 220 x 15 cm
Totem 2, 2017. Painted wood
Madera pintada, 200 x 15 cm

p. 72. **Slash Universe**, 2019
4 wrapped painted foam blocks, painted carpet, potatoes
4 rollos de espuma pintada, alfombra pintada, patatas
70 x 50 x 40 cm

Photo credits / Créditos fotográficos
Pp. 11, 32, 99-104: © Ander Sagastiberri
P. 96: © Azkuna Zentroa
P. 112: © Yago Castromil
P. 142: © Andrew Brooke
P. 148: © Tadzio

Distribution in charge of Turner /
Distribución a cargo de Turner
www.turnerlibros.com

Distributed in Spain by /
Distribuido en España por:
Machado Grupo de Distribución
machadolibros@machadolibros.com
www.machadolibros.com

Distributed in Latin America by /
Distribuido en Latinoamérica por:
Océano
info@oceano.com
www.oceano.com

Distributed in United States and Canada by /
Distribuido en Estados Unidos y Canadá por:
DAP
orders@dapinc.com
www.artbook.com

Distributed in Europe by /
Distribuido en Europa por:
ACC
sales@antique-acc.com
www.accdistribution.com/uk